赤胆英魂

——王三川烈士纪念文集

中共上海市浦东新区委员会党史办公室
上海市浦东新区新四军历史研究会 编

文匯出版社

图书在版编目（CIP）数据

赤胆英魂：王三川烈士纪念文集 / 中共上海市浦东新区委员会党史办公室，上海市浦东新区新四军历史研究会编 . -- 上海：文汇出版社，2025.8. -- ISBN 978-7-5496-4536-7

Ⅰ . K827=6

中国国家版本馆 CIP 数据核字第 2025VX5609 号

赤胆英魂
——王三川烈士纪念文集
（浦东地情系列丛书）

编　　者 / 中共上海市浦东新区委员会党史办公室
　　　　　上海市浦东新区新四军历史研究会
责任编辑 / 乐渭琦　周卫民
装帧设计 / 上海方一文化传播有限公司

出版发行 / **文匯**出版社
　　　　　上海市威海路 755 号
　　　　　（邮政编码 200041）
经　　销 / 全国新华书店
照　　排 / 上海方一文化传播有限公司
印刷装订 / 上海新文印刷厂有限公司
版　　次 / 2025 年 8 月第 1 版
印　　次 / 2025 年 8 月第 1 次印刷
开　　本 / 890×1240　　1/32
字　　数 / 220 千
印　　张 / 9.75（插页 8）

书　　号 / ISBN 978-7-5496-4536-7
定　　价 / 46.00 元

王三川遗像之一（摄于 1937 年 4 月第三次被释放后不久）

王三川遗像之二（摄于上世纪 40 年代初）

　　1911年2月24日，王三川出生在上海县王家厍村（今位于上海市静安区北京西路石门路）。1919年，王三川随父母到浦东三林塘祖屋余庆堂（今位于上海市浦东新区三林镇西林街207弄）居住。图为余庆堂门楼旧址

　　1920年8月，王三川就读于上海县浦东贞固蒙私立学校。图为贞固蒙私立学校原址——上海市浦东新区三林镇中心小学的新貌

　　1922年8月，王三川就读于上海县三林高等小学。图为三林高等小学原址——上海市浦东新区三林中学的新貌

私立三林小學校三十週紀念刊　　　三四二

姓名		籍貫		
周貴甫		上海		上海虹口中虹橋廣
羅贊仁		上海		又新大東門外一五
徐德驤		上海	經商	塘口徐復慶號
黃鴻興		上海		南洋中學
吾馨		上海		獵業
吳秋山		上海		楊思橋
沈秋濤		上海	經商	浦東周浦輯題橋鎮
朱上森		上海	地局	沈源茂號號交
龔健澄		上海	醫學	題橋鎮趙元昌號
張明圉		上海 民國十一年二月至古年七月		三林塘三山堂號
陳明昇		上海		家居
唐深根		上海 民國十一年八月至古年七月	商	浦東何家行馬永順
陳德鈴		上海同	經商	號東楊思橋陳義隆米號
陳家寶	夢庵	上海同	經商	楊思橋陳義隆米號
陸宗文		上海市 同	上	上海大南門務局瑞基印
王順芳	正夫	上海同	升學	三林塘西園門

（右起末行）肄業國立中央大學商學院　楊思橋李宏生號
　　　　　　　　　　　　（現任中國企業銀行職員　棠棠於江蘇省立上海中學）

　　　　　　　　　　　　图为私立三林小学三十周年纪念刊　王顺芳（即王三川）又名正夫

·3·

1925 年夏，王三川考入上海市国立同济大学中学部机科艺徒班，半工半读。图为同济大学的旧貌

1926 年上半年，王三川和同学积极参加反对由同济大学校长阮尚介签发的"誓约书"斗争。图为 1926 年 4 月 25 日《申报》刊登的同济大学王顺芳（即王三川）和同学签名反对"誓约书"的报道

图为王顺芳（即王三川）考入同济大学德文补习科后，他和同学的名单刊登于1927年8月10日上海《申报》

德文補習科第一年級甲組

姓名	字	性別	年歲	籍貫	通訊地址	備註
黃熙		男	二二	四川萬縣	上海英界發家圈裕記	
魏祖憲		男	二二	江蘇吳縣	蘇州盤門汴環巷十二號	
楊毅		男	二二	四川	四川成都雲南會館街一百十七號	
江舉琇	光地	女	二二	浙江	嘉善天籃莊	旁聽生
郭蕾英	逸千	女	二一	江蘇江甯	南京直如里	
謝祚錫		男	二一	湖南新化	湖南安化藍田柳家沖德茂隆號轉坪上賬和堂交	
吳志雲		男	二一	廣東梅縣	汕頭梅縣西門內玉山齋杰記	
施家仁		女	二一	浙江吳興	浙江德清	
潘榮甲		男	二十	江蘇泰縣	泰縣曲塘	

295

姓名	字	性別	年歲	籍貫	通訊地址	備註
何蔚華		女	十九	湖北	上海法界西門路仁吉里卅一號	
趙天錫		男	十九	江蘇吳縣	蘇州山塘七九二號	
鄧遵六		男	十九	雲南江川	上海寶昌路寶康里九號	
吳厚章		男	十九	浙江海寧	浙江硤石河東街	
陳玉程		男	十九	廣東順德	廣東廣州與縣馬路廣合號	
李永彬	阜成	男	十九	浙江桐鄉	浙江桐鄉南街	
王瑞猷	修	男	十九	廣東平遠	汕頭平遠石正圩義生堂藥房	
王子欽	汝亮	男	十九	四川崇慶	四川崇慶縣三江鎮長順店轉交	
魏遠徽		男	十九	雲南繁縣	雲南昆明市西院街五福巷團榫巷九號 繁縣城內魏家巷	
陶灃		女	十八	京兆大興	浙江杭州荷花池頭八號	
周大纘		女	十八	浙江嘉興	上海老閘新惠家術八十八號	
周菁柏		女	十八	湖北武昌	漢口法租界天福里九號	
王順芳		男	十八	江蘇上海	上海北諸家橋福慶里八九號	
陳廷祜	肇民	男	十八	江蘇	上海虹口蓬路白順路鴻與里一百五十一號	
黃沅芳		男	十八	廣西容縣	容縣鄉村都局格	
朱子武		男	十八	浙江海寧	浙江海寧南門南寺巷	

图为1927年8月10日，王顺芳（即王三川）考入同济大学德文补习科后第一年级甲组同学名录（此地址为王顺芳大哥王春芳家的地址）

图为 1928 年上半年同济大学德文补习班全体老师和同学合影

中途離校同學錄

本錄所列同學成係未曾在本校完成學業中途他去者或赴德奧等國深造或因事故休學或改進其他學校或半途出校就業本錄之編造係根據民國五年六月八十年十三年及十五年以後迄現在此各屆同學錄所成惟本校成立己有二十七年之歷史中途迭受阻礙如民六之役歐戰關係學校被法人封閉暫行解散十六年校務乏人主持卷帙頗有散佚二十一年二二八時暴日侵略淞滬一部分文卷又復遺落致審有同學錄殘缺不全未求克服教育將各屆同學姓名遺漏及通訊處錯誤均所難免同時以概覽急須付梓才能一一稽查掛一漏萬極爲歉仄至祈各同學閱及本錄時將遺誤之處專函指示俾下屆概覽之編輯得再校正無任公感

姓名	別號	年齡	籍貫	通訊
王德榴	仲垣	三四	浙江吳興	上海新垃圾橋公益里三六七號
王政輿	維新	三五	山東招遠	青島靜岡町羅基王宅
王斌興	仲彬	三六	山東黃縣	
王世裕	寬甫	三一	福建閩侯	上海白克路永年里四三七半
王文樞	雨桐	三一	浙江杭縣	杭州下城下林司後東文昌閣對面八號
王南原	孝祺	三二	安徽全椒	安徽全椒
王清俊	汝亮	三二	江蘇武進	上海閘北梅園路同德里王宅
王子欽		三二	四川崇慶	崇慶縣三江鎮長順店特交
王順芳		二三	江蘇上海	上海北諸家橋福慶里八九號
王明太	青萍	二六	浙江臨海	臨海城內朱儲巷
王霆		二七	江蘇泰興	如皋西鄉胡家集新元溝
王馨槐	希聖	二七	四川南溪	四川藥山太平鎮元順和
王禮賢	伯瑜	一八	河南	上海南市滬軍營東親賢里六十二號
王汝瑜		二七	江蘇無錫	無錫三下塘八號
王樹槐		一九	江蘇泰縣	泰縣中山門外恆大興煙
王知三			江蘇吳縣	
王蘭茵			安徽懷遠	安徽懷遠
王興邦		二一	江蘇江陰	上海城內縣基路郡賢坊五號
王石松		二二	山東濰縣	濰縣東鄉湧泉莊
王汝桃		一五	江蘇灌雲	灌雲大伊山
王文彪				

图为 1934 年出版的《国立同济大学概览》中中途离校的同学名录

　　1928年9月，根据党组织安排，王三川以王涅夫为名，到象山县丹城与同学陈元达、殷夫会面。他们同在象山县立女子学校教书，王三川教算术，陈元达教国文、历史和地理，殷夫教自然。他们在教书的同时，组织学生排演进步剧目进行公演，还到爵溪、珠山、白墩等农村进行社会调查，讨论研究领导农民进行革命的问题。图为王三川、陈元达和殷夫曾居住的象山县丹城西寺的新貌

　　1941年6月26日，在队长王三川带领下，五支队第三大队袭击三王庙伪警察分队据点，击毙伪警察分队长和一等警士2人，俘敌23人，缴获步枪21支、刺刀18把及子弹900余发。图为三王庙伪警察分队原址——上海市浦东新区孙桥镇桥弄村的新貌

　　1941年末，根据党组织指示，在弟弟王联芳和弟媳陈金娟穿针引线下，王三川打入余姚县保安团。王三川化名王培良，代号SX，任余姚县保安团副团长，并负责团特务大队。其间，王三川在隐蔽战线上为党组织提供日伪军情报，制作出入日伪军据点"通行证"，安排敌工委人员埋伏，营救被捕革命人士，以及购运西药、钢铁等紧缺物资，做出重大贡献。图为王三川曾战斗生活的地方——位于余姚市城区工人路的宜春堂

　　1945年5月1日上午，王三川被敌伪余姚县县长劳乃心派的特务枪杀在丰北乡太平桥（今位于余姚市西北街道畈周村），同时牺牲的还有他的勤务兵谢海忠。图为王三川牺牲地太平桥

1950年8月10日，中国人民解放军华东军区把王三川烈士证发给亲属王联芳。图为王三川烈士证

王三川牺牲后，其亲人立即把他的遗骸安放在宁波四明公所。1957年，为缅怀革命先烈，余姚县人民政府在县城北部胜归山西北坡地修建烈士陵园，王三川遗骸从四明公所迁入此地。图为位于胜归山烈士陵园的王培良墓，即王三川墓

图为位于三林烈士陵园的 2002 年由雕塑家娄家骐制作的王三川和沈干成塑像

　　2015 年 4 月 28 日，上海市浦东新区区委党史办公室（浦东新区地方志办公室）和同济大学档案馆、校史室共同举办纪念王三川牺牲 70 周年座谈会。图为王三川儿子王希明（左一）、上海市浦东新区区委党史办公室主任柴志光、同济大学档案馆馆长章华明、宁波市象山县县委党史办公室主任吕国民

　　2015 年 4 月 28 日，上海市浦东新区区委党史办公室（浦东新区地方志办公室）和同济大学档案馆、校史室共同举办纪念王三川牺牲 70 周年座谈会。图为王三川侄子王石明、侄媳妇徐根娣

　　2015 年 4 月 28 日，上海市浦东新区区委党史办公室（浦东新区地方志办公室）和同济大学档案馆、校史室共同举办纪念王三川牺牲 70 周年座谈会。图为纪念王三川牺牲 70 周年座谈会合影

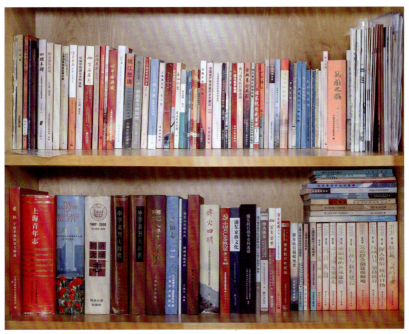

　　为纪念王三川，弘扬革命精神，上海、浙江等地有关部门竭力保护和抢救王三川史料。图为收录王三川纪念文章的有关报刊和书籍

中共上海市浦东新区委员会党史办公室
上海市浦东新区地方志办公室
《浦东地情系列丛书》编纂委员会

主　任　裴玉义
副主任　杨　隽　金达辉
委　员　（按姓氏笔画排列）
　　　　龙鸿彬　何旅涛　杨继东　吴昊蕻　吴艳芬　邵　微
　　　　陈长华　陈钱潼　赵鸿刚　赵婉辰　施　雯　徐　瑞
　　　　贾晓阳
编　辑　王石明　吕国民　王海波

序

上海市浦东新区新四军历史研究会副会长　丁文龙

革命先烈王三川是浦东三林镇人，从小好学上进，1925年夏考入同济大学附中机师科，与陈元达是同班同学，成为志同道合的革命战友，积极参加学生运动。1926年，15岁的王三川加入了中国共产党。在进行革命活动中，曾先后三次被国民党反动当局逮捕入狱。在狱中，他表现出坚贞不屈和大无畏的英勇气节。出狱后，受党组织的安排，曾到广州、浙江象山等地从事革命活动。

八一三淞沪抗战上海沦陷后，他受命回沪参加郊区抗日武装筹建工作，曾担任过蔡辉组建的奉贤人民自卫团的政训工作，以及连柏生组建的南汇县人民保卫团第四中队的政训员、"抗卫二大"一中队中队副、"五支四大"特派员和"五支三大"大队长等职；并组织和参加了多次对日伪军的战斗，取得了战场上的胜利，有力地打击了日本侵略者的嚣张气焰。

1942年8月，中共浙东区党委成立，三北游击司令部建立。为发展壮大浙东抗日根据地，王三川受党组织的委派，潜入伪镇海水上警察大队任大队副，后又打入余姚镇保卫团任团副，开展伪军策反工作，并肩负在敌人眼皮底下搜集情报，掩护、救助我

·1·

方人员，筹集、运送我抗日武装的急需物资，安插我策反人员等任务。在敌人内部潜伏的两年多里，他冒着生命危险，排除险阻，与狼共舞，出色地完成了党组织交给的各项任务。1945 年 5 月 1 日，他不幸被铁杆汉奸、余姚县县长劳乃心设计，枪杀于余姚太平桥畔。

王三川烈士是浦东的优秀子弟，为了推翻压在中国人民头上的三座大山，抗击日本法西斯的侵略，建立新中国，毅然走上革命道路。在党的领导下，他义无反顾、大义凛然地与反动派和日本侵略者做殊死斗争，为中华民族的解放事业不惜献出自己宝贵的生命。我们要认真学习革命先烈的英勇事迹，传承他们的革命精神，赓续他们的红色血脉，不忘初心、牢记使命，积极投入到新时代中国特色社会主义现代化的建设事业中，为把浦东建设成为社会主义现代化引领区做出自己的贡献。

目 录

·烈士年表·

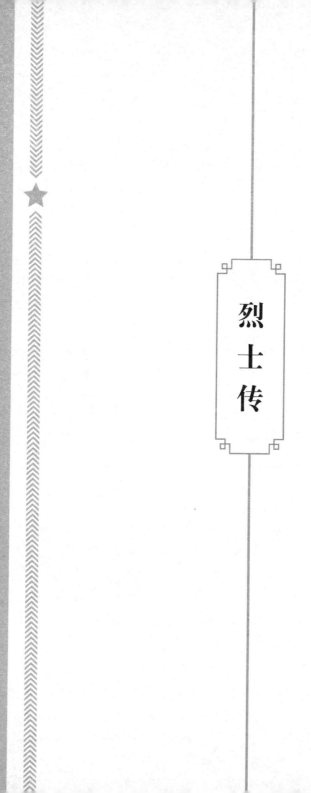

烈
士
传

烈士传

王三川在世上只活了 35 年，虽然很短暂，却十分伟大。他短暂的一生闪耀着勤奋好学的光辉、共产主义思想的光辉、革命精神的光辉和为中华民族及亿万民众无私奉献的光辉。

勤奋好学　投身革命

王三川[1]，上海浦东三林镇人，1911 年 2 月 24 日（阴历正月二十六）出生于上海王家厍村（今上海市静安区北京西路石门路），原名王顺芳，曾用名王涅夫（汪涅夫、涅夫）、王征夫（征夫、正夫）、赵新民、陈一新、王田、王玉田、王培良、王三川等。

王三川的父亲王槐生，浦东三林塘人，早年在上海滩一外籍家庭做仆人，因此学会了简单的英语；后因进入上海沪宁、沪杭甬铁路局当扳道工，因粗通文墨又略谙英文，于是在该局总务处做从事收发工作的文员。他为人豪爽耿直，同情革命。王三川的母亲康小妹，浦东三林塘人，既精通绣花织布，又能下田种地。夫妇俩共生有四男二女，王三川排行第三。

1919 年，王三川随全家从王家厍搬回浦东三林塘西圈门余庆堂老宅。1920 年 8 月，他就读于上海浦东三林贞固蒙私立学堂；

---

[1] 王三川，是他在浦东参加游击队时公开的姓名。1950 年 8 月 10 日，"中国人民解放军华东军区革命烈士家属证明书"（烈字第 43 号）用的是该名，因而一直沿用王三川这一姓名。

1922 年 8 月，进入三林高等小学读书。他聪明伶俐，勤学善思，学习成绩一直名列前茅，仅用三年就读完高等小学的全部课程。随着年龄增长，他的求知欲望也日渐强烈，家里珍藏的《说岳全传》《文天祥》《三国演义》《水浒》等旧体小说逐渐成为他的精神食粮。他崇拜岳飞、文天祥等民族英雄，自幼受到爱国主义思想的熏陶。

王三川在三林高等小学即将毕业时，上海发生了震惊中外的五卅惨案。1925 年 5 月 30 日，在上海南京路上，英国巡捕突然开枪，打死了参加反帝游行示威的工人、学生等 13 人，伤者不计其数，激起全上海及全国人民的极大愤慨。上海人民在中国共产党的领导下，建立各阶级联合阵线，发动全市工人举行罢工、学生罢课、商人罢市，坚决反抗帝国主义的大屠杀。6 月 5 日，中共中央发表《中国共产党为反抗帝国主义野蛮残暴的大屠杀告全国民众书》。三林高等小学学生积极响应，王三川和同学们高举着"打倒帝国主义""废除一切不平等条约"等标语，走上街头游行示威，决心把帝国主义赶出中国。

是年夏天，王三川从三林高等小学毕业，在亲戚王桂生的帮助下考入上海国立同济大学中学部机师科艺徒班，半工半读。

王三川深受五卅运动的影响，感到帝国主义列强穷凶极恶，中华民族处于最危险的境地。在校园图书馆，他多次聆听上海大学教授、《中国青年》杂志主编、上海五卅运动总指挥恽代英和《中国青年》编辑萧楚女等人的演讲。他们都是共产党人，号召劳苦大众团结起来，反帝反封建，参加国民革命，以拯救四万万同胞。王三川把他们作为自己的人生导师。在他们的指引下，他如饥似渴地熟读了《向导》《先驱》《新青年》等进步刊物，思想觉悟不断升华，不久，王三川加入中国共产主义青年团。在校园里，他认识了陈元达等进步同学，他们有着共同的理想，关心国家大事，一起勤奋学习。校友尹景伊是同济大学机师科应届毕业生、学生会执行委员，在参加五卅运动时不幸牺牲。王三川十分敬仰尹景伊，决心以他为榜样，踏着他的血迹奋勇前进。

国民革命形势的迅猛发展，引起中外反动派的极端恐惧和仇视。1925年8月20日，国民党左派领袖廖仲恺被反动派暗杀。9月18日，上海市总工会被奉系军阀淞沪戒严总司令邢士康下令封闭。1926年3月12日，在全国人民纪念孙中山逝世一周年之际，日军和奉系军阀联合进攻由国民军防守的大沽口，造成了大沽口事件。3月18日，北京学生5000余人在李大钊等领导下，在天安门前集会，游行请愿，提出段祺瑞政府拒绝列强最后通牒、抗议日军和军阀的暴行等要求，但遭到段祺瑞政府卫队的疯狂镇压，造成死47人、伤199人的三一八惨案。消息传来，同济师生极为愤慨。王三川和老师、同学与3万余名上海市民一起参加了追悼大会，沉痛悼念北京遇难同胞，齐声高呼"打倒段祺瑞""取消辛丑条约""取消一切不平等条约"等口号，严厉声讨帝国主义和北洋军阀的罪行。

北京三一八惨案发生后，上海学生纷纷起来声援，但遭到各学校当局压迫。国立商科、同济等大学甚至强迫全体学生填写"誓约书"。3月30日，同济大学校长阮尚介在校内张贴布告，恶毒攻击五四运动以来的历次爱国主义运动，说什么五四运动得不偿失，是学生的重大损失，学生应以学业为主等。而此布告只字不提帝国主义在中国犯下的暴行。阮尚介还要求全体学生在学校印发的

"誓约书"上签名盖章，否则责令退学。这份"誓约书"规定："非得学校之命令不得停课或全体请假。学生大会须于 3 日前呈校长许可，且不许用学生会名义邀请校外之人演讲。"大多数同学收到"誓约书"后，顿时义愤填膺。学生会召开全校学生代表会议。会上，大多数代表认为，"誓约书"无疑是卖身契，完全剥夺了学生的爱国权利和集体言论的自由。王三川义无反顾地在反"誓约书"上签名，并将与同学们的签名刊登在 1926 年 4 月 25 日的上海《申报》上。

反"誓约书"斗争是第一次国共合作时期统一战线和中外反动派之间生死搏斗的一个表现。阮尚介强迫学生填写"誓约书"的行动，得到以孙传芳为首的浙闽苏皖赣五省联军司令部的支持，后发展到淞沪警察厅出动警察包围同济大学并进行搜捕，开除了 20 名学生会干部和班级骨干。为逃避反动军警搜捕，王三川等 70余名同学（包括被开除的同学）离开了同济大学。而他们这一行动得到了国民党上海市执行部、中华全国总工会、全国学联和上海学联的支持和声援。4 月 27 日，国民党上海市执行部电告广州国民党中央，报告了同济大学的学潮，很快得到电复。电文赞扬了同济大学学生的斗争精神，并欢迎他们去广州转学或工作。

当时，国民政府所在地广州是全国革命势力的中心，也是同济大学被迫害学生的向往之地。王三川等 70 余名学生分成三批，乘货轮分别于五六月份到达广州，并受到国民党中央代表左派人士詹大悲和共产党人邓颖超的亲切接见。黄埔军校教育长邓演达也看望了同济大学学生，并发表重要讲话，鼓励大家革命到底。这些学生根据学历、专长、年龄分别进入黄埔军校、国立广州大学（1927 年

7 月改为中山大学）学习，或兵工厂工作。王三川因年龄尚小，被安排在隶属黄埔军校的广州电讯学校学习。他一到学校就被组织分派负责共青团组织工作。于是，他一方面学习电讯业务知识，一方面担负起共青团的工作。每逢星期日，他常与两三个同学一起相约游览黄花岗 72 名烈士陵园等革命胜迹，借此宣传反帝反封建的革命思想，培养和发展共青团对象。1926 年下半年，王三川在广州加入中国共产党[2]。从此，他把实现共产主义作为自己的终身理想。

征途曲折　不忘初心

1927 年 4 月 12 日，蒋介石彻底背叛孙中山"联俄、联共、扶助农工"的新三民主义政策，在上海疯狂地实施反革命政变，无数共产党员和革命群众遭受惨绝人寰的大屠杀。此时的中国淹没在腥风血雨之中。自此，白色恐怖笼罩着整个上海，并蔓延到全国各地。时正值大革命失败、白色恐怖时期，许多人在革命高潮时纷纷要求入党，但是在革命失败时却向敌人自首或自动脱党。是年夏，王三川、陈元达恰恰在革命低潮时受党组织派遣，以共产党员身份从广州回到白色恐怖的中心——上海。

6 月，父亲王槐生带王三川去陆福林（王三川姐夫）处时，恰巧与顾嘉棠（蒋介石帮凶杜月笙的心腹大管家）碰见。顾嘉棠在交谈中见他相貌堂堂、才华横溢，就十分器重他，称之为贤侄。

（2）王三川入党时间，详见：1.《四明英烈谱》第二辑 P5. 中共余姚县委党史资料征集小组 浙江省余姚县民政局 1984 年 3 月编。2.《中华英烈大词典》P84. 范宝俊、朱建华主编，黑龙江人民出版社 1993 年 10 月出版。3.《同济英烈》第一版 P28. 屠听泉、陈铨琳主编，1997 年 5 月同济大学出版社出版。4. 余姚县人民法院《关于我打入敌伪"姚保"内部进行秘密工作的地下党员王培良等同志惨遭杀害事件的调查报告》，1982 年。5. 王联芳逝世的单位悼词，中共上海新华书店储运支部 1978 年 3 月 17 日。

后在往来中，顾嘉棠说自己有个独生女，表示招他为入门女婿，王槐生也答应了这门亲事。因父命难违，王三川只能应付了事，背地里却瞒着顾家，经常外出参加革命活动。

大革命的失败让王三川深感痛心，但是他没有沮丧，仍然刻苦学习，信念坚定，向往革命的胜利。

8月10日，他以优异的成绩考入同济大学德文补习科，战友陈元达[3]也同时考入同济大学。1927年9月18日，殷夫[4]借用浙江上虞徐文雄的中学毕业文凭，也被同济大学德文补习科第二次

---

(3) 陈元达（1911—1931），浙江省诸暨人。共产党员。1925年秋至1926年春在同济大学附中机师科学习，由于参加反"誓约书"斗争，离校转学到广东大学工科。1927年夏奉党组织派遣从广东返回上海；8月10日再次考入同济大学德文补习科学习。1928年9月遭敌人追捕而转移去浙江省象山县，任县立女子小学教师，寄居丹城西寺。1929年春重返上海，一面参加工人运动，一面从事写作、翻译。1931年7月25日从事联络工作时，遭敌人逮捕。他在狱中坚贞不屈，视死如归；8月5日被反动派秘密杀害于龙华，时年21岁。

(4) 殷夫（1910—1931），原名徐柏庭，又名徐祖华、徐白、徐文雄，笔名殷夫、白莽、任夫等，浙江省象山县怀珠乡（今大徐镇）大徐村人。1923年秋从象山县立高等小学毕业后考入上海民立中学，始创作新诗。五卅运动中，参加学生运动。1926年秋初中毕业后越级考入浦东中学高三年级，其间加入共产主义青年团。1927年四一二反革命政变后被捕，狱中作长诗《在死神未到之前》，不久由长兄托人保释；同年9月18日考入上海同济大学附属德文补习科；是月转为共产党员，被推为学生代表，编辑油印刊物《漠花》，抨击时弊。1928年初加入进步文艺团体太阳社，秋复被捕，后由其大嫂托人保释，仍回同济大学读书；9月奉命与王三川、陈元达转移回象山，在县立女子小学任代课教师，寄居丹城西寺，创作《孩儿塔》等诗作。次年3月返回上海，接上组织关系，从事青年运动，创作《别了，哥哥》等诗作；5月结识鲁迅，获得器重；7月参加罢工斗争再次被捕，获释后受鲁迅帮助。不久调任共青团中央宣传部干事，参与编辑团中央机关刊物《列宁青年》《摩登青年》（青年反帝同盟刊物）。1930年3月，以发起人之一加入中国左翼作家联盟，为《萌芽》等刊物撰写诗歌、散文、随笔；5月出席全国苏维埃区域代表大会。1931年1月17日，在东方旅社参加党的会议时因叛徒出卖，与柔石、冯铿等被英国巡捕房逮捕；19日被引渡至国民党上海市公安局，囚禁在龙华淞沪警备司令部；2月7日夜被害于监狱围墙外荒场，为左联五烈士之一。时年22岁。

招生录取。

此届德文补习科录取的新生近百名。同济大学把新生分别编为甲乙两组，徐文雄在乙组，但与甲组的王三川、陈元达同住一间宿舍。由于彼此抱有共同的革命理想，王三川与陈元达、殷夫成为挚友。

同济大学在上海吴淞地区最有生气，吴淞地区的学生运动都是由同济大学学生领头的。学生中的共产党员、共青团员到工厂去，向工人宣传革命思想，并秘密散发革命传单，进行地下斗争。王三川在学校除刻苦学习之外，就是奔走于邻近的中国公学。中国公学是具有革命传统的大学，师生中有不少是共产党员和进步人士，如秋瑾、缪德潘、冯友兰、吴晗、何其芳、吴健雄、赵超构、杜宣、韩念龙、陈沂等。在党的指示下，王三川还经常奔走于吴淞、宝山、江湾、虹口等地，组织进步师生通过贴标语、撒传单、办壁报等方式，与帝国主义和国民党反动派展开斗争。

在学校，王三川、陈元达、殷夫等同学经常开展诗歌比赛。他们还创办了叫《漠花》的油印文艺刊物，向上海市各学校学生会散发，传递追求革命、追求进步之心，交流革命思想。同时，王三川还联络方若愚、宋名适、张启行等10多名爱好文艺的同学，在同济大学中学部宿舍四楼9号房间发起并成立进步团体潮声社，创办油印刊物《潮声》半月刊。这份半月刊自1927年11月上旬至12月下旬停刊，共刊出4期。他曾用犀利的文笔为刊物撰写发刊词，着重指出"反帝反封建的斗争是当前青年的历史任务"；同时，他以炽热的革命豪情，经常用文章和诗歌激励有志的学生参加革命。

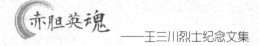

在创办《潮声》第4期的一天晚上，王三川从吴淞返回中国公学的途中被国民党反动派当局逮捕，被关押在宝山县警察局拘留所，后被移送至龙华淞沪警备司令部。在审讯中，他多次遭受严刑拷打，但始终不吐实情。一个月后，由于敌人找不到任何证据，党组织通过王槐生和顾嘉棠转托杜月笙，把他保释出狱。出狱后，顾嘉棠对王三川"好言"相劝：在学校好好念书，现在时局这么混乱，不要东走西跑，上完课后就早点回家；毕业后马上就可以结婚，成家立业；家里的花园洋房、汽车尽情享用……然而，他不为所动，出狱后立即与党组织进行联系。他的党组织关系很快被恢复，被派往校内外继续从事革命活动。

1928年春，经过革命理论学习和革命行动实践，王三川对顾嘉棠的看法发生了根本变化，并开始认识到党的期望和顾嘉棠的要求之间存在着不可调和的矛盾。特别是，当他了解到顾嘉棠在四一二反革命政变期间曾率领杜月笙的打手充当蒋介石的帮凶，参加收缴工人纠察队枪支和弹药，并残忍杀害上海总工会主席汪寿华的罪恶事实，感到很悲愤，就请律师朱方作为代理人，坚决要求解除与顾嘉棠女儿的婚约。

是年夏，在党的六大召开后，中共江苏省委决定成立文化党支部，由潘汉年任书记；王三川、陈元达等组成党小组，由王三川任党小组长，隶属中共闸北区第三街道党支部。后来，中共闸北区第三街道党支部改为党的文化支部[5]。面对国民党反动派的白色恐怖，王三川和殷夫、陈元达没有畏惧退缩，继续顽强地为革命

---

(5) 见《上海英烈传》（第九卷），P119。中共上海市委党史研究室、龙华烈士陵园编，1997年8月由百家出版社出版。

而奋斗着。1928 年秋，他的战友殷夫因参加革命活动第二次被反动派逮捕入狱。后来，殷夫由其大嫂张芝荣托熟人保释出狱。党组织考虑到王三川、殷夫和陈元达等人的安全，决定让他们暂时转移到浙江省象山县。9 月，王三川改名为王涅夫到达象山，与先期到达的陈元达、殷夫在象山县丹城会聚。而后，他们通过殷夫二姐、象山县立女子学校校长徐素韵，到学校任代课老师，王三川教算术，陈元达教国文、历史和地理，殷夫教自然。他们住在丹城西寺，一日三餐都在学校。在学校，他们认真讲课，关心学生的政治思想教育，向学生进行革命启蒙，并发动学生排演《柏林之围》《逼债》《小小画家》等进步话剧，在丹城姜毛庙公演，进行爱国主义教育，无情地揭露封建地主阶级对农民残酷压迫和剥削的罪恶行径，揭露他们寄生虫般的腐朽生活。剧中的各种角色由女学生扮演，虽然化装和表演技能都不是很高明，但观者人山人海，情绪高涨。星期日，他们经常深入白墩、珠山、爵溪等地进行社会调查，访贫问苦，体验农民的苦难生活，写革命诗歌和文章。其间，王三川和殷夫、陈元达十分关注时局的发展，时常一起分析局势，商讨对策。

不久，象山县立女子学校放寒假，他们的革命活动也引起当地国民党特务机关的注意，王三川和陈元达离开象山返回上海，继续进行革命活动。王三川用王征夫的化名住在上海天通庵路 2 号[6]，后被党派到新宇宙书店，以书店店员的公开身份从事党的秘密活动。新宇宙书店位于东横滨路 8 号[7]，距离位于多伦路 125 号

(6) 详见《余姚党史资料》第二十一期 1984.4.20。中共余姚县委党史资料征集小组办公室编。

(7) 详见《上海英烈传》第九卷 P120。

的中国左翼作家联盟仅一步之遥。这是党的秘密联络点，王三川任联络员。其间，殷夫克服种种困难，也回到上海，以满腔的热情开始创作红色鼓动诗词。此时，王三川以王征夫的名字与殷夫经常保持联系，他俩有时交流共同的革命理想和历程，有时则相互倾诉彼此的苦闷与烦恼。殷夫曾这样描述他与王三川在上海公园见面的情景："晚与征夫同步公园，颓丧得非凡，自觉这冷寂的过去，好像一条横旋翠微的山道，在暮霭中隐现，真有一种无可奈何的感慨。会征夫又谈起了故友新交等纠葛，都不禁感伤地沉默了下来，像一对醉了的浪人似的，在一对对的金钮彩衣的爱人群中，踉跄而归。"[8]

1929年2月7日，新宇宙书店突然遭国民党军警查封。因有人告密，王三川被敌人怀疑为共产党员而遭再次逮捕。在国民党军警审讯中，他一口咬定自己是普通店员只卖书送书而已，其他一概不知。国民党军警在审讯中没有抓到他任何可疑的证据，只能将他关押在狱中。党了解到这一情况后，通过王槐生以300块大洋将他保释出狱[9]。

王三川第二次出狱时正值五卅运动4周年之际。党要求所有共产党员和革命师生继续发扬五卅精神，坚决反对帝国主义、军阀及国民党反动派的统治，使中国获得彻底解放。根据党的决定，他去英商上海公共汽车公司继续从事革命工作。他以第二车场第一车队售票员的公开身份作为掩护，积极勇敢地在工人中开展工作。经过他一段时间的艰苦努力，英商上海公共汽车公司工人建

(8) 《殷夫年谱》P127。王艾村著 上海人民出版社 2010年4月出版。
(9) 详见《上海英烈传》第九卷 P120。

立起秘密的赤色工会、工人武装纠察队和后援会等组织。同时，第一车队党支部也随之建立。为便于活动，他经常一身售票员打扮，废寝忘食地奔走在吴淞和市区之间，也时常出现在司机、售票员之中，受到人们的衷心爱戴。

11月7日至11日，王三川作为上海公共汽车公司工人代表，参加由中华全国总工会在上海爱文义路690号至696号卡德路口（即今北京西路石门二路口）召开的第五次全国劳动大会 [10]。

为落实这次大会精神，王三川开始积极组织英商上海公共汽车公司工人进行大罢工，并亲自领导他们在南京路大世界一带游行示威，张贴标语，散发传单。工人罢工自1930年4月19日开始，持续时间长达25天。700余名司机、售票员全部参加，公共汽车全部停驶，终于迫使公司作出让步，答应工人提出的增加工资、废除行车苛规等要求。4月25日，殷夫写出《暴风雨的前夜——公共汽车电车大罢工》《五一歌》等诗（署名莎菲）及《冲破资产阶级的欺骗与压迫》一文（署名徐白），热情地讴歌这次电车工人大罢工的壮举。为此，英商资本家要求巡捕逮捕王三川。党组织获悉后，及时帮助他安全转移 [11]。

1931年2月、8月，殷夫和陈元达先后遭到敌人杀害。王三川内心充满着悲愤，决心以殷夫、陈元达为榜样，以中华民族的存亡、劳苦大众的解放为己任，不惜为党的事业洒热血，甚至献出宝贵的生命。

(10) 1929年11月7日至11日在上海秘密召开，由中华全国总工会主持，共有代表29人。大会的中心任务是重新恢复和加强工人阶级的力量，重新建立坚强的领导机关，促进中国工人运动进一步开展。详见《上海英烈传》第九卷P121。

(11) 详见《殷夫年谱》。

是年 9 月 18 日夜，为实现占领中国东北进而灭亡全中国的目的，盘踞在中国东北南满铁路沿线的日本关东军突然向沈阳城附近的中国军队发动武装进攻，次日占领沈阳城。在国民党蒋介石反动政府卖国投降的不抵抗政策下，中国军队不战而退，使东北三省很快沦陷。日本帝国主义的野蛮侵略行为，激起了全中国人民的极大义愤，中共中央揭露了日本帝国主义的侵略野心和国民党蒋介石政府的不抵抗政策，全国各地的抗日运动蓬勃发展。1932 年春，蒋介石破坏淞沪抗战，叫嚣"攘外必先安内"，纠集几十万大军围剿出兵抗日的中国工农红军，并对全国各地的学生爱国运动进行残酷镇压和围剿。上海党组织启发和教育民众在各地开办各种类型的夜校，宣传党的抗日主张，建立抗日统一战线。根据党的指示，王三川先后在闸北、虹口、江湾、吴淞等地的夜校任国文和音乐教师。他教大家唱抗日救亡歌曲，在工人、店员、黄包车夫等民众中颇有影响。夜校放学后，他还组织学生散发传单、张贴标语，揭露日本帝国主义和国民党反动派的罪行。

1933 年，根据党的指示，王三川以帮助乘客搬运行李的脚夫职务为掩护，打入沪宁、沪杭甬两路管理局，组织发动铁路工人和沿线农民积极投入抗日救亡运动。在前两任铁路工会党团书记相继被捕后，他于次年春接任书记职务，并冒着极大的危险频繁往返于上海、苏州、无锡、镇江、南京、松江、嘉兴、杭州等地，深入站场等铁路基层单位，建立党团支部，发展党团员，组织开展抗日救亡斗争。

1934 年 6 月的一天，王三川在上海铁路南站执行任务。那天，他头戴红帽子，身穿短衫，脚蹬草鞋，手提行李，挤在乱哄哄的乘客中间，从候车室走进站台，然后朝列车车厢走去。当他正要举步跨上车厢门梯时，突然遭到国民党特务的搜查。他一时躲避不及，放在行李包中的革命文件和宣传品当场被敌人截获，成了罪证，随即被逮捕。被捕后，他受到敌上海警察局特务室第三科的审讯。他伪称自己是车站的脚夫，所拿行李是一名乘客交给他的。敌人不信，进行严刑拷打，他被打得皮开肉绽，但始终坚持说自己什么都不知道。敌人见硬的不行，就以同乡名义多次进行劝降。然而，敌人得到的始终是肃然的沉默。3天后，由于得不到任何口供，第一警察局就将他押解到国民党南京卫戍司令部关押。党组织曾通过王槐生多方奔走，找社会上层关系设法营救，但是都以失败而告终。1935年1月，敌人以"危害民国罪"判处王三川7年半有期徒刑，把他押解到国民党南京中央军人监狱关押。一进监狱，典狱长就给他钉上半步镣。该镣重达20多斤，是虐待犯人最严厉的一种手段。国民党南京中央军人监狱的党组织，在1932年时因书记林尊叛变自首而遭到严重破坏，因此他在这里没有得到党的领导，只能独立地进行斗争 [12]。

服从组织　继续抗日

1936年9月，潘汉年从陕北回上海后成立中共上海办事处。12月12日，西安事变和平解决后，国共两党开始第二次合作。潘汉年根据党中央指示，通过各种渠道，全面掌握被国民党关押在监狱的共产党员和干部名单，奉命同国民党当局就释放政治犯进行交涉。经过多方面努力，许多长期被关押的共产党员和干部陆

----

(12) 详见《上海英烈传》第九卷P122。

续获释，重新走上革命岗位。王三川也是在党的努力营救下，于1937年4月被保释出狱。出狱后，他立即找到八路军上海办事处。当时，潘汉年任办事处主任。经办事处审查，6月下旬他被派往延安学习。7月8日，他到达西安。7月19日，他到达延安，进入正在筹备的鲁迅艺术学院学习。他在那里学习了毛泽东《中国共产党在抗日时期的任务》《为争取千百万群众进入抗日民族统一战线而斗争》等文章。经过系统学习，王三川深刻认识到，自己参加学生运动和工人运动后，由于没有人民政权，许多共产党人和革命者惨遭帝国主义和国民党反动派的杀害，因此要夺取全国的胜利必须遵照毛泽东枪杆子里面出政权的思想方针。从此，他就走上拿起枪杆子进行革命的道路。

10月底，经过三个多月紧张系统的学习后，党考虑到王三川籍贯是上海，就安排他回上海开展武装斗争。根据八路军上海办事处的要求，他参加上海文化界救亡协会，任教育科科长。

为掩护工作，王三川领着自己的小侄女王玉贤去曹家渡、大自鸣钟、北京路等难民收容所，让她从小就体会到由于日本帝国主义的侵略，难民过着极其困苦的生活。他在收容所负责难民联络收容，为难民发放食品和衣物，以及对难民宣传抗日道理、教唱抗日歌曲。王玉贤就是在收容所学会《九一八》《救亡之歌》《木兰从军》等抗日歌曲并懂得抗日道理的。

是年12月，中共江苏省委派陈静、蔡辉到浦东农村开展抗日武装斗争。1938年1月，为坚定对党的事业信念，王三川把原名王顺芳正式更名（即王三川），意为百川归大海。为更好地宣传教育发动群众进行抗日斗争，蔡辉组建了浦东抗日救国宣传团。为加强对宣传团的领导，党委派共产党员王三川⁽¹³⁾参加这一团体。同时，为引导工人农民提高革命觉悟，党从难民收容所物色思想觉悟较高的干部、工作人员和难民（其中有教师罗萍、陆衍，工人沈千里、戴红梅及许培元、金剑、李桂华、李时、张大鹏、王雪英、叶光等）组建抗日救国宣传团，由二三十人组成。他们排演《放下你的鞭子》《夜之歌》《要饭歌剧》等抗日剧目，演唱《九一八》《在松花江上》《慰劳歌》《义勇军进行曲》《大刀进行曲》等抗日歌曲，教育有志青年参加抗日游击队。在抗日救国宣传团，王三川是年龄最大、念书最多且入党多年的人。他在奉贤青村港给团员们解读毛泽东《实践论》《矛盾论》《论新阶段》《论列宁主义基础》等著作，使抗日宣传团人员深受教育与鼓舞。同时，他还宣传抗日救亡的意义及党在抗日战争时期的方针政策，使广大民众增强了夺取抗战胜利的信心和决心。

三四月，因抗日救国宣传团有"赤化"嫌疑，经费无法得到保证；5月，这一团体被迫解散。人员去向是：不愿意留在浦东坚持工作的允许回上海，如戴秋之、戴红梅兄妹等六七人；当时因为中共浦东工委领导的抗日武装队伍开始活动，有一部分人被输送到抗日武装队伍，其余的人被留下来到小学任教员，以学校为阵地，在师生和民众中进行抗日救亡活动。在泰日桥小学（后改名为泰日小学）任教的有王三川、罗萍、盛慰时、陆珩、王雪英、张大鹏、

（13）1.《上海英烈传》第九卷 P123。2.《同济英烈》第一版 P93。3.《同济英烈》第二版 P155。同济大学档案馆（校史馆）编著，同济大学出版社 2021 年 6 月出版。4.《蔡志伦在浦东活动》P2。5.《南汇人民革命斗争史》P54。中共上海市浦东新区委员会党史办公室编 辞书出版社 2010 年 11 月出版。以上都证明王三川是 1938 年恢复党籍。很多纪念文章都写到王三川是 1939 年 3 月重新入党，有误。因此王三川一直被列为在抗日时期参加革命的，现应改为大革命时期参加革命的。

沈千里。

8月，中共浦东工委为加强政治和军事领导，通过连柏生与南汇保卫团副团长孙运达的关系，派王三川、王义生（共产党员）、姚石夷等任"保卫四中"政训员。南汇县保卫团第四中队（以下简称"保卫四中"），原是八一三淞沪抗战后以当地爱国人士连柏生为首建立起来的一支地方部队。王三川到"保卫四中"后，与王义生等一起负责统战，帮助部队整训，深入浅出地讲解抗日道理，从而提高了部队的整体素质和战斗力。他还在叶家祠堂召开叶氏族人会议，在叶桥小学召开全体师生和民众大会，揭露日本帝国主义侵略中国的罪行，宣传共产党的抗日救亡主张，号召大家有钱出钱、有力出力，团结起来把日本侵略者赶出中国。

1939年1月，"保卫四中"驻扎在盐仓镇西姚家楼房，突然遭到日伪军的袭击。正在镇上查岗的特务长林有璋（又名林达）见形势紧急马上开枪报警，后中弹负伤，王三川非常机警地带领部队转移到安全地区。

在敌后进行革命工作，是一项艰巨而复杂的斗争。这样的斗争，不但表现在敌我之间，还表现在抗日部队内部。四中队队副周毛纪只想利用连柏生番号，把它作为自己经商和保护私人财产的力量。他在政治上只奉行保卫家乡，而不主张抗日，"保卫四中"没有给他任何个人特权，因而他很不满意。当时，部队筹募地方经费由他保管，他利用权力经常挪用和贪污经费，作为私人经商的周转资金。3月4日（农历正月十四日）晚，"保卫四中"中队长连柏生在县城北门外盐仓西叶家祠堂召开骨干会议，王三川、王义生、沈光中、张大鹏等参加。会上，连柏生要周毛纪结账，他做贼心虚，结不了账，还认为是连柏生故意刁难他。大家虽然对周毛纪的错误行为非常气愤，但为团结抗日，还是心平气和地向他宣传抗日救国的道理，希望他早日结清账目，不要影响部队的给养。周毛纪不但不思悔改，且恼羞成怒地谩骂财务人员，还借故寻衅，要求连柏生外出对话。当走到祠堂外走廊时，他竟一边抓住连柏生，一边拔出手枪，扣动扳机。跟随连柏生的王义生见此情景，便不顾个人安危猛扑过去，抓住他拿枪的右手。不料，周毛纪已扳响手枪，击中王义生下巴，子弹从左面额进去右面额出来。在这紧急关头，一直站在周毛纪后面并时刻注意事态发展的王三川迅速拔出手枪，一枪击毙周毛纪[14]。其实，周毛纪想害死连柏生早有企图。那天，周毛纪知道连柏生要回家，便偷偷地雇了条小船去他家。船老大说碰到鬼打墙迷了路，船一直转到天亮，但是始终没有到达连柏生的家，周毛纪只好回去。事后，船老大说连柏生是好人，专打日本侵略者，所以自己故意说碰到鬼打墙，

---

(14) 1.《上海英烈传》第九卷，P124。1939年（3月4日）初（阳历正月十四日），在盐仓镇西叶家石桥叶家祠堂内，有连柏生、周毛纪、王义生、王三川、沈光中等一起开会，要周毛纪交清账目，因为"抗卫四中"从地方上筹划经费由他管，他经常将公款作为他经商的临时周转之用。而"抗卫四中"也没有给他以个人任何特权，于是他很不满意。他知道"抗卫四中"在我们控制之下，否则早想把"抗卫四中"拉到忠救军第三大队，他的结拜兄弟胡镇海部队中去。当管理账务的要他结账时，他做贼心虚，认为故意对他难堪，他就下毒手，诡称："请连柏生外出说一句话。"当连外出走向廊下时，他一手揿住连，一手持枪行凶。在这紧急关头，在屋内的人也紧跟出来，王三川见情即拔出手枪，对准周毛纪的后脑壳开了一枪，周毛纪当场倒地毙命。可是周在中弹前已扣响扳机，子弹正射中在旁的王义生下巴处。当晚部队冒着大雨，向塘东长凉乡转移。

2.《南汇县志资料》第一辑，P6。同上。南汇县志编纂委员会编。

3.上海市上海县民政局档案：《王三川在浦东进行革命活动的史料》林有用1982年6月30日。

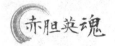

把船摇到别处去。周毛纪被击毙后，为防不测，王三川和沈光中等立即带领"保卫四中"冒雨撤离四团仓，连夜转移到靠近海边的长沟乡进行休整。从此，"保卫四中"的领导权完全掌握在共产党的手中。

4月，"保卫四中"根据群众的要求，回到四团仓一带活动。一天，与周毛纪关系密切的胡镇海带领国民党忠义救国军第三大队80余人，从三灶分3路合击"保卫四中"，叫嚣替周毛纪报仇。"保卫四中"得悉后便决定由王三川指挥战斗。王三川立即带领"保卫四中"指战员们奋起反击，自己则迅速登上孙渭生更楼，端起机枪居高临下扫射敌人。胡镇海部仗人多势众、武器精良，曾多次发起冲锋，但都被"保卫四中"打退。这次战斗从中午一直打到傍晚，持续5个多小时。胡镇海眼见占不到丝毫便宜，不得不趁夜幕降临之际下令退出战场。这次战斗，创造了浦东地区游击史上以少胜多的战例。

不久，王三川带领"保卫四中"乘胜前进，以迅雷不及掩耳之势一举歼灭国民党反动派顾小汀所控制的两个区队武装，缴获50余支枪。

6月，浦东工委将"保卫四中"番号改为南汇县抗日自卫总队第二大队（以下简称"抗卫二大"），下设两个中队，大队长为连柏生，王三川为一中队政训员，同时还兼任中共浦东工委委员[15]。

11月间，驻扎在南汇长沟乡的"抗卫二大"得悉，伪军企图前来偷袭。一中队政训员王三川遂派张大鹏带领一个班在长沟乡火烧桥设下埋伏，同100多名伪军展开激烈战斗。战斗打响后，陈静带领二中队指战员赶到火烧桥支援。不久，"抗卫二大"获悉

---

(15) 详见林有用《王三川在浦东进行革命活动的史料》。

附近据点的敌伪军派兵前来增援，就主动撤出战斗，无一伤亡。

1940年5月，面对敌强我弱的情况，在连柏生建议下，共产党领导的浦东游击队更名为国民党第三战区淞沪游击队第五支队。在"隐蔽精干，长期埋伏，积蓄力量，以待时机"的方针指导下，这支党领导的抗日武装不断发展壮大。11月，中共浦东工委和五支队四大队进行了整顿和精简，黄玉、赵熊先后调到"江抗"教导大队（后为新四军六师18旅教导团）学习，金才初、苏锦文、周振庭因病离队休养；一些吃不了苦的战士开小差逃跑，一些兵痞流氓因触犯群众纪律而受到惩处，所以部队一度出现非战斗减员。为加强党的领导，是月底，中共浦东工委派刚从"江抗"教导队学习回浦东的林有璋任五支队四大队队副，金榴声任指导员，王荣贵为军事教官，王三川为特派员，并陆续将徐志达、许培元、张友志、刘祥根、郭才德、胡铁峰等一批骨干，充实到连、排、班任干部，从组织、政治、军事等各方面加强了党的领导。

王三川曾动员张妙根参加浦东游击队，因张妙根不愿意进山（当时进山就是参加游击队），后来王三川也考虑到张妙根部队人员比较复杂，故没有成功。但是，张妙根向王三川表示愿为浦东游击队出力。故王三川让王联芳出面，在张妙根所辖日伪警察大队防区内成立禁烟所，为浦东游击队筹集经费和枪支弹药。在1940年，张妙根为浦东游击队筹得了一部分经费，还提供了一挺手提式冲锋枪和一些子弹，由浦东游击队派夏筱塘同志在三林塘领取后交王三川和林有璋。

在1942年，张妙根还从中国火柴厂老板刘鸿兴处筹得一笔巨款，后由敌工委书记金子明派顾敏同志到三林塘向王联芳妻子陈金娟领取。

1941 年 4 月 8 日夜，五支队四大队和常备三中队指战员四五十人，在林有璋、王三川带领下，沿着南街西边房屋摸索前行，去袭击川沙青墩伪警察所。当逼近伪军岗哨时，指战员却发现没有哨兵的踪影，墙门紧闭难以推开。内线张宝才急中生智，高声喊叫"老乡开门换岗"。屋里的哨兵正在睡觉，听到喊声不加思索就把大门打开一条缝，往外观察，猛见到是几位手持短枪的游击队队员，再加上枪声、手榴弹一阵猛响，被吓得魂飞魄散。所内伪军在游击队员"缴枪不杀"的口号声中，不得不乖乖地举起双手，放下武器投降。这次战斗拔掉了伪警察所，缴获日式步枪 27 支、短枪 2 支，指战员仅 1 人负伤。不久，五支队四大队抽调一个中队加入五支队三大队，王三川任五支队三大队大队长，凌汉其任大队副，从而加强了五支队三大队的实力。

是年 4 月 24 日，谢晋元被敌伪军收买的士兵刺伤，后因伤重不治而亡。此时，汪伪特务组织也千方百计想打入浦东抗日队伍，企图查找在浦东伪军中隐藏的共产党员和其他抗日人员。他们利用特务组织"大民会浦东支部"，打入第五十团[16]。第五十团的大部分骨干已是共产党员和积极分子。"大民会浦东支部"活动频繁，有个姓康的特务翻译假装进步，参加抗日第五支队，还介绍姓黄的翻译混入第五支队。后被党组织发现，林有璋、王三川连夜对这两个特务进行突击审查，发现这两个特务已混入共产党内部，成为候补党员，并从他们身上搜出"大民会浦东支部"会员证。根据党组织

(16) 此团是由共产党秘密控制的大团镇汪伪"和平军"第十二路军第五团。1941 年改称第十三师第五十团。

的指示，这两人被立即镇压。后来，埋伏在抗日第五支队的"大民会浦东支部"特务被查处有二三十人，从而纯洁了抗日队伍，也为浦东抗日部队安全转移至浙东抗日根据地扫清了障碍。

5月，中共路南特委成立，浦东武装由中共路南特委领导。6月26日，五支队三大队大队长王三川经过精心的组织发动和严密的部署，带领部队冒雨袭击三王庙伪警察分队据点，击毙伪军分队队长和一等警士2人，俘虏23人，缴获步枪21支、刺刀18把、子弹900余发。五支队三大队指战员无一伤亡。

王三川在浦东游击队工作时，因部队缺少经费和枪支弹药，他鼓励、启发、动员王联芳以经商名义为部队筹集经费。为方便浦东游击队与上海特委联系，需要建立一个秘密联络点。王三川在选址上也花了很多精力，既要隐蔽又要方便与上级联系，不能引人耳目且要四通八达，如有敌情，还要便于撤退。后来，王三川将秘密联络点设于西爱咸斯路282号（永嘉路282号），由王联芳出面开设飞达车行。这是党的秘密联络点，也是当时浦东游击队在活动经费异常困难和紧张的情况下，筹措和充实一部分资金的来源处。此秘密联络点与西爱咸斯路290弄64号（永嘉路291弄64号）的中共江苏省委和嘉善路140弄15号的新四军上海办事处仅一步之遥。在这个联络站，顾德欢、蔡辉、金子明、姜杰、吕炳奎都曾开过会。

朱亚民1941年5月参加江南参观团去苏北学习，回上海等待分配工作时就住在飞达车行。同住的还有康志荣（又名康星），他们在飞达车行阁楼中住了近三个月[17]。（附地图）

---

(17) 1.《我与浦东抗日游击战》P45。朱亚民著 上海人民出版社1996年11月出版。

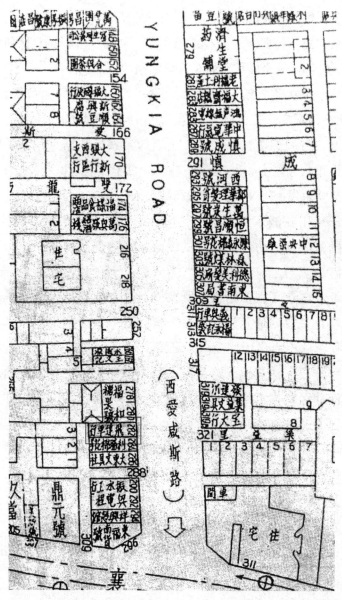

《老上海百业指南——道路机构商住分布图》（1938—1949）

8月，路南特委吕炳奎来到飞达车行，代表特委找朱亚明谈话，由朱亚明接替王三川在浦东的三大队大队长职务；王三川去浦西进行革命工作，策反国民党天昆区区长松江钱锦芳。

深入虎穴　魂断姚城

1941年底，日军稻垣孝调往宁波特务机关工作，闻知张妙根在沪，即亲自登门请他去宁波。1942年初，稻垣孝任余姚县日本特务机关长，张妙根通过王联芳征得王三川和中共路南特委委员金子明同意后，和稻垣孝接上关系。稻垣孝立即要求张妙根在余姚县收编部队，建立武装队伍。

毛泽东、朱德在发给刘少奇、陈毅、饶漱石的电报中指出："1941年4月30日，敌占领宁波、奉化、温州、福州。如系久占，你们应注意组织该地区游击战争。有地方党者，指导地方党组织，你们派少数人帮助之；无地方党者，由你们派人组织之。从吴淞经上海、杭州、宁波直至福州，可以发展广大的游击战争。上海杭州线的军事领导不可仅委托谭震林，他一个人管不到许多，有单独成立战略单位之必要（此区大有发展前途）。"[18] 10月27日，华中局同意苏中区党委书记陈丕显的建议："我们对余姚、杭州一带敌情不明……即可派谭启龙等携带电台前往主持，要求上海省委另派一可靠同志负责闽浙交通联系工作。""刘英与浙东交通困难，余姚部队暂不交刘英，谭启龙工作交代清楚后即可带电台到余姚部队主持工作，并通过与余姚地方党的关系，设法打通华中与浙

2.《上海英烈传》第九卷，P125。

　　(18) 详见《姚江怒涛——余姚抗日战争史料选编》，P4。余姚市新四军研究会、余姚市史志办公室、余姚市关心下一代工作委员会编 2005年5月内部出版。

江省委之交通关系。"[19] 根据毛泽东、朱德的指示和华中局的意见，1942 年初，王三川奉命回到浦东新场，并传达特委的决定：张于道为书记，王三川、顾敏为委员，组成中共镇海地下支部。同时，上海党组织决定由王三川从中共海防大队等处选调骨干负责组建新的大队，为利用何常英招兵买马的机会打入敌营做准备。把一个大队人员打入敌人内部的任务艰巨性可想而知，但他怀着对党的忠诚，信心十足地承担了这项特殊任务。他通过各种关系，与何常英取得联系，又与当地日军代表进行会谈，提出"应募"后接受汪伪番号、部队建制不变、对方只派人任大队长的要求。敌人当即应允，并表示"报到"后，大大犒赏部队。

王三川带领部队打入虎穴，奉令与顾敏一道被改编为镇海水上警察大队，他化名赵新民，任副大队长。2 月，他带上由何常英签发的报到令及日本海军"通行证"，与张于道、顾敏等率领武装人员，由南汇小泾港乘船出海，开抵镇海。他和镇海党支部领导的一批党员，巧妙地控制着这个海上门户，从而在敌人的严密封锁线上捅开一个缺口。[20] 从此，中共领导的第五支队地下运输和人员都可以畅通无阻地进行往来。

为落实党中央的指示和华中局、江苏省委的决定，开辟宁波、余姚等地的抗日根据地，经党组织研究决定：由浙东区党委敌工委书记金子明负责开展宁波、绍兴地区和杭州市的敌伪军工作，安排王联芳先在宁波与他会面，第二天再到镇海白均房与金子明、

---

(19) 详见《姚江怒涛——余姚抗日战争史料选编》，P5。

(20) 《大江南北》2020 年第三期 P15《抗日洪流中的父亲张于道》：王三川伯伯是大革命时期的老党员，有很强组织领导能力。这支部队实际上是我党完全控制的，具体由王三川领导，徐凯任军需主任，主要负责签发通行证（渡航证）。

张于道会面。这时，金子明要求王联芳将张于道介绍给时任余姚县保安团团长张妙根，以做生意为名将他留在余姚开展工作。王联芳立即到余姚找到张妙根说了此事。然而张妙根的反应很冷淡，于是张于道未去成余姚。不久，金子明对王联芳说，王三川在镇海的工作开展得不够理想，国民党顽固派已将一部分部队拉走，一个中队工作很难开展。根据王三川多年政治工作的经验和地下革命工作的经历，金子明要求王联芳到上海，通过陈金娟说服张妙根母亲，将王三川介绍到余姚张妙根处工作。张妙根母亲很喜欢干女儿陈金娟，张妙根又是个孝子，经与王联芳面谈，张妙根立即表态："顺芳（王三川）来帮助我，我很高兴，很欢迎，一定给予重用。"张妙根随即向稻垣孝推荐王三川。稻垣孝问张妙根："他是否可靠？"张妙根回答："他是我同乡、同学，完全可靠。"当时日本侵略军推行的是"以华制华"策略，因而稻垣孝爽快地答应了张妙根的要求。

1942年末，敌工委书记金子明考虑到王三川、王联芳去余姚保安团的安全，特安排王联芳的妻子陈金娟放弃在同孚路（现石门一路）永泰绣衣公司极为丰厚的收入，陪同张妙根的母亲和妻儿们一起去余姚。待张妙根将他母亲、妻儿生活一切安排稳妥之后，在保证绝对安全的情况下，1942年末王三川和王联芳分别从镇海、上海去余姚[21]。张妙根任命王三川（化名王培良，代号 SX）为余姚县保安团副团长，并将特务大队交他负责；还将王三川妻子王友菊和王联芳妻子陈金娟安排与自己母亲、妻子同住在余姚宜春堂。

---

　　(21)《王三川烈士生平事迹》中王联芳所写材料。上海浦东历史研究中心 2018年11月内部出版。

余姚县城的日军部队及机关分为余姚城警备队、宪兵队、联络部（即特务机关，机关长为稻垣孝），余姚县保安团隶属特务机关长领导。根据张妙根的安排，他自己和王三川负责保安团团部（司令部）与特务大队，章志坚为参谋长，王联芳为军需主任（代号 SW），庞福岐为副官主任，张文弟为副官。下设三个大队：第一大队大队长是郑鸣猷，他分管两个中队，驻城区，由日伪汉奸县长劳乃心控制，其部下原系国民党一九四师在黄古岭残部 50 多人；第二大队大队长是乔雪良，由浦东敌伪忠义救国军 100 多人组成，下设两个中队；第三大队大队长是肖子健，兼任侦缉队队长，副大队长是赵祖英，下设两个中队，由赵祖英、肖子健、钱菊英、陈金木等人在当地搜罗的一些地痞流氓与无业的亡命之徒组成。

敌伪余姚县县长劳乃心是日军驻余姚县城警备队负责人，既是有名的地主又是阴险顽固的铁杆汉奸。早年，他在日本帝国大学读书，与日军侵华总司令冈村宁次是同学。毕业后，他曾在日本经商多年。回国后，他在国民党浙江省建设厅任科长。杭州沦陷后，他到余姚任堰坝管理处主任，与封建帮会势力相勾结。余姚沦陷后，他立即投靠日军，深受日本宪兵队队长龟田的宠爱和信任，任敌伪余姚县县长。劳乃心在日军面前俯首帖耳，摇尾乞怜；在国人面前暴虐专横，为虎作伥，特别仇视抗日活动，残酷活埋进步青年。他夺取许多不义之财，营建私宅，开设钱庄，将大量财物转移到上海。同时，他又暗地和溃败到天台的国民党顽固派秘密勾结。余姚县政府由劳乃心心腹和亲信杨天绶、宋志兰、胡久芳（亲戚）、崔器士等人组成，县警察局局长是他的亲家，胡尚荣是他的亲戚，在日本宪兵队任翻译，直接掌握和控制反动帮会。

他还亲自掌握警备队、便衣队两支武装力量，与余姚县保安团的肖子健和赵祖英勾结，使他俩成为自己的死党。劳乃心依仗日军、反动帮会和特务武装力量、地痞流氓，对余姚县人民犯下罄竹难书的罪行。全县百姓无不对他切齿痛恨，称他为扫帚星，并编成一句顺口溜："天上有颗扫帚星，地上有个劳乃心。"[22]

1943年初，王三川同张妙根交换意见，统一思想，认为余姚庵东处于共产党进出四明山根据地的要地。张妙根当即就将短枪大队交给王三川负责，并与王联芳一起进驻庵东，使庵东成为共产党进出四明山和出海口的要塞。经过一段时间的相处后，张妙根进一步了解到王三川的为人和能力，对他更为信任，保安团的工作几乎都要与他商量和研究。保安团人员结构相当复杂，明争暗斗，争权夺利。王三川巧妙利用他们之间的钩心斗角，多次出色地完成党组织交给的任务。

那时，劳乃心要求张妙根将保安团移驻周行、低塘、樟树庙等地，让出泗门、临山、庵东一带的出海口留给"中警团"驻防，企图封锁海口，以切断浙东抗日根据地的海上交通。王三川深知浙东抗日根据地交通命脉是极为重要的战略要地，马上与张妙根商定，不理睬劳乃心的要求，由张妙根亲自带团抢先占领泗门、临山、庵东断头湾出海口，以保障浙东抗日根据地海上交通的畅通（附地图[23]）。对此，劳乃心极为不满，向日本宪兵队告状，指

---

(22) 劳乃心的罪行，详见《姚江怒涛》P110-P111、P117-P124，《红色四明》P169，《缅怀革命先烈，总结历史经验》P95，《埋伏在余姚城的日子里》P124。

(23) 王三川在1943年初到余姚保安团后，与张妙根决定派兵进驻庵东、临山、断头湾、泗门等要塞，打通了我军苏北根据地与浙东四明山根据地的海上和陆上通道，为我党我军巩固和发展建设革命根据地做出了重要贡献。

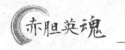

控张妙根率团逃跑。日本宪兵队队长带兵追到泗门，责问张妙根为何把部队拉到泗门、临山等地。张妙根胸有成竹地回答：部队驻在县城既要打架又要肇事，这里收粮棉需要保护，故将部队派到这些地方驻防。日本宪兵队队长感到张妙根把部队驻在这些地方也有道理，就立即率兵返回城内。此后，劳乃心却对张妙根怀恨在心。

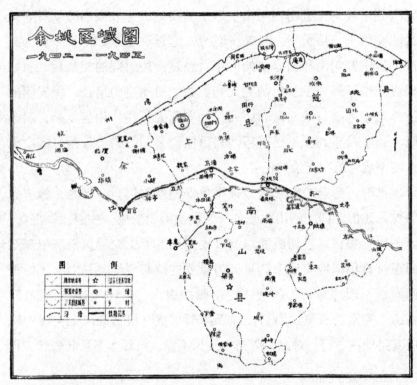

余姚区域图（1942—1945）《余姚党史资料》第十一期，1983年

其间，浙东区党委领导因工作需要，必须经常出入于日伪据点，但最大的困难是没有通行证。王三川就利用部队驻扎在泗门、临

山、庵东断头湾的特权，通过各种渠道千方百计搞到不少通行证件，使我党领导自由出入日伪占领区和根据地之间，从而保证了这些领导的安全，又极大地方便任务的完成。

6月，劳乃心给蓝塘乡乡长杨蕴荪写了一封警告信。杨蕴荪当即回复他：自己是中国人，理应为中国人民办事；你身为中国人为何要为日本鬼子效劳？劳乃心恼羞成怒，多次派亲信赵祖英带上伪军到蓝塘乡扫荡，并残忍地将杨蕴荪和乡农会主任冯天心杀害。9月2日早晨，劳乃心带领余姚县城敌伪军170多人分水陆两路，经白鹤桥、孙家村到陆家埠，企图抢粮。浙东抗日游击队于当日傍晚，向敌伪军发起猛烈进攻。敌人惊恐万状，向孙家村、蜀山渡方向仓皇逃窜。浙东抗日游击队奋勇追击，击毙日军中尉指挥官大富琢磨和伪军多人，俘虏伪军2名，缴获长短枪5支及粮食、食油、棉花等物资两大船。

劳乃心不仅掌控余姚县伪警察局，而且控制伪政府。保安团第一大队大队长郑鸿猷属下驻城区的两个中队，基本被劳乃心控制。第三大队大队副赵祖英还兼任余姚县侦查队队长，受劳乃心直接控制。劳乃心为扩大自己的控制势力，利用地方帮会和日本警备队、宪兵队进行多方拉拢，利用其政治与经济上的权势，企图削弱和孤立张妙根、王三川。

王三川进入余姚县保安团后，一直积极争取浙东区党委对自己的领导，并试图将驻余姚的日伪军组织机构和部署向党组织汇报。1943年一二月，他第一次派王联芳去逍路头找到鲍季良，请他尽快与金子明取得联系。一段时间后，王三川未见党组织有任何指示和要求，心急如焚。六七月，王三川第二次派王联芳去逍路头油厂联系党组织。王联芳通过庄根祥找到金子明，向他详细汇报了余姚县保安团的情况和工作进展，并认为让党组织派人来加强和改造这支部队已是燃眉之急。金子明因工作调动，就将王联芳介绍给接替他的朱人俊和方晓。经王联芳汇报后，浙东敌工委打算派姚子刚前去，后因故改派年龄大且不识字的吴友岳。王三川只能安排吴友岳在保安团团部从事勤务工作。

10月，王三川和王联芳得到一个重要情报，但无法送出。于是，王三川第三次派王联芳去要求敌工委派人。王联芳找到朱人俊、方晓，方晓说现在敌工委人员很少，以后这一问题会逐步得到解决的。11月，劳乃心的存在已严重威胁到根据地建设和发展的根本大业，王三川与张妙根商量决定清除劳乃心。为除掉劳乃心，王三川曾把一枚英制烈性手榴弹挂在劳乃心汽车内侧的车门把手上。然而，事不凑巧，这天劳乃心正好从另一侧车门进入，发现了内侧车门上的手榴弹。虽然王三川用手榴弹谋杀劳乃心之事以失败而告终，但是对劳乃心震动很大。事后，王三川还遭到上级党组织的严厉批评，说他属擅自行动。在洪舒江到余姚前，"手榴弹事件"曾轰动姚城。洪舒江是敌工委第一个以表弟身份派到王三川身边，并入住宜春堂的人 [24]。

张妙根十分信任王三川，经常听取他的意见。王三川则通过多种场合向张妙根进行爱国主义和抗日救亡的教育，增强他的民族意识与爱国热忱。因此，张妙根对共产党的工作给予很大便利和支持，并希望余姚县保安团由共产党领导，成为一支真正的抗

（24）《无形的战线》一书中《埋伏在余姚城的日子里》一文 洪舒江，P123。浙江省新四军研究会编，1990年11月内部出版。

日武装部队。

是年冬，在王三川的安排下，洪舒江陪同张妙根在余姚陆家埠附近，与浙东区党委敌工委书记朱人俊和三北敌工总站站长方晓会面。他们商定：余姚县保安团固守据点尽量少外出；随日军行动时采取消极应付的方法，避免与抗日游击队发生正面冲突；积极搜集并提供敌伪军军事动态。浙东区党委敌工委同意派干部去余姚县保安团，以帮助他改造部队。分别时，朱人俊送给张妙根一包陆家埠特产豆酥糖。事后，张妙根对洪舒江说："朱人俊的话对我很有帮助，脑子清了，路子也宽了。"

1944 年初，敌工委陆续派顾敏、叶大栋、张德兴、周益民、张子健、林雪、杨金标、何望若、袁啸吟、倪鑫、倪兆雷、陆浦生等到余姚县保安团及外围工作。1944 年 12 月，方琼以王三川爱人王友菊小姐妹名义住在王三川家。从此，张妙根更加积极地配合共产党的工作。他一旦发现敌伪动态，就立即告诉王三川；他不畏风险、敢于担当，还将敌工委派来的人安排到日伪机构。

经王三川、张妙根商定，陈湃任余姚县保安团参谋；何望若、周益民（两人都是共产党员）任分队长；张德兴任文书；杨金标任日本特务机关谍报员；倪兆雷（又名葛兴）任日本特务机关翻译官。为保证安全，提供工作方便，王三川、张妙根、王联芳、陈金娟对敌工委派来的政治交通员尽力给予掩护，如袁啸吟、洪舒江、方琼、顾敏、林雪、张应谦、肖东、李学民、严政等。这些人在余姚县保安团的工作开展得有声有色，大家都积极机智地完成党组织交给的各项任务。特别是把了解到的敌伪军事动态及日军扫荡动向等情报及时提供给党组织，有效避免了部队的伤亡，

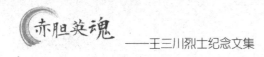

同时还提供了大量的军需物资，获得浙东区党委的肯定和好评。

党组织为更好地掩护埋伏在余姚县保安团的人员，让倪兆雷成为日语翻译（代号XO），让杨金标成为日本特务机关谍报员（代号OO）。在余姚日伪顽军各部队里几乎都有共产党人隐匿，情报的搜集左右逢源、卓有成效。甚至有些情报还是通过王三川妻子王友菊和王联芳妻子陈金娟，同劳乃心老婆打麻将时搜集到的。倪兆雷了解到在日本特务机关的特务具有较高学历，有很强的分析和判断能力，对搜集到的情报会综合进行研究。这些日本特务只知道，倪兆雷曾在日语学校学习，工作认真，是个刚满20岁的文弱书生，在他们面前表现得相当老实，租住在特务机关联络部的隔壁，且与爱人住在一起。因此，这些特务经常去倪兆雷家搓麻将或打牌，对他非常信任，日方一些机密文件也任他翻阅。倪兆雷把搜集到的敌人扫荡抗日根据地的具体计划、敌伪武器配备情况表、敌伪人员政治鉴定等机密文件，及时交送到党组织和有关同志手里。在王三川出事前，敌伪就认为王三川有亲共色彩，这些重要情报倪兆雷都一一送给有关同志。日方当时对伪县长劳乃心十分信任，对张妙根有看法，说张妙根和王三川都是浦东人，关系较好。所有敌伪的一言一行、一举一动，倪兆雷都十分注意，并及时向组织汇报，但我敌工委未采取任何措施和方法保护王三川和张妙根。

第二次反顽自卫战争进行到高潮时，王三川与倪兆雷同时搜集到一个紧急情报：敌伪军将配合国民党部队向四明山抗日根据地进行扫荡。当时杨金标被敌人留在身边待命无法脱身，政治交通员林雪又不在余姚。为及时送出这一情报，王三川只得派住在自己家里的洪舒江去四明山。敌人岗哨密布，戒备森严。虽然敌人仔细盘问和搜身检查，但因有合法身份证，而且身上也没有带任何文件材料，洪舒江就及时将这一情报送到敌工委。浙东抗日游击队获悉这一情报后，在陆家埠打了一场漂亮的伏击战，击毙击伤日伪军10多人，其中击毙日军指挥官1名，缴获长短枪20余支，夺回被抢去的新闻纸等物资一批。

1944年初，新四军三五支队在原三中队队长蔡葵带领下，于姚北长河市与日军打了一仗。战斗中，蔡葵不幸腿部受重伤昏迷，被敌人俘虏。王三川得悉后，立即与张妙根商量研究如何救出蔡葵。张妙根通过日本特务机关查到蔡葵被关押在庵东"中警团"，就对日本特务机关长稻垣孝说："此人非常有用。待伤好后，我们可以从他口中了解到抗日游击队的底细。"稻垣孝下令，将关押在"中警团"的蔡葵押回余姚。蔡葵被押到余姚县城时，已经失血过度，生命垂危。于是，他被送进余姚县惠爱医院进行抢救。蔡葵虽然身负重伤，但是神志十分清醒。他知道自己这次落入虎口必定一死。他抱定牺牲自己来保护革命利益的决心，在医院大骂日军、汉奸，并拒绝治疗，表现出崇高的民族气节。这一消息传到浙东区党委，大家不仅为他的牺牲精神所感动，同时也担忧他的生命。

王三川决定将蔡葵从虎口中救出。他考虑到蔡葵是组织性纪律性极强的战士，打算先通过有效途径说服蔡葵接受治疗，只要是组织的决定他一定会严格执行。但敌人在医院对蔡葵进行严密的监视，怎么办呢？他想出一个极妙的计策。他立即派自己人以看病为名去惠爱医院，暗中将与蔡葵同住一间病房的病人姓名等情况了解清楚，然后安排和蔡葵熟悉的顾洪福、洪舒江假装去探望这个病人。蔡葵病房门口有两个伪军专门守着，见洪舒江、顾洪福后恶狠狠地问："你们是干什么的，找谁？"他俩镇定地回答："我们是老百姓，前来探望病人。"顾洪福递上烟，边擦火柴边说："表弟住院了，我们两兄弟来看望他。"说完，报上病人的姓名、地址。看守伪军查后无误，就检查了点心和水果，将他们放了进去。洪舒江、顾洪福一进病房，就询问躺在病床上的病人："你好点了吗？"这位病人被问得丈二和尚摸不着头脑，睁大眼睛看着他俩，心里嘀咕："来人是哪门子亲戚？"躺在另一病床的蔡葵见是曾经在浦东一起打游击的战友，眼睛一亮，心知肚明。顾洪福继续说："妈妈惦记着你，叫我们来看看你。"洪舒江接着说："妈妈叫你好好配合医生治疗，尽快把病治好。妈妈知道你在医院睡不好，东西吃得少，叫我俩劝你一定要把病治好。家里的兄弟姐妹一切都好，你不要惦念。待康复后，我们就接你回家。"蔡葵听后完全明白了，这是组织对他的要求和关爱。

顾洪福、洪舒江与那位素不相识的病人东拉西扯地聊了一会儿，那位病人还真以为是自己母亲托人来看望自己，也不再多问，口口声声地表示感谢。洪舒江、顾洪福见任务已完成就起身告辞了，而门口的两名伪军竟毫无察觉。此后，蔡葵以自己的实际行动听从党组织安排，积极配合医生治疗，为早日康复尽量多吃一些，两个月后身体就明显好了起来。

王三川考虑到蔡葵在医院多待一天就多一分危险，于是与张妙根商量如何早一点将他营救出来。张妙根也知道，王三川为救抗日英雄，早将个人得失置之度外，敢冒风险，承担责任，就说："你只要安排好接应人员，我带一班人马，以团长身份去医院找蔡葵谈话即可，日本人那里我来应对。"为营救蔡葵，王三川与党组织订了周详的接应计划。这一天，张妙根带了一批伪军来到惠爱医院，将守在病房的伪军撤走，然后让自己带来的伪军守在医院大门口。当张妙根率一班人来到蔡葵病房时，埋伏在医院的同志立即帮蔡葵换下病号服，带他到医院后门；守候在医院外的新四军人员化装为商人，立即开着汽车将蔡葵营救出去。

事后，日军知道张妙根放走蔡葵，稻垣孝向张妙根询问原因。张妙根理直气壮地回答："你如果相信我，就不要问。"稻垣孝说："我并非不相信你，但你总得给我解释原因才好。"张妙根说："我这是放长线钓大鱼。我是叫蔡葵回去拉部队来投诚。"稻垣孝表示相信，并说："原来如此，我明白了。"1944年秋，稻垣孝被调走后此事就一直无人追问。[25]

1944年8月，党中央发出了关于加强城市工作的决定，浙东区党委十分重视，及时贯彻落实。区党委的敌工委也随之改为城工委，并充实了领导力量，着重领导宁波和杭州等大、中城市的工作。三北地委的敌工部也改为地委城工委，由地委书记王仲良兼任城工委书记，方晓、袁啸吟为委员，分工领导三北地区的城镇工作。为此，姚保的关系也从区党委敌工委划给三北地委城工委领导，并成立了中共姚保工委，由王三川任书记，何午初、方琼任委员。同年底，地委城工委为密切与姚保工委及其他下属党组织之间的联系，令袁啸吟同志深入姚保驻地的临山城内，以开设义成商行为掩护，就近加强领导。

(25) 余姚县人民法院《关于我打入敌伪"姚保"内部进行秘密工作的地下党员王培良等同志惨遭杀害事件的调查报告》P6。

王三川在特殊战斗岗位，对党的事业忠心耿耿，时时刻刻保持共产党员的崇高品质。多年来，自己节衣缩食，把积攒的钱用于党的活动经费；弟媳陈金娟近十年在上海永泰绣衣公司攒下的钱，也被用于革命活动。陈金娟因要维持这一大家庭的生计，经济时常异常紧张，有时到了入不敷出的程度，甚至她还想过回上海老东家重新开始生活，上海的老东家也希望她回去工作。王三川耐心细致地做她的思想工作，要求她留下来更好地掩护自己、王联芳、张妙根及一些埋伏在保安团的人员。在他的思想工作下，陈金娟安心地留在余姚县保安团。

是年，张妙根、王三川等因日常开销很大，经费着实紧张。党组织了解后，由有关部门拨出数万斤稻谷作为资本，令埋伏在余姚县保安团的顾敏经手办理，将稻谷运往上海出售，作为资本从上海买布匹、药品等物资，运回浙东抗日根据地，所得款项再由组织补贴张妙根、王三川等作为活动经费。

浙东抗日根据地急需药品和白报纸等物资，日军和国民党反动派对此类物资都严格控制。张妙根、王三川以余姚县保安团名义，经常派人到上海和宁波等地采购西药、新闻纸、布匹等物资，然后千方百计运送到浙东抗日根据地。

是年秋，希特勒德国濒临崩溃，日本军队在太平洋战争屡遭失败。八路军、新四军为迎接即将到来的大反攻，迫切需要铁路钢轨作为制造和修理军械的材料。为此，铁路沿线的抗日军民在共产党的领导下，结合对敌斗争，掀起一个大搞拆除铁路沿线钢轨的高潮。其间，王三川按照党的指示，积极参加搞钢轨的工作。他日夜不停地动员群众，并做好钢轨搞到后的运输准备。那时，沪杭甬段、余姚段铁路轨道已被日军拆除，集中存放在城内码头（其中一部分已出售），而且有日军日夜轮流把守。要把这些钢轨搞到手无疑是虎口拔牙，其难度可想而知。然而，王三川胸有成竹，早与张妙根商量好计策。由张妙根派人设宴，用酒将看守钢轨的日军灌醉。然后，他立即指挥打入余姚县保安团的共产党员带领海防大队进步官兵60余人搬运钢轨。他们用钢锯把钢轨截成数段，扛的扛、抬的抬，将截断的钢轨统统搬到河边，装到船里。就这样，大批铁路钢轨在一夜之间被王三川组织的海防大队用船搬离，运到了浙东抗日根据地和苏北抗日根据地，交给设在那里的兵工厂。

是年11月12日，队长王荣贵率领新四军浙东游击纵队第五支队一大队两个中队和余上自卫中队，攻克设在泗门后塘河小祠堂（谢氏十二房祠堂）的余姚县保安团据点。王三川恰好在这个据点，也被俘虏。中共三北地委敌工部部长、余上县敌工委书记袁啸吟，立即通知新四军浙东游击纵队有关领导将他释放，并派五支队战士谢海忠护送他至余姚县[26]。张妙根与浙东区党委敌工委书记朱人俊第一次约见时有过商定：姚保在军事行动上应固守据点，尽量少外出；随日寇行动时，也要尽量采取消极应付的办法，避免与我军正面冲突。但新四军突然攻打泗门张妙根部，不仅使王三川和三十多位官兵被俘还损失了重机枪、轻机枪等武器和弹药，最重要的是失去了与伪县长劳乃心做斗争的武装力量。虽然对新四军的突然攻打深感恼火，但王三川还是从大局出发，做了张妙根的思想工作，认为这次战斗是给新四军运送枪支弹药的好

(26)《余姚革命故事选》中《与魔鬼打交道的人》一文，P168。余姚市关心下一代工作委员会、余姚市新四军研究会、中共余姚市委党史研究室、余姚市教育委员会编，中国广播电视出版社1993年1月出版。

机会。就这样，第五支队第一大队轻易地俘虏余姚县保安团官兵33人，缴获重机枪1挺、手提式机关枪1挺、步枪31支、子弹数千发。后来，这些被俘人员即去姚南梁弄参加大练兵，加入新四军部队。(27)

事后，王荣贵才知道驻守泗门据点的王三川等是自己人。王三川派人找王荣贵商定，将劳乃心心腹赵祖英部驻马渚的据点打掉，并将据点敌伪军人数、分布地形图及武器装备等详细情况一一告知他。1944年12月5日，新四军余上县自卫大队由郁忠率领，一举攻克马渚据点，俘敌30多人，缴获步枪36支、短枪2支。这次战斗受到纵队司令部的嘉奖，并将战果登在《战斗报》《新浙东报》上。(28)

关于对敌斗争，中共中央制定十六字方针："隐蔽精干，长期埋伏，积蓄力量，以待时机。"为完成浙东区党委敌工委交给的大量艰巨任务，张妙根、王三川已难以继续"隐蔽精干，长期埋伏"，不得不与劳乃心、赵祖英发生正面冲突。其实，他们对张妙根、王三川虽然早就有所怀疑，但仍十分顾忌。第一，1943年冬，伪中警团准备进驻泗门、临山一带封锁海口，劳乃心要张妙根部队分驻周行低塘樟树庙一带，把海口让给中警团，而张妙根听从王三川的意见，强占海口，先行进驻断头湾、泗门、临山一带。第二，1943年冬，洪舒江陪同张妙根在黎明从余姚南门出城，去陆家埠

(27)《战斗报》史料选编（下）P123，《英勇的西区部队又打了两个漂亮仗》(1944年11月20日)；《新浙东报》史料选编（上）P445，《余上我军攻克第四门》(1944年11月20日)。

(28)《战斗报》史料选编（下）P190，《攻克马渚记》(1944年12月15日)；《新浙东报》史料选编（中）P30，《姚西我军攻入马渚伪据点 俘伪官兵五十名》(1944年12月11日)；《红星照耀四明》P69，P158。

与朱人俊碰面，一天未回。劳乃心在县城对此事查询多次。1945
年春，张妙根由王三川陪同去临山五车堰附近与朱人俊碰面，也
被劳乃心知悉。第三，1944 年初以来，日伪军在余姚县保安团管
辖的临山地区收购棉花，而浙东抗日游击队也在临山设行收购棉
花。棉花是敌伪军统管物资，日军只收得小部分，大部分为浙东
抗日游击队收购，也引起劳乃心怀疑和不满。第四，张妙根、王
三川以余姚县保安团为名，经常到上海、宁波等地购买西药和白
报纸供给浙东抗日游击队，而这些都是敌伪军禁品。特别是 1944
年初，张妙根听从王三川意见派兵向人和锅厂仓库强行收购钢铁，
然后押运出余姚城。第五，团参谋长章志坚、郑鸿猷、乔雪良、
董培成等人曾向劳乃心反映"王培良是三五支队派来的"。第六，
倪兆雷早就将日方认为王三川有亲共色彩的情报多次向党组织做
了报告。劳乃心十分顾忌的是，张妙根是由日本特务机关长稻垣
孝从上海请来任保安团团长的，而且，张妙根、王三川手中掌握
一部分武装力量。他一直处心积虑地想削弱张妙根、王三川的权力，
再伺机对他们下手。(29)

―――――

(29) 见本《纪念文辑》《抗日时期余姚县城敌工工作——王三川等同志打入日伪
余姚县保安团及被害经过》一文。

1.1943 年，我党得悉驻庵东日伪中央税警团将进驻泗门、临山一带，封锁海口，切
断我方海运交通，即通知王培良，要"姚保"先行抢占。当时劳乃心曾要求张妙根将"姚
保"部队移驻周行、低塘、樟树庙等地，让出海口留给"中警团"驻防，因此发生矛盾。
劳曾去日本宪兵队告状，指控张妙根率队逃跑。日本宪兵队长带日兵追击到泗门，找
张妙根责问为何把部队拉到泗门、临山。张答称："部队驻城里要打架肇事，这里收粮、
收棉需部队保护，故来此驻防。"日宪兵队长听后即率兵返城。

2.1943 年冬，驻庵东伪中警团在长河市一带"扫荡"，我大队长蔡葵同志因腿部中
弹被俘。我党通知王培良设法营救，王即告诉张妙根，要张设法。张通过日本特务机
关查明蔡葵关押在庵东中警团，即要求特务机关长稻垣孝通知中警团将蔡押解至余姚，

1944 年秋稻垣孝被调走后，泗门一战使张妙根的军事力量有
所削弱。劳乃心一伙认为时机已到，便将原属日本特务机关领导
的余姚县保安团归伪余姚县政府领导，名称改为余姚县保安总队，
劳乃心自任总队长，张妙根为副总队长，王三川为总队副。这引
起张妙根、王三川的极大不满和愤恨。

是年底，劳乃心自任余姚县保安总队队长后，知道新四军
三五支队不会让他肆意抢粮，就企图通过与三五支队谈判解决这
一问题。余上县县委曾与他进行过一次接触，阐明立场，揭露其
汉奸罪行，对他的汉奸救国谬论和划分区域征税等无理要求进行

（接上页）在惠爱医院医治。虽有赵祖英派侦查队监视，但张、王仍秘密探视。两个
多月后伤愈，张妙根即秘密派人将蔡护送出城。此事被稻垣孝知道，追问张妙根："为
何将蔡葵放走？"张说："你相信我吗？我是长线放远鹞，叫蔡葵回去拉部队来投我。"
稻垣孝表示相信，并说："原来如此，明白了。"这样掩盖过去。1944 年稻垣孝调走，
此事就不再追查。

3. 1943 年冬，洪舒江陪同张妙根在黎明时从南门出城，通过步哨线去陆埠与朱人俊
碰面，一天未回，劳乃心在城里追问多次。1945 年春，张妙根在临山由王培良陪同出
城去五车堰附近与朱人俊碰面，在临山的"姚保"官兵都知道（内有赵祖英部被强行
改编的官兵），此事也均被劳乃心等知悉。

4. 1944—1945 年日伪在临山收购棉花，而我方也在临山设行收购棉花。因棉花系日
伪统制物资，而日伪只收得小部分，大部分为我方收购，这也引起了劳乃心的怀疑和
不满。

5. 张、王以"姚保"部队需要为名，经常向上海、宁波等地购售西药、白报纸，供
给我方。这些物资都是日伪的禁运品，劳乃心是明知"姚保"部队并不需要这些物资的。
特别是 1944 年因我方需要钢轨，张妙根即派兵向人和锅厂仓库强行收购，截断后押运
出城。此事当时在姚城影响很大。

6. 1944 年，张妙根驻在段头湾、泗门、临山一带，虽处在我方游击地区范围以内，
却没有与我发生冲突，而驻在马渚的赵祖英（劳乃心势力）、王浩刚部，因有情报配合，
被我一举歼灭。

7. 1945 年 3 月间，张妙根为了对付劳乃心向"姚保"夺取领导权和蚕食张的部队，
即下令所有驻城外"姚保"部队都到临山集中，予以改编。他将原驻马渚的赵祖英嫡
系宋德华中队及驻泗门的乔雪良中队均改编在内。

严厉驳斥。然而，他仍不思悔改，亲自率领伪余姚县保安总队 100
余人、侦缉队 30 多人去云楼乡抢粮，遭到三五支队一大队的伏击。
这次伏击战，毙伤伪军 10 人，俘虏 3 人，其余伪军溃逃到余姚县城。
三五支队一大队夺回稻谷 3 船，共计 5 万斤。

因此，王三川与张妙根商量过，劳乃心是余姚县最大的祸害，
其罪行罄竹难书。劳乃心曾三次被新四军俘虏，受教育后皆被释放。
但是，他死不悔改，总与人民为敌，是死心塌地的汉奸。王三川、
张妙根再次制订了方案，想把劳乃心除掉。然而，1944 年 6 月 12
日三北地委书记兼敌工委书记王仲良在《关于三北地区敌伪军工
作报告》中指出，要"争取伪余姚县长劳乃心（包括其他土伪军）。
劳乃心在军事上没有大的力量，对我军恐惧心理浓厚；他熟悉地
方，对我后方机关破坏性很大；他有家族，有父母、妻儿，逃得了
和尚逃不了庙宇，动摇心理浓厚；他与伪十师、伪中警、滕祥云部
都有相当程度的矛盾。我们对他采取的方针是争取利用，以伪制伪，
以劳（乃心）为首，团结本地伪军，共同来对付伪中警及滕（祥云）
部；在经济上，必要时可实行某些地方的让步"。[30]

三北地委会领导的意见，使王三川、张妙根无法除掉劳乃心。
1945 年春节前后，王三川召开余姚县保安团工委会议，研究商讨
当前局势。会议认为随着战场形势的变化，日军濒临战败，穷途
末路，对伪军也日增疑虑；劳乃心、章志坚、赵祖英之流频繁碰
头，形迹可疑，他们对张妙根、王三川更加窥伺，在寻找一切机
会并借日军之力根除他俩。时机甚迫，若不抢先动手，则有被吞

（30）《无形的战线》一书中《关于三北地区敌伪工作的报告》1944 年 6 月 12 日
王仲良的讲话；《为了美好的理想——方琼同志纪念文集》P66。2002 年 1 月内部印刷。

并的危险，并且保安团内准备起义的人员至少有二分之一（已剔除赵祖英、肖子健、钱菊英、陈金才等一批地痞流氓及亡命之徒）。会议研究决定，余姚县保安团起义成功后即到四明山革命根据地。张妙根与王三川私人感情极为深厚，他都能听从王三川的安排和意见。王三川就将余姚县保安团工委的决定，向上级报告。[31] 但上级领导的决定却是："争取控制全团，进行整编，把大队长、多数中队长安排上张妙根的人，到那时再起义。余姚县保安团工作长远方针仍然是'隐蔽精干，长期埋伏，积蓄力量，以待时机'。眼前任务主要是积极配合根据地军事斗争，而不是拉出部队。余姚县保安团虽然在提供军事情报、配合抗日根据地军事斗争等方面做出了贡献，但是由于人员复杂、武器装备不够精良，起义不仅意义不大，而且会增加根据地的负担。"因此，上级要求张妙根、王三川巩固余姚县保安团成绩，继续整编部队。然而，张妙根已心灰意冷，想以送家眷回上海的名义，到浦东另谋发展。尽管王三川对三北地委和敌工委领导的决定存在一定的看法和意见，他还是向张妙根做了思想工作，与他分析当前形势，申明大义，并表示会全力支持他开展工作。在王三川诚恳劝阻下，张妙根并未离开部队。

1945 年 3 月，为进一步争取浙东区敌工委领导的支持，王三川亲自陪同张妙根与浙东区敌工委书记在五车堰附近会面。张妙根向敌工委书记汇报了劳乃心把余姚县保安团强行改编为保安总队，以及保安团内部敌情、自己处境及劳乃心罪行等情

（31）余姚县人民法院《关于我打入敌伪"姚保"内部进行秘密工作的地下党员王培良等同志惨遭杀害事件的调查报告》P5、P6。

况，希望早日清除劳乃心。王三川也要求上级党组织同意清除劳乃心及余姚县保安团工委率部起义。敌工委书记指出："自第一次陆家埠会谈后，余姚县保安团的同志积极机智地完成党组织交给的各项任务，特别是在搜集日伪军事动态、为我军提供情报、配合根据地反扫荡斗争等方面做出了出色成绩。这不仅得到敌工委的充分肯定，也获得区党委领导的肯定。"[32] 他强调，敌工委对余姚县保安团工作的长远方针仍是"隐蔽精干，长期埋伏，积蓄力量，以待时机"。他仍不同意"姚保"工委关于起义的决定，要求张妙根、王三川继续整编保安团，只字不谈清除劳乃心。后朱人俊同意张妙根在余姚县城为母亲做寿，并送家眷一起回浦东老家。在 1943 年 12 月至 1945 年 9 月，浙东地区就有三例伪军被我方策反，反正后加入我军。[33]

　　为整编部队，张妙根、王三川下令所有驻在余姚县城外的保

（32）《无形的战线》中《缅怀革命先烈，总结历史经验》一文 P97-P99。

（33）1. 1943 年上半年，由赵瞻和蔡蔡做了大量工作，我们争取了陈春泉、吴阿尧两个帮会头子。先是陈春泉，在三四月份带了一支自动步枪，三十多支步枪投诚我们，过了一个月，吴阿尧带上一百多人也来投诚，余上武装迅速扩大，余上自卫大队就此成立。

2. 1943 年 12 月，驻守在相公殿以西傅家路的伪中警第三营，以第八连反正该连老兵为首，打死连长后，拉了该连 60 多人的武装来我根据地。这次策反成功，既沉重打击了敌伪势力，又增强了我军实力。

3. 1945 年 9 月，方晓来长安，传达了浙东区党委的指示，要我们将部队带到浙东根据地……请示刘明后，我立即宣传部队开赴浙东，不愿去的可发路费回家。待一小部分士兵领了路费走后，我们登船启行。船在灵山以北的海滩靠岸，方晓和海防大队的人与我们分手了，由刘明带我们到四明山的陆家埠。当区党委书记谭启龙听说尚有两个连队未能反正过来，不免有点失望，但对我们这个连的到来还是表示欢迎和鼓励。

4. 浙东敌工委领导起家，本身就是在 1941 年时对驻南汇伪 13 师 50 团进行策反，反正后，分几批共几百名官兵陆续去了浙东进行游击战。（以上案例摘录自《无形的战线》）

安团到临山集中。原驻马渚赵祖英嫡系部队宋德华中队，与驻泗门乔学良中队均在改编之内，将多数中队长予以撤换，把共产党派来的何午初升任中队长，周益民升为中队长，张同根升任独立中队队长。然而，劳乃心心腹赵祖英、肖子健、洪师军、乔学良等人对这些举措心怀不满。这样，劳乃心与张妙根、王三川的矛盾进一步加深。

张妙根为母亲做寿后，打算在4月20日从余姚起身回浦东三林。劳乃心、方嗥（伪临山区区长）和赵祖英等人精心做了设计和策划：一方面先由赵祖英、顾相龙（帮会人员）、方嗥借送行为由，留住张妙根喝酒，实为拖延时间；另一方面由劳乃心、赵祖英安排心腹洪师军、王国桢先到达浦东，与松江县县长翟继真密谋，派张立部队在浦东张家库一带等待张妙根一行。方嗥借送张妙根为名，实际是观察张妙根在余姚回浦东时的一举一动。4月29日，为确保张妙根的安全，王三川派由特务中队两个分队40多人组成的手枪队进行保护。张妙根视察庵东、临山后，由王三川和大部分中队长到临山码头送行。张妙根在上船时，当场宣布王三川代理团务。当天下午，张妙根乘船从临山梅园丘渡海，30日晚抵松江张家库，上岸时即被张立部队包围并缴了枪械。

王三川送走张妙根后，接到劳乃心要他立即从临山回余姚县城有要事商量的电话。他对当时的斗争有所警惕，在回余姚县城前特向城工委书记袁啸吟做了汇报。然而，他们没有充分地预估到劳乃心将要施行的阴谋诡计，还约定第二天王三川、袁啸吟、方琼（余姚县保安团工委委员）、顾敏等，在临山开会研究巩固部队整编成果及在张妙根回余姚前的准备工作。于是，王三川只带了警卫员谢海忠，雇一条小船赶回余姚县城。

4月30日，王三川回到余姚县城赶到劳乃心家，与劳乃心、杨天绥、方噑一起谈话。谈话中，劳乃心向他询问关于张妙根与三五支队的关系等问题，王三川称并无这些事。劳乃心、杨天绥就说了些套客话。接着，劳乃心又对王三川说，临山区没有人主持工作，要求方噑和他一起回临山。待王三川一走，劳乃心马上叫杨天绥秘密通知赵祖英，派便衣侦查队队员沿河对他进行秘密跟踪。5月1日上午9时，王三川和方噑在余姚县城西乘上小船经武胜门去临山，沿途多次遭沿岸便衣侦查队队员的喝问，皆由方噑出面应答。小船行至太平桥时，岸上又有人喝问："船上坐的是谁？"方噑回答："我。""还有谁？""王团副。"岸上的人说："我们是侦查队的，奉县长命令要查一查枪支。"方噑早已心知肚明，令小船靠向岸边，先走出小船。而王三川和谢海忠一出小船，就被赵祖英派的探长钱菊英、陈金才等十几个人团团围住，并缴了枪支五花大绑起来。然后，便衣侦查队队员先将谢海忠活活打死，再向王三川射击7枪。王三川壮烈牺牲了。待这帮凶手和方噑离去后，住在太平桥附近的好心民众脱下自己的衣服，盖在王三川和谢海忠遗体上。

弟媳陈金娟和女用人马彩贞一起赶到太平桥见到王三川遗体时，只见他浑身是血，两眼睁得大大的。陈金娟含泪向周边老百姓要了盆温水，将他身上血迹擦得干干净净，但他两眼仍然睁得很大。陈金娟用手一次又一次撸着他的双眼，并在他的耳边多次说："阿哥，侬的仇一定会报，我和联芳一定会将侬的3个儿女当作自己亲生儿女一样抚养长大。侬就放心吧。"他才慢慢地闭上双眼。

当王三川、谢海忠牺牲的消息传到四明山抗日根据地司令部时，谭启龙政委和何克希司令员当场顿足痛哭，全体同志不约而同起立，脱下军帽默默志哀。

由于敌人的阴谋诡计和我们工作的一些失误，使王三川等我党地下工作的同志被害，是浙东敌伪工作中的一个重大损失。⁽³⁴⁾⁽³⁵⁾

（王石明、王晶撰写）

《烈士传》附言

一、自己的几句话

《烈士传》是我近四十年搜集和整理的一部革命烈士的事迹史实。由中共上海市委党史研究室、中共浦东新区党史办、同济大

（34）袁啸吟、方琼《缅怀先烈，总结历史经验》：1942年冬，浙江区党委敌工委派遣王三川（化名王培良）同志打入伪余姚县保安团（以下简称姚保），进行长期埋伏。王到姚保后，利用合法地位，在配合根据地的军事斗争上，做了不少工作，取得了一定的成就。但至1945年5月，由于敌人的阴谋诡计和我们工作中的一些失误，使王三川同志惨遭杀害，何午初等同志也壮烈牺牲。这是抗日战争时期，浙东敌伪军工作中的一个重大损失。

（35）余姚县人民法院《关于我打入敌伪"姚保"内部进行秘密工作王培良等同志惨遭杀害的调查报告》：王培良（王三川）等同志被害，系抗日战争时期的历史惨案。新中国成立以后，主犯劳乃忠已逃亡，首犯伪侦查队长赵祖英被捕后在关押中自杀，另一首犯伪侦查队副队长肖子健，以及杀害王培良同志的刽子手伪侦查队探长钱菊英、陈金木均已被镇压，方嗥（伪临山区长）、乔雪良（伪保安队中队副）、王国桢（伪保安队中队副）、章志坚（伪保安队参谋长）、洪师军（伪保安队中队副）5人被逮捕，于1951年5月经浙江省人民政府谭震林主席批准，对方嗥、王国桢、章志坚、洪师军4人执行枪决，对乔雪良判处死缓。

学档案馆、余姚市党史办、象山县党史办等单位和部门提供的资料，烈士的战友所发表的回忆录和纪念文章，以及我父母和张妙根伯伯的证言、父亲所写的书综合编纂而成。

在附件中，有原华东局组织部向我父亲王联芳了解王三川牺牲前后的九个问题，说明早在新中国成立前，领导就非常重视并一直在寻找和查明王三川牺牲的真正原因。我曾试图从父亲的档案中寻找其中的某些答案，但很遗憾的是，父亲单位的人告诉我，根据当时有关部门的规定，对离退休人员的档案实行属地化管理（即将档案转到本人的居住地）。为此，父亲的单位还将档案转移的介绍信复印件给了我。后来，我去了保存父亲档案的街道有关部门，竟然没有找到我父亲的档案材料。

我知道在父亲的档案中，有当时上海市出版局局长马飞海同志对父亲革命经历的重要批示。有关单位为写好王三川的革命事迹，也曾查阅过我父亲的档案。他们告诉我，王三川是当时上海县早期参加革命的老同志，曾发表过纪念他的文章，《三林志》烈士传记篇中有王三川和我堂叔王圆芳的革命事迹，还把父亲王联芳和张妙根的事迹也编入近代知名人物中。

好在我父亲生前留下一些老战友的信件和他亲笔所写的材料，我将部分材料放在《烈士传》的附件中。

我力求从多方面、多视角来写好《烈士传》，但因每个人的经历有所不同，视角也各有不同，因而产生的看法也不一定相同。包括在这篇文章中，由于受部分文章发表年代较早、资料所限，因而在写王三川的革命事迹中，在时间、人物、地点上有些局限，误差也有所难免。借此机会，我谨代表烈士家属对写纪念文章的作者表示衷心的感谢。正是作者对革命烈士的事迹进行了报道和宣传，才使烈士的革命精神得以发扬光大。

《烈士传》中如有遗漏和不足之处，敬请各位专家、学者和读者朋友加以指正。

（王石明 2024 年 11 月 30 日）

二、两个被广泛误解的问题

（一）王三川 1926 年入党

1. 中华英烈大辞典（P84）

【王三川】（1911—1945）又名王山川、王顺芳、陈一新、赵新民，上海市上海县人。1920 年进入三林小学读书。1925 年考入同济大学附设中等机师科半工半读。1926 年加入中国共产党，因参加学生运动被学校开除，后经党组织安排到广州电讯学校学习。1927 年，回上海入同济德文科学习，并从事革命活动，曾一度被捕。1928 年赴浙江象山县，以小学教员身份作为掩护，领导当地码头工人运动；后因身份暴露，奉命撤回上海，进入党的地下秘密机构新宇宙书店工作。1930 年由于叛徒出卖，遭国民党反动派逮捕，后经党组织营救出狱，转入英商公共汽车公司当售票员。因从事工人运动，开展罢工斗争，从而招致帝国主义分子的怀恨，英捕房准备将他逮捕。1931 年党组织调他到铁路沿线工作。1934 年第三次被国民党反动派逮捕，判刑 7 年，关押在南京中央军人监狱，钉上脚镣手铐，备受折磨。直至抗日战争爆发，在党中央及全国人民一致要求"释放政治犯"的压力下，才获出狱，出狱后即去陕北延安。1937 年 10 月，又奉命回沪，在"上海市文化界救亡协会"和"上海市难民收容所联合办事处"工作。1938 年春，奉命至沪郊浦东南汇、奉贤、川沙等县沿海地区进行武装抗日斗争，任南汇县保卫团第四中队政训员。这支部队后来扩编为南汇县抗日自卫总队第二大队，1940 年又以此为基础成立淞沪游击队第五支队，给敌伪军以极大威胁。1941 年冬，调至浙东从事地下工作。1942 年打入伪浙东保安团任团副兼特务中队长，从事搜集情报、筹集军用物资等工作，对配合我革命根据地的活动起了积极作用。后因身份暴露，于 1945 年 5 月在余姚县太平桥被敌伪特务暗害牺牲。

2. 四明英烈谱——第 2 辑（P5）

王三川烈士（1911—1945）

王三川同志，原名王顺芳，曾化名王培良、王征夫、王玉田、王田、陈一新、赵新民等，上海浦东三林塘人。1911 年生，1925 年在吴淞同济大学附中读书，1926 年加入中国共产党。

王三川同志曾奉党的派遣，先后在广州、吴淞、象山及上海英商公共汽车公司、沪宁铁路管理局、沪杭甬铁路管理局等处，与殷夫、柔石、陈元达等共产党员一起从事革命斗争。1934 年被国民党反动派逮捕，以"政治犯"罪名被监禁在南京"中央军人监狱"。

1937 年抗战全面爆发，国共实行第二次合作，王三川同志获释去延安，接受党中央关于发展武装斗争的指示。十月间，王三川同志回到上海浦东一带，在中共路南特委领导下，进行敌后武装游击活动。

3. 余姚县人民法院

王培良，原名王顺芳，系浦东三林镇人，曾化名王征夫、王三川、王玉田、王田、陈一新、赵新民等从事革命活动。1926年，他在吴淞同济大学附中读书，参加学生运动时入党。此后奉党的派遣，在吴淞、象山、上海及上海英商公共汽车公司、铁路沪宁线等地进行革命斗争。1934年被反动派逮捕，作为政治犯被监禁在南京伪"中央军人监狱"达三年，直至1937年抗战全面爆发，获释后即去延安。受党中央关于发展武装斗争的指示，于十月间仍回到上海浦东一带，在我路南特委领导下，在敌后进行武装游击活动。1938年上半年，王三川曾通过其弟王联芳，与当时在李阳同匪部任大队长的同乡同学张妙根建立联系，想拉张部参加我方部队。因张部人员复杂，张本人又不愿进山（当时只提出入山打游击），故没有成功。后由王联芳出面，在张妙根所任敌伪警察大队长辖区内成立禁烟所，为我部队筹集经费，因此与张妙根的关系较好。

4. 王联芳悼词

今天，我们怀着沉痛的心情，深切悼念王联芳同志逝世。王联芳同志是中共党员，上海县三林塘人，生于1913年，工人家庭出身，因身患癌症，长期医治无效，于1978年3月12日上午7时不幸逝世，终年66岁。

王联芳同志于抗日战争初期，在其哥哥革命烈士王三川同志的影响下加入革命队伍。王三川同志是1926年入党的老党员，当时在浦东一带搞地下武装斗争。王联芳同志以经商形式，秘密采购枪支弹药，为我三五支队提供武器，掩护我地下党同志进行革命活动。

1942年，经组织决定，王联芳同志随其哥哥王三川打入敌人内部伪浙东余姚保安团。在白色恐怖下，王联芳同志冒着生命危险为我地下党搜集情报、传递情报并供给军需物资，秘密从事地下工作。

1945年，王三川同志不幸被害。经组织安排，王联芳同志回到上海，开了一家皮鞋店，作为我地下组织的秘密联络点，继续掩护革命同志；他还经常来往于苏北与上海之间，为我党购运战略物资及筹集活动经费。上海解放初期，王联芳同志积极投入社会主义革命和建设，如协助公安部门、检举揭发反革命分子、做剿匪反特工作等，为肃清隐藏的反革命分子、巩固无产阶级专政、加强社会治安，都起到了一定的作用。

1952年，王联芳同志到上海新华书店工作，在传播马列主义、毛泽东思想的阵地上，他发扬了战争年代的革命精神，一贯勤勤恳恳、踏踏实实、勤奋好学，出色地完成了本职工作。王联芳同志热爱毛主席，热爱共产党，立场坚定，旗帜鲜明。1976年，王联芳同志光荣退休，但他的革命意志丝毫不退，甚至长期卧病期间还认真学习马列思想、毛泽东著作，关心国家大事。长期以来，王联芳同志无论在艰苦困难的战争年代，还是在社会主义革命和社会主义建设时期，在党的领导下，都为革命做了不少工作，对党的事业做出了一定贡献。

王联芳同志是一位为党工作多年的老同志，我们为失去这样一位好同志深感悲痛。在他患病期间，党委领导同志十分关心并多次探望，但终因病情严重不幸逝世。王联芳同志是我们学习的榜样。让我们化悲痛为力量，团结在党中央周围，积极投入到五届人大提出的战斗任务中，为把我国建设成四个现代化社会主义强国而奋斗。

王联芳同志安息吧！

中共上海新华书店储运部支部

1978 年 3 月 17 日

（二）王三川 1938 年 1 月恢复党籍

1.《上海英烈传》(P123)

1938 年，王三川由上海地下党派往浦东奉贤、南汇等地搞抗日工作。他来到浦东后，即大刀阔斧地开展工作。不久，组织上派中共浦东工作委员会（简称"浦委"）书记陈静和他联系，恢复他的组织关系，并把他派到南汇县保卫团第四中队（简称"保卫四中"）任政训员。

2. 蔡志伦在浦东的活动

蔡志伦，又名蔡辉，1913 年生，南汇县普济乡人。少年时就读于本乡崇本小学。1928 年参加中国共产主义青年团，1933 年成为中国共产党党员……

1937 年冬，蔡志伦在上海找到中共江苏省委，恢复了党的组织关系。不久，中共浦东工作委员会（简称浦东工委）成立，因领导人员不是浦东人，省委指示蔡志伦为向导，陪同浦东工委负责人一起下浦东工作。在上海，蔡志伦介绍周大根、姜文源（姜杰）等，同浦东工委书记陈静见了面。

浦东工委要下浦东，就得有个公开的名义，须解决立足的地方、人员安排、工作如何开展等问题。1938 年 1 月，浦东抗日救国宣传团在南汇县四团仓叶家小学宣布成立，蔡志伦任团长。宣传团的成员多数是上海地下党从难民收容所动员来的工作人员与群众，其中有：中共党员王三川、冷涛，失业教师罗萍（女）、盛慰时（女）、陆玳（女），失业职工沈千里、戴秋之夫妇、戴梅红，失学青年许培元、金剑、李桂华、李时、柳茹、江濡、宣铎、佘廷华等；由王长庚介绍的原浦东抗敌后援会张大鹏、叶光、王雪英等。同时，经蔡志伦介绍，浦东工委领导与代表当地爱国力量的连柏生、王才林、王长庚、林有璋兄弟、鲍季良等人取得联系。宣传团成立后，经过一个多月的排演，由蔡志伦带队，从四团仓出发进行巡回演出，浦东工委委员周强和原交通员夏筱塘等随行。他们跑遍了奉、南、川三县数十个城镇，不但为群众演出，还为忠义救国军各部队与南汇县保卫团各中队专场演出。演出的节目有《放下你的鞭子》《要饭歌剧》等，演唱的救亡歌曲有《九一八》《松花江上》《慰劳歌》《义勇军进行曲》《大刀进行曲》等，还有多种多样的民歌，在个别场合还唱了《国际歌》。宣传团以活动为媒介，与各界人士、各部队进行了频繁的接触，宣传了共产党团结各族人民一致抗日救国的方针，也为党的统战工作进行了探索。

在奉贤演出期间，丁锡三曾恳请蔡志伦和宣传团留下，成立该部的政训处，经婉言谢绝而作罢。在南汇万祥演出后，当地爱国青年戚大钧也参加了宣传团。在这一段时间内，蔡志伦通过南汇县保卫团第一中队内的茅铸九、黄芳，把周强、刘仰军、冷涛、蔡鹤鸣、陆阳、张明等留在一中队扎根。由于浦东工委决策人搞小圈子，从1939年上半年起，把在一中队的所有党员先后抽走，结果放弃了这块阵地。

宣传团在奉贤县青村港（今青村镇）休整期间，浦东工委书记陈静指导全团学习毛泽东著作《论持久战》《论新阶段》等。后因老牌特务于淘生搞鬼，忠救军认为宣传团是赤化团体，中止经济支持，故于6月底，团长蔡志伦被迫宣布宣传团解散。善后处理的原则是：愿意留在浦东坚持救亡工作的由组织安排，不愿继续救亡工作的给路费回上海。结果，除戴秋之等六七个失业职工要回上海外，其余都留了下来。张大鹏、王三川、王雪英、罗萍、盛慰时、陆珩、沈千里在一起没有走。张大鹏和沈千里还到奉贤县头桥（今头桥镇）农村，利用晚上农民乘凉之际，张大鹏拉胡琴，沈千里用"小热昏"的形式唱抗日歌曲；冷涛、许培元、金剑等人离团去黄芳等处，做地方工作；王三川等5人到南汇县坦直桥坦直小学，利用学校阵地开展群众工作，后因环境所迫而离开坦直另作安排；王雪英去大团联络站；罗萍去普济乡黄芳部队；沈千里、陆珩、盛慰时去川沙做情报工作，后沈千里与陆珩结为夫妻，在南汇县城内以开设烟纸店为掩护，继续做情报工作；王三川、张大鹏去连柏生的四中队；咸大钧等去了周大根的二中队。至此，浦东抗日救国宣传团结束。

3.《南汇人民斗争史》(P54)

1938年1月，蔡辉在中共浦东工委的领导下成立了浦东抗日救国宣传团，蔡辉任团长，地点在南汇县四团仓西面的叶桥小学。这个团的成员大多是由上海地下党从上海难民收容所动员来的，有上海人、三林塘人、金山人、苏北人，共二三十人。其中有中共党员王三川、冷涛，失业教师罗萍（女）、陆珩（女），失业工人沈千里、戴红梅，失学青年许培元、金剑、李桂华、李时、江濡、宣铎等，后有王义生介绍的原浦东抗日后援会的张大鹏、王雪英（女）、叶光加入。宣传团准备了一个月的时间，排演了《放下你的鞭子》《夜之歌》《要饭歌剧》等一些节目；歌曲更多，有《九一八》《松花江上》《慰劳歌》《义勇军进行曲》《大刀进行曲》等。

附件

在1938年到1942年期间，浦东党的王三川株有章安子明等同志，经常分配我一些工作，我是尽力去完成的。

1942年三川约我去宁波会百后，第二天到了镇海向均房方安子明张于通会百，这时安子明正式佈置我去安排于通介绍给馆地张炒根处，以做生意名义暂去会地开展工作，可是找张炒根谈后，张表示冷淡，结果未去成。不久，安子明又佈置我，三川去镇海的条件不理想，工作很难开展安我回到上海通过张炒根那就那天佈给三川介绍到馆地张处工作，当去张谈后表示："川弟（即三川）来帮助我很欢迎很高兴，一定重用"。同时安子明决定三川和我一起到馆地工作。

到了馆地，三川和我回张炒根方探了衰兄后，先到农东工作张就将短枪还原（浙东保管原）交三川负责这时三川也决定我留王灏军工作以时要我经常去三北去组织联络联保，第一次我到大路关找到了熊声良谅能尽快去安子明谅去第二次三川安我去三北十路关陈家路油一见士在稂泽找到了安子明我向他们汇报工作情况之后，真又介绍给朱人传方暖同志，我除向他们汇报情况外，並连动安我组织上派人去庵东当时坚决定烛（我）子刚回后后因破政流了又未成（党关保文章请安排王国郁告助我）

43年烛经成立当三川和我两人工作先后来找周王三川8安我向组洪农业安我关人，说去找别方暖方说致工部很久以后逐步今决不久先后来影熟弟洪叶大陈张经与用盖民张子快方球林王得龚者袁育喻德宏陆海生方回东。

45年北撤我随方暖四到浦东这运功同志魂，你和三川的殊子皇王孙单去上海工作要找给我大未知名作为的群工作今决生活住室安配今致我一真会十洋移敢同志，那得联保宾成安给我的工作。

张乃根在1938——4X年间（当时他在政府沦陷区郊区保警警大队长）曾帮助我军浦东游击第五支队的补克枪支弹药方面做过工作；1942年上半年（当时他已去金坛）曾召我部队经费说李鸿等者向XX等得过一项巨款；1942年下半年掩护我浦东部队创建人之一中号党员王三川同志和我打入敌特务机关（地县联络部任联络东侦缉队负责人；1941年初邀请同去金坛帮助他成立侦缉队，张自任副主兼任队长，王三川同志任副队长兼特务大队长，我任事务主任，还将侦缉队的实际领导权交给三川同志，从而由我根据地陆续派去几批干部来金坛，其中一部份以经商或以职员名义，住在家里，搜集敌人的军政情报，一部份安插在侦缉队内任连排缉干P，个别打入敌联络部任翻译和情报。相放后不久，当时的松江分区付司令员朱其民同志和松江专直公安处侦察科李林育同志，发我动员张乃根和我一起以X二机关林育同志的代号发支单位（苏南海防公安局和公安部队XXX师）做情报又工作达三年之久。

附注：1.张对帮助我军五支队补克枪支弹药的情况这情况是真实的，当时我浦东部队的主要负责人王三川、林育每二位先烈是完全清楚的，另外还有去1940年（或1941年）来三林镇向我领队一挺手提式旧冲锋枪的贺小海同志可作旁证，发去部敌初任第一任南汇县委林育科长（现在译）2.张召我部队经费等得的一项巨款，是在1942年初发由我方敌临专工作委员会负责人王召明同志派张乃敏同志来三林镇（当时我去浙东）向敌伪人员等得领取的，张敏同志现住三川部善年去没工程处长X专，通讯代号为陕西南汉中市51号信箱。3.张掩武关邀请王三川先烈和我打入侦缉信以及申我方陆续派五几批去金坛的情况，当时我方对敌X部门是及发关人方晚同志全清楚的，现住中央直属机关双局局长，通讯代号为北京市第13号信箱之2.11

烈属、退休职工王联芳 1977年3月

王联芳手书材料

余姚县人民法院（函）

王丕均同志

　　本院在处理申诉案件中，有关抗日时期我党派到敌伪"余姚保安团"内部进行秘密工作的共产党员王培良等同志被惨遭杀害事件的调查报告扎录。寄上　　份，供你们参考。内容上如有错漏，希即函告我们，以便进一步查明补正。

　　　　　　　　　　　　　　　　此致

敬礼！

　　　　　　　　　　　　　　　余姚县人民法院
　　　　　　　　　　　　　　　一九八二年八月二日

余 姚 县 人 民 法 院

关于我打入敌伪"姚保"
内部进行秘密工作的地下党员王培良等
同志惨遭杀害事件的调查报告

中共余姚县委：

现将抗日时期我打入"姚保"的地下党员王培良等四同志惨遭杀害的情况报告如下：

一、抗日时期我党打入敌伪"余姚保安团"（以下简称"姚保"）的地下党员王培良、何望若、张德兴及警卫员谢海志四同志，于一九四五年五月一日被敌伪县长劳乃心等人设计杀害，解放后，根据我原浙东区党委敌工部朱人俊等同志的检举，逮捕了参与谋害的章志坚、洪师军、王国桢、方嗥、乔雪良五名案犯，经省府批准，将章、洪、王、方四犯枪决，乔犯判死刑缓刑，现乔雪良和洪师军之子委信刚多次申诉，声称原判事实有重大出入，纯属冤案，要求复查。

此案时隔三十多年，为了在当前尚有部份可查对象，故我们组织专门力量，抓紧复查，经过二十多天工作，已基本查明，现将调查情况，分述如下：

二、现经调查，查明情况如下：

王培良等我党地下同志被害，系抗日战争时期的历史惨案，解放以后，主犯伪县长劳乃心已逃亡，首犯伪侦查队长赵祖英捕后在关押中已自杀，另一首犯伪侦查队副队长萧子延，以及杀害王培良等同志的刽子手伪侦查队探长钱菊英、陈金木，均已被镇压，上述案

华东局组织部通过王联芬了解
有关王三川牺牲的情况

王请王联芬了解

1. 王三川何时被何人派到姚律给你地下工作岗？

2. 从王三川到任给你单位工作到他牺牲为止中间有无那些变迁？（姓名事迹时间联系对象）

3. 你最后一次上根据地或情要经济新人事以及工作的详细情形。

4. 王三川告诉你地候工作原谁领导你的？（时间）

5. 王三川在抗战告诉你的情况。

6. 王三川因误会被叛徒出告情况，王三川在被执前对及你谈些什么要如何照料打算。

7. 王三川牺牲的详情况。（牺牲时的地点身何人是谁你是怎样得知）

8. 王三川牺牲后政工部门是如何看待？你是如何来呼他如何评价。

8. 张在在党经营对王三川牺牲的反映。特别是提供对张

9. 你可能提供了解些事的线索。

浙江省宁波市人民政府（云函）

受文者	事由	附件	日期	文号
上海市人民政府民政局	为到属王友菊无亲靠以忧待到属各例予以拨济中以免知所由		一九四九年九月　日	人宇第八号

查王三川同志于抗日战争以前即从事革命工作

抗日期间参加游击整清动势战于浙东敌后

一九四二年在浙东新四军负责敌伪军工作时，不

幸败露王同志即此列牺牲，遗呈家族妻王友菊及

儿女各一家境凄寒，出涤艰难，据王友菊来头

东府曾给拨济，唯查後到据现住上海虹口头嵌路

譬司林陽芸金五反靴商店内，特送靖贵府以忧

特别废条例予以拨济芷布帮助王友菊参加工作

为荷　此致

上海市人民政府民政局

市长　苏醒

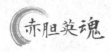
上海市上海县民政局

林有用提供王三川在浦东进行革命活动的史料

王三川同志，上海县人，一九一×年生，同济大学肄业生，一九三八年入伍，一九三×年入党（据说是上海参加地下党）。曾任中共浦委领导下的抗日宣传队之长，"抗卫二大"一中队中队付；"五支四大"时做队员，"五支三大"大队长等职。他任"抗卫一大"一中队中队付时，曾为中共浦委委员。一九四一年秋，经党组织决定，派往浙江余姚做军部队伍策反工作，直至被害而止。

一九三八年十月，由王三川为首召集十余人，组织抗日宣传队，主南死的盐仓，叶家石桥的叶桥小学一带，也就是中共浦委领导下的"抗卫四中"的活动地区，向当地人民进行抗日宣传教育。还到"抗卫四中"队内缉输了进步思想，扩大了政治影响。

一九三九年（三月口日）初（阴历正月十四日），东盐仓镇西叶家石桥叶家祠堂内，有连保生、周毛纪、王义生、王三川、沈光中等一起开会，要周毛纪交清账目，因为"抗卫四中"从地方上等到经费由他管，他经常将公款作为他经商的临时周转之用。而"抗卫四中"也没有给他以个人任何特权，于是他很不满意。他知道"抗卫四中"队是我们控制之下，否则，早数将"抗卫四中"队拉到忠救军第三大队，他的结拜兄弟胡镇海部队中去。当管理账务的要他结账时，他做账心虚，认为故意对他难堪，他就下毒手，诡称："请连桐生外出说一句话"。等连外出走向部下时，他一手搬住连，一手持枪行凶。当这紧急关头，坐屋内的人也紧跟出来，王三川见情即拔出手枪，对准周毛纪的后脑壳啪的一枪，周毛纪当场倒地毙命。可是周生中弹前已扣

上海市上海县民政局

响机枪，子弹正射中主勇的王文生下巴处而负伤。当晚因部队冒着大雨，向塘鲁长家多转移。

时隔之久，"抗卫四中"应当地人民要求进驻叶家石桥西南方向孙渭生更楼时，被忠救军第三大队胡镇海部闻讯，替国王纪报仇，即采取三面包围，从中午开始战斗，向孙渭生更楼发起数次冲锋。"抗卫四中"在王三川的指挥下，在更楼上居高临下，发挥了一挺轻机枪的威力，均被打神退。该大队（忠救军）占不到便宜，便返回西三灶层防。"抗卫四中"当晚转移驻此。

一九三九年五月，"抗卫四中"在王三川的指挥下，探取贸然袭击，出奇制人的战术，一举解决了被国民党反动派砍小汀所控制的"抗工二中"的两个区队的武装，缴获步枪五十余枝。

一九四一年三月，"五支四大"在交付林有璋、特派员王三川的率领下，通过内线，取采取里应外合，探直袭击战术，一举攻入沙青敌伪汪军据生，全俘伪军一个排，二十余人，并缴获全部日式武器，我无一伤亡。

王三川任"五支三大"大队长时间不长，不久经党组织研究决定派往浙江余姚派军部队担任做宣战工作，直至牺牲为止。

王三川同志，对党的革命了业忠心耿耿，昼劳怨怨，埋头苦干，积极工作，但为了三角恋爱，与中共浦委书记陈青静（后被变革者）同时追求主雪棠，而主爱陈而弃王，因此，与领导关系搞不好，因而苦恼闷，对党的革命了业也受到影响。由于他是受压者，为人谨慎谦虚，平易近人，深受群众同情。

1982.6.30 林有用写
1982.8.10 阮籁深抄

林有用：林有璋（林达）的胞弟，新中国成立后任浙江省军区湖州军分区参谋长。

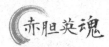

中国共产党浙江省委组织部

（手写信件）

方晓：浦东工委伪军工作委员会委员、中共三北地委敌工委书记、部长，杭州市工委委员。新中国成立后任中共浙江省委组织部办公室主任、华东局组织部办公室副主任、中央调查部二局处长、驻古巴政务参赞、中央调查部解放军总参谋部局长、国务院进出口管理委员会和外国投资管理委员会秘书长。

浙江省人民政府财政经济委员会公用笺

洪舒江：浙江省粮食厅办公室主任、浙江省粮食科学研究所所长联芳同志：

你二月廿日来信收到。我的病比前好多了，但还未好，故高未恢复之作，谢你的关心。

三川同志要参加工作，目前比较困难，因最近团总抓党政企业都又在支行精密整顿。现里也还有困难，是要到专署地方政班作为到各局清情况，就情他地前去工作。现里还需要你到各局你的征明，我由地方政府来信给我。

姜傑同现在何处之旅，那么清楚，现在他

陪一信，请你替我找他问问看。

去约还在上海，

好吗
复

刘博观
三月十日

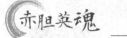

浙江省人民政府工矿廳用牋

联芳同志:

二封来都收到，因为工作致此，未及早复为歉。

关於烈属登记的事情，我已告布民政所问过，他力量……

只要如知证明即可发给，希见信把你现但情况（籍

贯、家人数、现情况……）来来信告知，以便具复。

此致

敬礼

顾德欢 三川廿日

顾德欢：原中共路南特委书记。新中国成立后，历任中共宁波地委书记、浙江省工矿厅厅长、浙江省副省长、中科院电子研究所所长兼党委书记、中科院学术委员会办公室主任，中共八大代表。

联芳先生:

来信收悉、很好、这些情报都是很

对你所了解的情形，暂要少些、但还要继续，可

经常……………到一定程度时，我们再引导

……井市保此一步的决心与努力、故

特告知、请经常来信连系为盼、

此致代候、

敬礼

近安、

朱亚民

73

江苏省輕工业厅

陈金娟同志：

你的来访导新材料，请见谅。

使中央的排零究竟，任我表新期……立次将未
以会继续家社不回，不料之处垄请你多一原谅。

承谅对我的关心，任我非常感激，我一定
好……你养为将来的工作新基础，以后女您
有机会科上南来，我一定登门拜访。

此致

敬礼

朱亚民 8.22

朱亚民：中共浦东工委委员兼军事委员会书记，新四军浙东
游击纵队浦东支队支队长，松江军分区副司令员；后任江苏省工
业厅厅长，苏州市市长和中共苏州市委副书记

甲方

立房屋买卖协议人 甲方 王联芳
乙方 姚松福 （以下简称乙方）

现经双方协议决定：甲方将祖遗西套门余庆堂内民房壹间以人民币捌佰元正
为代价转让给乙方。自本协议签订日起，该房永远由乙方所有。

具体手续如下：

1. 签订本协议的当时，由甲方将上海县发给的04903号土地房所有证交给
乙方（所有祖上只剩部份一西面一间及其地作为甲方所有，待发新证时分户
理记。）乙方先在甲方房屋代付人民币壹佰元正，其付定五月份付式佰元正
火余全部元正10月份付清。

2. 税金由甲方负责交纳。

3. 房屋代付取消后，根房地产部门查实，直向税务机关徵税
说明。

4. 东西两房之间加厦弄堂过道，甲乙双方共同使用。

5. 乙方如倘硬说各自愿意见全五下自顾永无後悔。

6. 本协议一式三份，甲乙各执一份，另一份报情房地房管部门
甲方 王联芳   乙方 姚松福   见证人
1986年月签订

卖祖房原件之一

19　年　月　日

卖房屋卖协议人甲方 王联芳
乙方 毛福海（以下简称甲方乙方）

现经双方协议决定：甲方自愿将祖遗二味钲，西味街，西图门，锺庆堂内（西味街，30号1号）花房壹间西积32平方以人民币伍佰拾拾元正另代价西卖给乙方，自本协议签订日起，该房屋权永归乙方所有。

具体说明如下：

1、四址：东至姚积福户（双方翘帐）西址：锺庆堂内（两所公用）
南至姚振贵户　　　　　北址：房屋滴水为界。

2、与姚积福东西两房之间的过道，姚姓可以有出入权但无房产。

3、房屋结价人民币伍佰捌拾元正至协议签订日一次付清。

4、甲方在协议签订时负责缴纳的税金。

5、本协议签订时，即向房地产管理所申请备案。

6、以上协议俱系双方自愿，今后各无反悔。

附语：　本协议一式三份甲乙双方各执一份另一份送夸长村

甲方：王联芳　　　　　　　乙方：王福海

证人：徐洪成　王和生
　　　　　　1972年12月21日签订

卖祖房原件之二

秀娟　6石四斗245元

66年12月16日付给 30元〈现钞25元代蜂克一

1967年 2月19日（或2月12.26）秀娟 刬给　50

1972年 12月21日 付给 280元

欠条原件之一

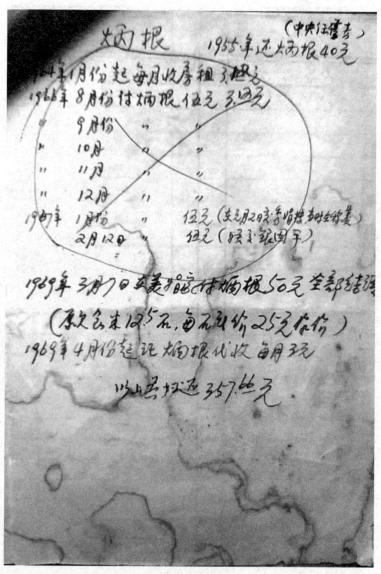

欠条原件之二

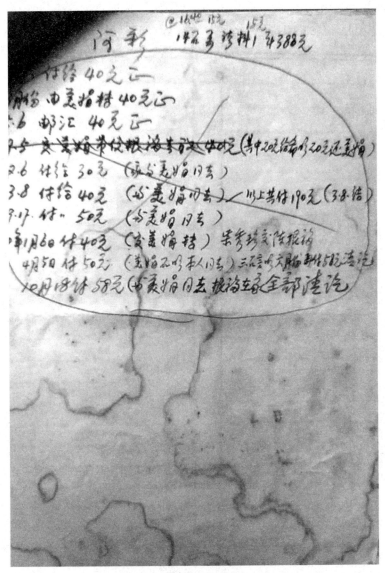

烈士传

欠条原件之三

· 79 ·

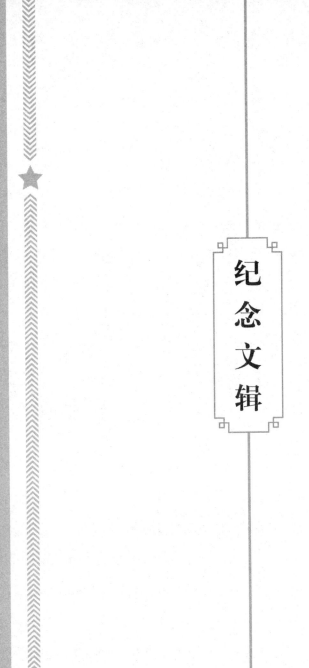

纪念文辑

抗日时期余姚县城敌工工作

——王三川等同志打入日伪余姚县保安团及被害经过

一、日伪余姚保安团的建立及其内部派别斗争

日伪余姚保安团是驻余姚日本特务机关长稻垣孝委派张妙根建立的。张妙根系浦东三林镇人（现属上海），原经商，1938 年参加了李阳同部队打游击，曾先后任分队长、中队长、大队长等职。1940 年日寇扫荡，张妙根的部队被打散后投敌，被任命为日伪周浦警察大队大队长，日本上海警备部派稻垣孝任该大队指导官。后因内部发生矛盾，张妙根辞职往上海经商。1941 年底，稻垣孝调宁波日本特务机关工作，闻张妙根在沪，即亲自登门叫他同去宁波。1942 年初，稻垣孝任余姚日本特务机关长，即委托张妙根收编散兵游勇建立武装队伍。张妙根最初收编了原国民党 194 师在黄古岭的残余部队王国定、郑鸿猷部 50 多人，后又收编了从浦东来的顽"忠救军"张立部 80 多人、顽"忠敦军"乔雪良部 100 多人，分别组建为三个大队。张妙根从上海、浦东招收来原周浦警察大队的心腹 20 多人，并收编了当地土匪成立特务中队，驻在庵东，受余姚日本特务机关长稻垣孝的调遣，但无正式番号。

1942 年秋，张立带部分队伍逃往浦东仍去投国民党，庵东又由日伪中央税警团进驻，张妙根遂将部队调驻余姚，进行整编，正式成立日伪余姚保安团。张妙根任团长，王培良（即王三川）

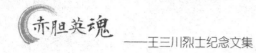

任副团长，下辖四个大队。第一大队郑鸿猷，以原国民党194师人员为主；第二大队乔雪良，以原忠救军人员为主；第三大队萧子建、赵祖英，系由劳乃心收编的地方无业游民编成；特务大队由王培良兼，以张妙根旧部及收编的土匪和部分忠救军人员组成。前三个大队都有两个中队，共有六个中队。这些部队，原都来自土匪日伪军和顽杂武装，人员庞杂，基本上可分为三派，即萧子建、赵祖英、郑鸿猷属劳乃心派；乔雪良属忠救军派，特务大队属张妙根、王培良派。几个大队的成员表面上结拜兄弟，实际上各有门户。

1943年冬，日伪中警团准备进驻泗门、临山一带，封锁海口。劳乃心即要张妙根部队分驻周行、低塘、樟树庙一带，把海口让给中警团。张妙根听从王培良的意见，为了抢占海口，先行进驻段头湾、泗门、临山一带，因此与劳乃心发生矛盾。此后张妙根为了扩大势力，曾与宁波姚华康、慈溪宋庆云及上虞周志毅的日伪部队联系，准备建立浙东保安处。劳乃心闻悉后，为抑制张妙根的势力，于1944年秋趁日特务机关长稻垣孝调走之机，即借日伪浙江省保安司令部及日本宪兵队之名，将张妙根的余姚保安团改编为保安总队，自任总队长，张妙根为副总队长，王培良为总队副，并将原姚保由日本特务机关领导改为由日伪余姚县政府领导。张妙根极为气愤，双方开始明争暗斗。1945年3月，张妙根命除驻城区的郑鸿猷第一大队外，所有驻城外姚保部队都调临山集中进行整编，改编为三个中队及一个特务中队，分驻马渚、泗门、临山三地（王培良的特务中队及刘世忠的一中队驻临山）。在整编中，他将原驻马渚属赵祖英的一个中队也分编掉，并将原各中队长明升暗降，都任命为队部副职，这样矛盾就更为激化。后劳乃心乘张妙根兵力削弱与内部矛盾严重之际，将他迫走，对王培良等同志设计杀害，下了毒手。

二、我地下组织派王培良打入日伪余姚保安团，进行斗争的情况

王培良,原名王顺芳,系浦东三林镇人,曾化名王三川、王涅夫、王玉田、王田、陈一新、赵新民等从事革命活动。1926 年在吴淞同济大学附中读书,参加学生运动时入党。此后奉党的派遣,在吴淞、象山、上海及上海英商公共汽车公司、铁路沪宁线等地进行革命斗争。1934 年被反动派逮捕,以政治犯罪名被监禁在南京国民党"中央军人监狱"达三年。1937 年抗战全面爆发,获释后即去延安,接受党中央关于发展武装斗争的指示。同年 10 月,仍回到上海浦东一带,在我路南特委领导下,在敌后进行武装游击活动。1938 年上半年,王培良曾通过其弟王联芳,与当时在李阳同部任大队长的同乡同学张妙根建立联系,想拉张部加入我方部队。因张部人员复杂,张妙根本人又不愿进山(当时只提出进山打游击),故没有成功。后又由王联芳出面,在张妙根任日伪警察大队长的防区内成立禁烟所,为我部队筹集经费,因此与张妙根的关系较好。

1941 年秋,王培良奉路南特委之命,来浙东军分委工作;1942 年,我浙东区党委成立,即划归浙东区党委敌工委领导。当时,王培良以在镇海教书为名,通过其弟王联芳与张妙根取得联系,因张妙根正欲整编部队,缺少可信的帮手,对他表示欢迎,并向日本特务机关长稻垣孝推荐。稻垣孝问张妙根:"是否可靠？"张

妙根答称:"是我同乡同学,大大可靠。"稻垣孝说:"相信你,就叫他当副团长。"这样,王培良同志就打入"姚保"担任了副团长,并在整编"姚保"时,由王培良负责组编团部(司令部),张妙根负责掌握部队。之后,我地下党通过张、王关系,先后派遣了王联芳、叶大栋、张德兴、周益民、张志杰、陈湃、陆修明、何望若(又名何午初)等同志打入"姚保"团部和所属特务中队工作,派倪兆雷(葛兴)打入日本特务机关联络部任翻译,杨金标打入日本联络部任便衣密探,并派洪舒江以王培良表弟的身份、方琼以王培良爱人王友菊小姐妹的身份先后住在王培良家里(和张妙根同住宜春堂院子内),与王培良、何望若秘密组成"姚保"工委,由王培良负责进行工作。当时,顾洪福(顾敏)以海通公司经理身份,袁啸吟、董静之以临山糖行老板等商人身份,以及严政、李学民、茅鸣涛等同志以跑单帮为名,陆续潜伏在余姚、临山等地,方便与王培良等同志联系。这对掌握敌人动态、侦察情报、营救我方人员、采购输送物资、配合根据地的斗争,都起到了重要作用。所有这些同志,在根据地虽互相熟悉,但在进入敌人营垒后均采用单线联系,除紧急情况外,一般不发生横向关系。

三、"姚保"成立后与劳乃心的矛盾和斗争

"姚保"建立后,团长张妙根与王培良的私人感情极为深厚。曾因王培良动员,张妙根在1943年冬和1945年春先后两次赴约定地点,由我敌工委书记朱人俊同志与其谈话(第一次在陆埠,第二次在五车堰附近)。因此,张妙根对我党比较靠拢,基本上能听从王培良的意见行事。但是,在工作中与伪县长劳乃心的势力

产生了矛盾，并在有些问题上有所暴露：

(1) 1943 年，我党得悉驻庵东日伪中央税警团将进驻泗门、临山一带，企图封锁海口，切断我方海运交通，即通知王培良，要"姚保"先行抢占。当时劳乃心曾要求张妙根将"姚保"部队移驻周行、低塘、樟树庙等地，让出海口留给"中警团"驻防，因此发生矛盾。劳乃心去日本宪兵队告状，指控张妙根率队逃跑。日本宪兵队长带兵追击到泗门，责问张妙根为何把部队拉到泗门、临山。张妙根答："部队驻城里要打架肇事，这里收粮、收棉需部队保护，故来此驻防。"日宪兵队长听后即率兵返城。

(2) 1943 年冬，驻庵东伪中警团在长河市一带"扫荡"，我大队长蔡葵同志因腿部中弹被俘。我党通知王培良设法营救，王培良即告诉张妙根，要他设法。张妙根通过日本特务机关查明蔡葵被关押在庵东中警团，即要求特务机关长稻垣孝通知中警团将蔡葵押解到余姚，在惠爱医院医治。虽有赵祖英派侦查队监视，但张妙根与王培良仍秘密探视。两个多月后蔡葵伤愈，张妙根即派人将他护送出城。此事被稻垣孝知道了，追问张妙根："为何将蔡葵放走？"张妙根回答："你相信我吗？我是长线放远鹞，叫蔡葵回去拉队来投我。"稻垣孝表示相信，并说："原来如此，明白了。"这样掩盖过去。1944 年稻垣孝调走，此事就不再追查。

(3) 1943 年冬，洪舒江陪同张妙根在黎明时从南门出城，通过步哨线去陆埠与朱人俊碰面，一天未回，劳乃心在城里追问多次。1945 年春，张妙根在临山由王培良陪同，出城到五车堰附近与朱人俊碰面，此事在临山的"姚保"官兵都知道（内有赵祖英部被强行改编的官兵），也均被劳乃心等知悉。

（4）1944—1945 年日伪在临山收购棉花，而我方也在临山设行收购棉花。因棉花系日伪管制物资，而日伪只收得小部分，大部分为我方收购，这也引起了劳乃心的怀疑和不满。

（5）张妙根与王培良以"姚保"部队需要为名，经常向上海、宁波等地购售西药与白报纸，供给我方。这些物资都是日伪的禁运品，劳乃心是明知"姚保"部队并不需要这些物资的。特别是1944 年，因我方需要钢轨，张妙根即派兵去人和锅厂仓库强行收购，截断后押运出城。此事当时在姚城影响很大。

（6）1944 年，张妙根驻防在段头湾、泗门、临山一带，虽处在我游击地区范围内，却没有与我发生冲突，而驻在马渚的赵祖英（劳乃心势力）和王浩刚部，因有情报配合，被我军一举歼灭。

（7）1945 年 3 月，张妙根为了反击劳乃心夺取"姚保"领导权和蚕食他的部队，即下令所有驻城外的"姚保"部队都到临山集中，予以改编。他将原驻马渚的赵祖英嫡系、宋德华中队及驻泗门的乔雪良中队均改编在内，并将大多数原任中队长予以撤换。这样，张、劳之间的斗争达到了白热化，已处于互相对立的状态。

由于上述矛盾的发生和发展，劳乃心、赵祖英等人早对张妙根和王培良等存有戒备，并进行秘密侦查，搜集有关情报。只因当时张妙根等系属日本特务机关长稻垣孝方面的人，且握有武装力量，才不敢轻易下手，而是采用了夺权蚕食、逐步削弱其力量的计谋，待稻垣孝调走后，其阴谋终于得逞。

三、迫走张妙根，杀害王培良等同志

日伪余姚县长劳乃心是一个阴险顽固的铁杆汉奸，早年在日

本帝国大学读书，与日寇侵华总司令冈村宁次是同学。毕业后，曾在日本经商多年。回国后，在国民党浙江省建设厅任科长。杭州沦陷后，回余姚任堰坝管理处任主任，即与封建帮会势力相勾结。余姚沦陷后，日军慕名请他出任日伪余姚县长。劳乃心即以亲信杨天绶、宋志兰，亲戚胡久芳、崔器士等组成伪县府班底；亲戚胡尚荣由"毛师母"推荐进入日本宪兵队任翻译；帮会亲信赵祖英、萧子建等搜罗地痞流氓建成侦查队特务武装。劳乃心自己还亲自掌握了警备队、便衣队两支小型武装力量。这样，他就依仗日寇、帮会及特务武装的势力，在余姚横行霸道、敲诈勒索，并不断捕杀我革命同志和无辜群众，对余姚人民犯下了滔天罪行，全县人民对他无不切齿痛恨。

劳乃心、赵祖英等人对张妙根和王培良早有怀疑，对他俩处心积虑要予以削弱、排挤和打击，并在张、王身边布置密探，等待时机对他们下毒手。

"姚保"的参谋长章志坚，早就对王培良这个副团长不满，虽然他与张妙根、王培良同是浦东人，但他早已投向汉奸劳乃心，且想方设法取得劳乃心的信任。章志坚拜陈恩寿为先生，利用赵祖英、萧子健既是陈恩寿学生，又是劳乃心亲信的关系，取得劳乃心对他的信任。因此他表面上是"姚保"参谋长，经常出入于张妙根、王培良公馆，实际上已成为劳乃心、赵祖英秘密安置的坐探。

还有个王国桢，原系乔雪良部下，曾任洪师军部的副中队长，1944年驻百官时，与百官伪军王家兴部同时被日军缴械，回余姚后即投向赵祖英。因而他表面上与张妙根、王培良相好，经常出人张、王公馆打牌聊天，实际也是赵祖英安置在张、王身边的又一个坐探。

章志坚早在1943年时，就曾发动一些人签名，"检举"王培良是三五支队派来的；他也曾与赵祖英、萧子健、洪师军、乔雪良等人一起开会，阴谋策划对付张妙根和王培良。1944年秋，劳乃心乘日本特务机关长稻垣孝调走之机，即借日伪省保安司令部及日本宪兵队名义，将"姚保"改编，夺了张妙根的权，自任总团长，张妙根为副团长，王培良为总团副。根据方琼回忆，当时我"姚保工委"也发觉章志坚、赵祖英、洪师军、乔雪良等人活动频繁，曾在1944年秋，劳乃心改编"姚保"，夺了张妙根的权后秘密讨论，准备策动"姚保"起义，并向上级做了请示报告。当时，我敌工委领导同志研究指示："姚保工委"应当先配合张妙根整编部队，调整力量，争取控制全团后再行起义。故未予同意。张妙根因靠山稻垣孝已去，自己的实权被夺，在1944年11月，曾想以家眷去上海名义，回浦东另图发展，因王培良在此紧要关头需他支持，对他进行劝阻而未走。1945年3月，张妙根将"姚保"所有驻城外部队集中临山，强行改编后，明白与劳乃心的矛盾已经激化。他在征得王培良意见后，打算在4月20日从余姚动身去上海，因被赵祖英、劳济和等人请客喝酒拉住，到4月27日才带家眷去临山，又被顾相龙（帮会）、方嗥（伪区长）留住喝酒。结果直到4月29日，才由王培良派特务中队的两个分队40多人护送，分乘二艘海船在临山海园丘渡海，于30日晚抵松江张家库上岸，5月1日天未明，即遭国民党松江县长翟继真的张立部队缴枪。

原来劳乃心、赵祖英知道张妙根要到上海去，一边以请酒稳住张妙根，一边派洪师军先期到金山翟继真处，策划缴张妙根的枪械。张立是洪师军派去的，所以张妙根一上岸就被逮捕缴械。

王培良于1945年4月29日在临山驻地送张妙根及其家眷上船渡海后，即接到劳乃心通知，要他与伪区长方噪同去余姚有事商议。据方琼回忆，当时我敌工部负责同志袁啸吟曾与王培良约好，定于5月1日要他与何望若回临山，与留在临山的方琼一起开会研究"巩固部队整编成果"。王培良于4月30日到余姚后，即与方噪一起去劳乃心家中，同劳乃心及劳的秘书长杨天绶一起谈话。在谈话中，劳乃心询问张妙根同三五支队的关系，王培良称并无此事。劳乃心即以临山方面无人负责为名，要王培良与伪区长方噪翌日即回临山。王培良与方噪走后，劳乃心即叫杨天绶通知赵祖英，派侦查队在去临山的途中埋伏等候。5月1日晨，王培良带勤务兵谢海忠和方噪先到伪县府向伪秘书长杨天绶辞行，于9时左右在余姚西水阊雇脚划船出武胜门去临山，沿江曾几次遭岸上侦查队查问。船至太平桥时，岸上又有人喝问："船上坐的是谁？"方噪答："是我。""还有谁？""还有王团副。"岸上的人说："我们是侦查队的，奉县长之命，要查一查枪码，把船靠拢来。"王、方一看，果然是侦查队的，即令船靠岸。勤务兵谢海忠和王培良先后上岸，谢海忠的枪立即被缴，王培良双手被反抓，向庵后推去。侦查队先将谢海忠枪杀，继又将王培良枪杀。方噪仍乘原船回姚城，到伪县府向劳乃心报告说："王团副被刺了。"劳乃心因办公室还有其他日伪县府人员，即叫他到隔壁小办公室去谈，日伪县府杨天绶、胡久芳等人也拥过去听。劳乃心在听了方噪汇报后，即对在场的伪县府人员说："你们可知道王培良是什么人？是三五支队的。假使今天不打死他，你们这批人迟早要像大闸蟹一样，给三五支队抓了去。我早有情报，因此令侦查队将他打死。"

此事发生后，王培良的弟弟王联芳夫妇得到消息即刻撤离，当天将近半夜，我打入日伪联络部密探杨金标同志赶到临山，向驻临山我党敌工部负责人袁啸吟（在临山以开糖行作为掩护，设立秘密联络站）与方琼报信：王培良和警卫员谢海忠在与方嗥同船来临山途中，已被赵祖英手下杀害；何望若、张德兴、周益民三人被捕，王培良家中被抄，家属被软禁，正在查住在王家的镇海阿姨（即方琼）去向；一股日伪军已出动，正奔赴临山来缴伪军的械。杨金标报信后即赶回姚城，继续潜伏。袁啸吟得报后，立即派人送信给我余上县委领导，要求派部队来临山支援，并通知在临山的工作人员紧急撤离。然而，在谢飞同志率队赶到时，日伪军已先我两小时将驻临山日伪军胁迫带回姚城。

第二天，即5月2日，王培良、谢海忠尸体运回姚城，劳乃心这只老狐狸还假惺惺地率领日伪县府各科长与赵祖英、章志坚、郑鸿猷、董培城等人，去王培良家慰问其家属，并伪称："王培良在丁泗庵被三五支队打死了。我是叫他不要走的，他一定要走，所以出了事。"

一星期后，周益民经营救被保释，何望若、张德兴两位同志则被劳乃心杀害于余姚北门外。

（余姚县人民法院复查报告。原载《余姚党史资料》第二十一期，1984年4月中共余姚县委党史资料征集小组办公室编）

王培良等同志英勇业绩
永远铭记在党和群众的心里

　　抗日战争时期，浙东区党委敌工委派王培良（王三川，中共党员）打入余姚县日伪保安团（简称"姚保"），任副团长。王培良与该团团长张妙根是同乡同学，经敌工委上级和王培良的争取，张妙根为我方做了不少工作，并决定伺机起义。敌工委通过张妙根，还在"姚保"派进了何午初（又名何望若，党员，任团参谋）、张德兴（任团部文书）、周益明（党员，任中队长）等同志，并在敌特机关联络部安插了杨金标（党员，当密探）、葛兴（当日文翻译，后入党）等人。王培良之弟王联芳也在"姚保"，当了军需主任。

　　1945 年初，敌工委派我以王培良爱人王友菊小姐妹的身份住进王家，和我一同派去的还有何午初，他是去接任"姚保"参谋的（原打入"姚保"任参谋的我地下党员叶××因肺病亡故）。在"姚保"当文书的张德兴也是我党派去的，先受叶××的领导，后受何午初领导，因我在敌工部时碰到过他，故互相认识，但工作上不发生关系。我还知道在日本宪兵队当翻译的葛兴、在日本特务机关当密探的杨金标（党员），都是我们的同志。他们有时来找王培良，遇他不在，没有旁人时，也让我转交些情报。当时领导我们进行工作的袁啸吟同志在临山镇开了个商号，作为联络点。我作为袁啸吟和王培良的政治交通员往来于余姚和临山之间。3月，经敌工委指示，在袁啸吟同志领导下成立"姚保工委"，王培良任书记，我和何午初是委员。

余姚日伪县长劳乃心（后逃台湾）是死顽固，既投日寇又与国民党有关系，竭力要控制伪军，插手"姚保"。赵祖英、章志坚、洪师军、乔雪良等大队长和中队长与劳乃心过往甚密。在"姚保"，张妙根拥有从浦东带来的一部分力量，王培良等同志也积极争取并影响了一部分基层官兵。赵、章、洪、乔控制的一部分人，在驻地为非作歹，老百姓极为痛恨。他们表面上跟王培良结拜，称兄道弟，实则对他，甚至对张妙根都是嫉恨的。另外，到王培良家走动的还有被日寇缴械的一股伪军头目王国桢，与劳乃心也是勾勾搭搭；张妙根的副官主任庞汝福（即庞福岐）很滑头；临山日伪区长方嗥也常来王培良家，他与劳乃心关系更密切。我们对这些人都很警惕。相比之下，我们认为赵、章、洪更是阴险狡诈，乔雪良虽不那么险毒，但政治、行动上与赵等是一丘之貉。这些人背景复杂，居心叵测，我们认为不可能争取，就只对他们底下的基层官兵做工作。

当年3月，王培良、何午初和我一起研究分析当前形势，认为日寇已濒绝境，对伪军愈发怀疑；劳乃心、章志坚、赵祖英等人频繁碰头，形迹可疑，他们可能会假日寇之手对张妙根、王培良等同志下黑手。王培良为人方正，在下层官兵和姚城各界声誉较好，为此我们考虑争取及早起义为好。嗣后，敌工委指示，要我们配合张妙根整编部队，调整力量，争取控制全团后再起义。因为意见不一，朱人俊同志曾把张妙根叫到临山据点附近谈话。经过一段时间的斗争，整编结果较理想，各中队都有我方人员安插其中，但我们也察觉到赵、章、洪、乔等实权被夺后极为不满的情绪。4月底，张妙根率部分武装渡海送家属回浦东，团务交王培良负责。张妙根准备回余姚后即起义。

张妙根一家经临山渡口上海船，王培良和各大队长均来送行。袁啸吟同志约王培良、何午初和我于5月1日来临山开会，研究巩固部队整编成果及起义的问题。张妙根一走，王培良即被劳乃心召回余姚，我留住临山。

到了约定的这一天，我和袁啸吟在临山等候王培良、何午初来开会，可是等到天黑也不见他们到来。当晚，杨金标冒险来临山报告："王培良和警卫员谢海忠（原为我部队小战士，被俘后由王培良挑来当警卫员，表现很好）与方嗥同船来临山，两人中途被赵祖英手下杀害。何午初、张德兴、周益明三人被捕，王培良家被抄，家属被软禁。'姚保'驻姚城、泗门、马渚的部队已被日军缴械，一股日军正奔赴临山缴刘世忠中队的械。"杨金标报信后即赶回姚城。袁啸吟带我们迅速撤出临山，并派人调部队去临山收编刘世忠中队。结果日军先到，该中队被胁迫拉回姚城。

后获悉，何午初、张德兴两位同志均被杀害，张妙根也在浦东被国民党军缴了械。

出事后，我曾在敌工部与方晓一起分析研究这一事件，我们认为：劳乃心对王培良等心怀叵测，早就派人监视，了解我们的情况，他是策划这一事件的主谋。而赵祖英、章志坚等人与劳乃心勾勾搭搭，趁进出张、王公馆之际，监视其行动，密探情报，是这一事件的同谋者。时隔近40年，历史已成为过去，但劳、赵、章等一小撮民族败类投靠日寇，杀害我抗日战士的卖国罪行，将永远被人民所唾骂；而王培良、何望若、张德兴等同志为民族解放事业英勇斗争，不惜牺牲自己生命的崇高品质，将永远铭记在党和人民群众的心里。

（方琼撰写。原载《余姚党史资料》第二十一期，1984年4月中共余姚县委党史资料征集小组办公室编）

在日寇内部开展斗争

1943 年 12 月，我由党组织派遣打入驻余姚日寇内部开展地下斗争。

那时余姚县城内日伪保安团团长是张妙根，团副是王培良（即王三川，中共党员）。日寇部队及机关主要有三个：一是余姚县城警备队，二是宪兵队，三是联络部（特务机关）。

我由王培良介绍给张妙根，再由张妙根介绍到日寇联络部。当时日寇联络部负责人是稻垣孝，开始三名雇员叫田中、铃木、河濑，之后负责人是前鹿川、谷内等，雇员有龟山等。联络部机关内部当时只有一名姓陈的专门搞口头翻译，缺少一名文字翻译，因为他们要把搞到的我方报纸、杂志译成日文，以便他们阅读研究，我进去后就负责文字翻译。我了解到联络部的日方人员大多有较高学历，就经常跟他们聊聊语言文字及文学方面的问题。我还写了些毛笔字给他们看，他们对此极感兴趣。那时我年纪很轻，只有 20 虚岁，外表像个文弱书生。他们得知我曾在日语学校学习，因而对我有好感。那时，我爱人和我在一起，租住在联络部隔壁，她主要起掩护作用，有时也帮忙把我搞到的情报送给有关同志。我甚至有目的地邀请日方人员到我家搓麻将，以此拉拢关系取得他们的信任。

有时，我方人员正巧在我家，我就说是自己的亲戚朋友，他

们也都深信不疑。由于他们对我信任，故敌方的一些机密文件任我翻阅。当时我搞到的重要情报有敌方将"扫荡"根据地的具体计划，有伪方武器配备情况表，有对伪方人员政治态度的鉴定等。在王培良出事之前，日伪就认为他有亲共色彩，这些重要情报我都一一及时送给有关同志[36]。那时我方人员杨金标，名义上是日寇雇用的密探，他经常来联络部送"情报"，如有人在，我们只当陌生人，有机会时我就将一些情报告诉他。即使敌人信任我，我也时刻不敢放松警惕。我在抄录机密文件时，总是密切地注意周围动静，伪装看书写信，不让敌人有所察觉。有一次，我不慎遗失一份已写好的情报，非常惊慌，但外表仍然表现得十分镇定，仔细思考可能丢落的地方，后来终于在楼梯上找到。我内心虽然欣喜异常，但在表面仍装作无事一样，因为任何失常的表现都会引起敌人的怀疑。再如，王培良同志被害时，日伪许多人都知道我跟他交往密切，我仍装作若无其事的样子，以免引起日伪人员的注意。

日方人员也并非铁板一块，有个别人表现得比较开明，如铃木就是这样的人，他对"皇军必胜"的神话一直表示怀疑。1944年下半年起，局势对日军日趋不利，铃木就在我面前说过："我们形势不好啊，最终可能导致失败。如果失败了，我就可以回国参加民主运动，呼吸新鲜空气。"他对我谈了余姚的形势，说："我们虽然控制了城市，但乡下是共军的势力范围，我们经常'讨伐'，也起不了作用。"他还向我泄露了一些敌方军事动态。我把铃木的政治态度向有关领导进行了反映，领导指示我，可以趁机争取他

---

(36) 倪兆雷同志向党组织汇报情况。

反正。不料在日寇投降前夕，铃木已奉召回国。日伪对当时伪县长劳乃心十分信任，但对张妙根有看法，说张妙根和王培良都是浦东人，关系较好。所有敌人的一举一动我都十分注意，并及时向党组织做了汇报。

我家也成为我方派来人员的落脚点或临时联络站，如方晓曾住过一宿，抗战胜利前夕周姓侦察科长曾来我家住过几天。周科长是来侦察余姚县城地形的，因当时我军曾准备解放余姚县城，侦察任务完成后我送他过敌岗哨回队。

1945年初，我得到党组织批准，经敌方同意，到余姚中学任日语教师。我利用上课机会对学生进行过一些抗战救国的教育工作，颇得学生们的好评。

（倪兆雷撰写。原载《浙东敌伪军工作日记——无形的战线》，浙江省新四军研究会编，1990年11月内部出版）

埋伏在余姚县城的日子里

1942 年夏，抗日战争处于复杂而艰苦的相持阶段，为了适应日伪、顽、我三角斗争的复杂形势，保证斗争的胜利，浙东区党委成立了敌伪军工作委员会（简称敌工委）。敌工委的主要工作任务是以掌握敌伪进行政治斗争的方针政策，对敌伪进行瓦解分化、宣传联谈，以及打入敌伪内部进行埋伏，积蓄力量，侦察情报，掌握动态，积极配合根据地的正面对敌斗争。敌工委联络点开始设在慈溪县鸣鹤场附近，后迁至陆家埠西南约 7 公里的田仓。先由金子明任书记，后由朱人俊任书记、粟后（丁公量）任副书记，袁啸吟、黄明分别负责组织和调研工作。还在三北地区成立了敌工总站（即三北地委敌工分委），由方晓负责；在慈镇地区成立了敌工东站，由李学民负责；余上地区成立了敌工西站，先后由王光生（王任之）、罗洪负责。东起宁波、西至杭州的敌伪据点都设有我们的联络站，如宁波、余姚、百官、绍兴、杭州等地；林雪、董鸣九（肖东）、朱人元、董静之、张应谦、吴培文等，都分别负责过联络站的工作。

1943 年冬，国民党第三十二集团军勾结日伪，向我四明山根据地发动了第二次围攻。除了有顽突击纵队，挺三、挺四、挺五纵队及浙保等几路军围攻外，在沿姚江地区的余姚、慈溪的敌伪也经常出动，敌工委只能在四明山边沿的狭缝里活动。根据斗争的需要，区党委要求敌工委精兵简政，并保证侦察和搜集到的敌伪情报同区党委、纵队司令部联络线的畅通。此时，粟后已调离，方晓调到敌工委，李学民从东站调到三北地委敌工分委，而我受敌工委派遣到余姚县城埋伏。

行前，朱人俊和方晓同志向我指出："我浙东游击区所属各部与敌伪军对峙，百官至宁波为东线，百官至杭州为西线，余姚处于东、西线之间，又是连接四明山与三北两个根据地的枢纽，因此余姚的情报工作乃是整个浙东敌伪军工作中的一个'重点'。你的工作任务，主要是搜集、汇总、整理情报，送抵四明山。"

在我进余姚前，已有同志埋伏在那里，如王三川同志（代号是 SX，公开的姓名叫王培良）在日伪余姚保安团任团副，他的弟弟王联芳同志（代号 SW）任军需主任。王三川同志曾多年在上海、广州、浦东、镇海等地从事地下工作，很有经验。他埋伏在姚保的主要任务是"灰色隐蔽，长期埋伏，以搜集侦察敌伪情报为重点"。王三川同志根据领导的指示，在情报工作上起了很重要的作用。我这次去余姚，就被安排住在他家里，以便及时掌握情况。

但我在去余姚前，刚发生了一件与王三川同志有关的事，曾轰动全城，日伪余姚县长劳乃心是个死心塌地、十恶不赦的大汉奸，枪杀和活埋过不少革命同志及群众，老百姓对他无不切齿痛恨，当时有民谣"天上有个扫帚星，地上有个劳乃心"。为此，党组织决定干掉他，既可为民除害，又能扩大伪顽间的矛盾。这个任务即由王三川同志来具体执行。他带着一颗我部从国民党三十二集团军缴获来的英制烈性手榴弹，到劳乃心住处，乘人不备时挂在劳乃心经常进出的书房门把手上。本想劳乃心推门进入时即可爆炸，可是事不凑巧，劳乃心从隔壁一门走进书房，发现了门上的手榴弹，他立即打电话叫来宪兵队，取下了手榴弹。[37] 事情虽未成功，可对劳乃心和周围敌人的震动很大，但也暴露了我们的情况。

当时我们还不知道手榴弹事件对王三川同志的安全是否有影响，而且姚江已被封锁，因此朱人俊同志决定由林雪同志与我一起绕道而行。因为林雪是当地人，在丰惠等地还有可靠的亲戚关系。我们从田仓到丰惠，经百官到五夫镇，就这样绕了一个大圈子。到五夫镇后，我在林雪的亲戚家住下，然后由林雪同志进城打听情况，了解到王三川等同志均未暴露。这样，我才从五夫镇到余姚王三川同志家里。[38]

王三川同志家里来往的人是很多的，并且很复杂，而我又需长期住在他家，因此事先商定，我化名杨一声，对他兄弟两人均以表兄称呼。王家出入的有伪军大队长、中队长，还有日寇特务机关余姚联络部的联络官田中等。为了掩护自己，并与这些人打交道，我平时装作富家子弟，衣着、生活等都很讲究。一年多时间，从未露出任何破绽。

在此期间，先后去余姚工作的还有周益民、张德兴、张志杰、李学民、严政、陆浦生、方琼、顾洪福（顾敏）、何望若、陈湃、陆修明、茅鸣涛、叶大栋等十余名同志。他们多数人埋伏在日伪余姚保安团团部和几个大队里。又如懂日文的葛兴同志（倪兆雷，代号是 XO，人们称他倪翻译），还打入日特机关余姚联络部充任翻译、机警灵活的杨金标同志（代号是 OO），当了该部的情报员（名

---

(37) 据王联芳、张妙根说，王三川为炸死劳乃心，把手榴弹挂在劳乃心车的内侧门，而不是挂在劳乃心家门。

(38) 洪舒江是第一个以表弟身份派到王三川身边的，时间是 1943 年冬。

义上是为敌人搜集三五支队情报）。由于日、伪、顽三方几乎都有我们的人埋伏，情报的搜集颇有左右逢源之效，有些情报还是通过王三川和王联芳的爱人王友菊、陈金娟同劳乃心的老婆打麻将时搜集到的。葛兴同志在余姚联络部的公开职务是内部翻译，如将《新浙东报》及一些小册子之类的刊物译成日文。由于葛兴翻译认真，也不离工作岗位，在敌人面前表现得很老实，与敌人的关系也搞得不错，使敌人对他逐渐信任起来。有个叫铃木的甚至还对他讲了很多心里话，说了些敌人的内部情况，也说了如果日本战败被遣回国时，则要搞民主运动等。由此，有很多机密档案、文件资料、敌伪动态等均被葛兴同志得悉，整理了不少情报资料送出。此外，埋伏在杭州的唐向青、王白非同志，和埋伏在绍兴、百官的杜其昌（何畏）等同志也搜集到不少敌伪的动态情报，并通过一定的途径及时地送到敌工委。总之，余姚一带敌伪方面的动态和宁波的某些敌伪情况，我们基本上都能及时地掌握到。

把情报安全地送到四明山，也是我们工作中的一个重要环节。有些是通过余姚联络站（林雪同志负责）转出的，有些是由杨金标同志以搜集三五支队情报的名义送出的，其中文字信件大多用密写，以免被敌人截获。如遇有紧急情况，我就立即返回敌工委汇报。记得在第二次反顽自卫战争进入高潮时，王三川同志和葛兴同志同时搜集到一个紧急情报：日、伪军即将配合国民党部队向四明山根据地扫荡。此时杨金标同志正被敌人留在身边"待命"，无法脱身，林雪同志又不在余姚，为了及时送出情报，我决定马上去四明山。出余姚南门时，看到敌人岗哨密布，戒备森严，形势紧张的程度使我吃了一惊，但片刻就镇定了下来。途中遭遇敌人两次盘问和搜查，因我有合法身份证，也没带任何文字材料，因此经过一番曲折便脱了身，及时将情报送到了敌工委。这些情报对于我军在掌握敌情方面，是起了不小作用的。

除了搜集日伪方面的情报外，我们还进行了反情报工作。如有一次，日军余姚联络部派杨金标去四明山搜集我军情况。我军有意识地让杨金标送去一个假情报，说游击队在陆埠十五岙一带活动。敌人得知后果然派出军队去"扫荡"，而我们却早已在周围布下了"口袋"。等敌人一进山岙，我军即狠狠地打击，一举歼灭二十余人，其中有敌指挥官一人。这一仗不仅获得了全胜，而且事后日军联络官田中还表扬了杨金标，说他的情报很"准确"！

还有一次，根据杨金标和葛兴同志的报告，得知余姚城内敌人大部分调出行动，只有极少数留守。我们将这情报及时报告敌工委，原拟对余姚城进行一次袭击，还拟了"枪毙张妙根""活捉劳乃心"两条标语（张是我方统战对象，为掩护他，故意将他与劳乃心并提）。后来因为我军主力位置离余姚过远，故没有付诸行动。

在此期间，不少同志（包括一些领导同志）因工作需要必须经常出入日伪据点，但最大的困难是没有通行证件。为此，组织上把搞通行证的任务交给王三川同志去完成。王三川同志千方百计地通过各种渠道，搞到了不少通行证件交到敌工委，使我们的同志可以自由出入于根据地与敌伪据点之间，给工作带来了极大的方便，也保证了安全。

我与其他埋伏在县城的同志都是单线联系的，有严格的接头方式和纪律。1944 年夏天，刘路平同志（当时埋伏在浙南的国民党部队里）回四明山向敌工委汇报工作，陪他一起回余姚的是交通员丁金生同志。丁金生知道我与刘路平同志极为熟悉，但他坚守秘密工作的原则，在浙南回余姚的路上，一直没有讲出我已调往余姚工作，而且到余姚首先与我接头。他们乘船在余姚上岸后，丁金生同志把刘路平同志安排在饭店里，叫了饭菜，然后再与我联系。此时，刘路平同志已身无分文，饭菜不能下咽，正在发愁下一步不知将会如何。当我突然出现在他面前时，他真是喜出望外。因为分别多时，相见尤觉亲近。

在余姚期间，还有一件事是给我留下难忘印象的。1943年冬，原三纵队第五大队大队长蔡葵，在一次战斗中腿部重伤被俘。他抱定牺牲的决心大骂汉奸，并拒绝敌人的医疗，表现出高贵的民族气节。党组织得悉后，认为应说服他就医，以保存革命力量。为此，朱人俊同志要我和顾洪福同志一起去向蔡葵传达这一意见。我们两人从三七市附近出发，到蜀山附近突然与一队日寇遭遇。敌人举枪喝令我们站住，狼狗已扑到我们身上乱嗅，气氛极为紧张。但我们依然保持着镇静，并且从容地用余姚话回答："我们是从丈亭到余姚县城里去看亲戚的。"敌人把我们从头到脚搜查了一遍，没有搜出什么。当时，我毛线背心的暗袋里还藏着一张用软纸折得很小的文件，幸好未被发现。恰巧，远处有三个老百姓挑着土布穿过公路往北走，敌人发现了这个发横财的目标，边放枪威胁，边向那边跑去，就放过了我们。

到县城后，我们了解到蔡葵同志在医院是被严密监视的，有两个敌人看守，不准任何人接近。为此，王三川同志安排我们假装去探望另一个病人，其实我们一直留意着蔡葵的病房。后来终于瞅住一个机会，趁一时无人看守，我们就溜进蔡葵病房。我们与蔡葵同志本是熟悉的，用简短扼要的话传达了党组织的意见，就迅速离开了医院，没有被敌人发觉。而后，蔡葵同志听从党组织的意见，接受了治疗，伤愈后在王三川和张妙根的掩护下被送往上海。

事后，鬼子知道是张妙根放走了蔡葵，敌联络部长稻垣孝问张妙根时，他理直气壮地回答："你如果相信我，则不过问。"稻垣孝说："我并非不相信你，但总得给我知道原因才好。""那我直说吧！我是长线放远鹞，不信你等着瞧！""噢！张先生原来如此，我现在明白了。"不久，稻垣孝调离余姚，此事就一直无人追问。

当时任日伪余姚保安团团长的张妙根，是位同情抗日的军人，而且也知道我的实际身份，但始终掩护我工作。他与王三川同志都是上海浦东三林塘人（即现三林镇），在余姚时又同住在宜春堂墙门里，这使王三川同志更有条件及时指引和启发他。我在王三川同志家里时，通过张妙根这条线，给我们的工作也创造了很有利的条件。为了教育与争取他，朱人俊和方晓同志曾两次亲自与他会面恳谈。有一次是约他到陆家埠的一个庵堂里会面，由我陪同前往，朱、方二人对他做了很多工作。交谈后，朱人俊同志送给他一包陆家埠的土产豆酥糖，虽然不值钱，但张妙根将这包豆酥糖特地转送到上海，孝敬他母亲，说明他对我们是很尊重的。张妙根还对我说："朱、方与我的谈话有很多帮助，令我脑子也清了，路子也宽了，我很感动。"

此后，张妙根和我们更靠拢了，也更积极地配合我们工作，他一发现敌伪的动态，就立即告诉我和王三川同志。当我敌工委要安置人员到余姚日伪机构的岗位上时，他不畏风险，承担下来。

又如，我们当时药品和白报纸十分紧张，宁波也很难买到，要他设法，他就千方百计搞到后送往游击区。我们迫切需要铁路钢轨，而当时日本鬼子将杭甬铁路拆下来的钢轨集中在余姚轮船码头，我和张妙根商量后，由他派人与看守钢轨的鬼子一起喝酒，将鬼子灌醉后搬出不少钢轨到姚保团部，锯断后运送到我根据地。1944 年，张妙根和我们部队内外配合围攻马渚，基本歼灭劳乃心嫡系王浩刚部。

在敌工委领导下，余姚情报工作和东西二线及敌工委的联络工作，是做出了成绩的。浙东区党委书记谭启龙同志在第二次反顽自卫战争的总结中指出：在整个反顽自卫战争中，敌工委对敌伪动态始终掌握得很准，这是敌伪军工作的同志大量的、平凡的、艰险的、琐碎的工作累积，这是敌伪工作的成绩，也是保证反顽自卫战争取得胜利的重要因素之一。

（洪舒江撰写。原载《余姚党史资料》第二十一期，1984 年 4 月中共余姚县委党史资料征集小组办公室编；《浙东敌伪军工作日记——无形的战线》，浙江省新四军研究会编，1990 年 11 月内部出版）

方琼回忆录（节选）

　　1944 年 12 月，我改由阮××领导，担任他与打入余姚伪保安团及其他敌特方面同志联系的机要交通，即一切情报都口授记住，两下里传递。这个保安团原是由浦东"张司令"拉起的一股武装，我们一位老党员王三川打进协助他为副手，后来撤到余姚归入日本宪兵队头子麾下。经过各种途径，特别是王三川的争取下，"张司令"同意待机起义，在起义前为我方提供情报，配合我方"做生意"，从杭、沪贩来必需的军用物资，还约束部下"清乡""扫荡"不要太狠。当然，两下里也搞过"小动作"、小接火，作为掩护。通过"张司令"在团里还安插了参谋林铿，他离开后由何午初继任，另有小队长等。王三川的弟弟王联芳则任军需官。团部和大队长、中队长不少人是张妙根的亲信，但也渗入了几个坏分子，如大队长乔雪良、独立中队长洪师军、参谋章志坚等，有国民党的背景。而伪县长劳乃心，我方几次争取未见效，是铁杆汉奸、国民党特务。这几个人与张妙根面和心不和，暗中窥测张的一举一动，企图利用日寇的势力阴谋夺取这个团。

　　我住在王三川家，佯装王太太的小姐妹，于是众人皆称我"小阿姨"。阮××则在该团控制的临山安了家，开爿土特产商行，他太太也是我的小姐妹。那时伪军薪饷极低，大小军官几乎都要做生意，贩运土特产挣钱，张妙根与王三川也做。借此名义，我来往于余姚与临山之间。

王三川家来往的人极为混杂，团里的军官和伪官员也常来，他爱打牌、喝酒。其中，有一个被日寇缴械解散的某地保安团团长，面目可憎，阴森森的，他其实是伪县长派来窥探王三川情况的汉奸。一团乌烟瘴气，王三川、何午初和我都十分看不惯，为了工作只好强忍着应付。

"张司令"倒斯文有礼，乔、洪、章等人嫖赌都来，虽称"司令"为"老板"，为"大哥"，所率部下却不受约束，常干些敲诈勒索等坏事。杨金标在日寇特高课当密探，葛兴当翻译，经常会捎来这些人搞阴谋勾当的信息。张妙根虽得到日本人的信任，但由于形势逆转，日寇忐忑不安，加之伪县长和这些人的密告，而且我方派去的人多少掩盖不了正派的气质，张妙根就显得有点"红"了，也就不能排除日寇的猜忌。

1945年春节前，组织上命令：由王三川（任书记）、何午初和我组成工作委员会，负责保安团的工作。王三川和我们开会，分析了当前形势，计算张妙根能掌握多少力量，认为时机甚迫，若不先下手有被吞并的危险，还仔细研究了起义的部署，估计可以拉出三分之二，至少二分之一的部队。为争取上级领导的支持，王三川亲自陪同张妙根去五车堰，与敌工委书记商谈起义一事。

敌工委书记仍坚持：争取控制全团，继续进行整编，把大队长、多数中队长安排上张的人，那时再起义。上级正式约张妙根谈话，并要求张妙根在部队整编后送家属回浦东，回来即率全团起义。

上级的指示我们当然坚决执行。张、王等部署整编竟十分顺利，把乔、洪、章调离原职任虚职或副职，团部里张妙根的人与何午初到大队或中队。这期间，乔雪良等与伪县长之间过往频繁，行踪诡秘，伪县长与日本特高课长也有接触。这种种动作皆由杨金标、葛兴和其他人探到，报告我们。我们也察觉到其中必有阴谋策划，却未引起足够的警惕，就只赶着搞整编。当然，心中不免有点担心、着急。

4月底，"张司令"在整编结束，给老母做过寿以后，携全家带上卫队赴临山港口，雇海船回乡。大小军官都去送行，声势不小。有关同志约王三川、何午初和我三天后再来临山，一起讨论巩固成果、管理部队事宜。因为那几天里我连续咯血，便决定不回城，留此待他们来。

5月1日该是王三川与何午初来的日子，我们从下午等到天黑，不见踪影，真着急。我更感到不妙。果然，杨金标跑得气喘吁吁，赶来报告："王三川上午乘脚划船来临山，中途被挟持上岸。出面的有伪区长方×和乔雪良的部下。王三川与小卫士谢海忠（原我军小战士，被俘后王收为贴身卫士）抵抗不敌，都牺牲了。现在城里戒严，何午初、张德兴被捕，他们坚贞不屈，被杀害。王家被围抄，抄的人还口口声声追问小阿姨到哪里去了。日军已把驻城的团队缴了械，随即开赴所驻各镇缴保安团的械。因临山最远，半夜才能赶到。"杨金标是偷偷溜出来的，立刻要赶回去。

阮××与我及另一线的老顾商议，首先我们要马上撤出，转到农村。我建议由我去说服驻临山的严中队长起义，我有把握。阮××沉吟片刻说："太冒险，不能再赔上一个了。"老顾说："我可以陪她去，严中队长我也认识。"我提出，立即飞报附近的我军赶来接应。没有得到批准，撤出到村里后，这才派人给县委报信。

待我部队赶来，日寇已先一步缴了严中队的械，押回城去了。严中队长后来逃了出来，组织上交给我一笔款子，令我交给他。几日后我找到他，送上钱作为盘缠，鼓励他东山再起，不仅要报私仇，更要重重打击日寇与国民党反动派。他决定回家乡找到"张司令"，再拉起武装抗日。可是，不久就传来消息：张妙根在浦东海边登陆时被"忠义救国军"缴了械，卫队被遣散。显见敌人策划周密，做了充分的准备。"忠义救国军"是国民党操纵的队伍。

几年辛苦经营毁于一旦，尤其是王三川、何午初、张德兴几位好同志死于敌手，令人痛彻心扉。这时，看到报纸消息：5月1日，欧洲战场上苏联红军攻克柏林；5月7日德国投降，法西斯垮台了。东方战场日军败局已定，我们此时受挫实在不应该，痛定思痛。肖方来探望，我细述具体过程，认为是我们太麻痹大意，轻视敌方，应该认真总结经验教训。我说："当时我们工委三人没有坚持意见，对整编期间伪县长、乔、洪、章等的活动虽有怀疑而未深入分析，毫无防备。上级负责人盲目主观，下级盲目服从上级，我检查这是自己失职。"肖方说："责任不在你，也不在王三川与何午初。这是血的教训，当然要总结。"因为我已经暴露，不再派做外勤，留在机关工作。我们历数敌工部两年来牺牲或被捕的同志，不论是打入敌伪机构的、当交通员的，还是搞武工队的同志，都是硬骨头，没有一个变节。后来我病了，组织决定让我先去后方医院疗养。

（方琼撰写。原载《为了美好的理想 方琼同志纪念文集》2022年1月内部出版）

为民族解放　入虎穴斗敌

——王顺芳烈士传略

　　王顺芳，又名王三川、王培良，1911 年 2 月 24 日生于上海县三林镇。父亲王槐生是上海北火车站扳道工，母亲康氏操持家务，生有子女 6 人。王顺芳排行第三，他幼时活泼开朗，学习认真。小学毕业后，他在叔父王桂生的资助下于 1925 年暑假考进同济大学中学部机师科。

　　五卅烈士尹景伊原是同济大学中学部机师科的学生，王顺芳入学后，就听到校园内传颂尹景伊反帝爱国英勇牺牲的故事，颇为敬仰。在班里，他认识了进步学生陈元达，他们共同关心国事，一起勤奋学习。

　　1926 年 3 月 18 日，北京发生段祺瑞执政府疯狂镇压群众的三一八血案。上海市各界市民三万余人集会，沉痛悼念北京遇难烈士，严厉声讨帝国主义和北洋军阀政府的血腥罪行。上海租界工部局却邀请上海市军、警、商界头面人物和一些大学校长宴饮于密室，策划消除爱国运动的影响，想方设法防止学生"造反"。

　　同济大学校方于 3 月 30 日在校内张贴布告，诬蔑五四以来的爱国运动"与重视学业之旨大相违背"，并胁迫学生在保证不参加爱国运动的"誓约书"上签名盖章。顿时，群情激愤，同济大学学生会在校内发动一场反"誓约书"的斗争。王顺芳当天就在反"誓约书的宣言"上签名，积极参加这项爱国主义活动。

之后，王顺芳和一批同学乘船离沪，转学到广州，受到实行国共合作的广州国民政府欢迎。他和陈元达一起进入广州广东大学工科[39]。

1927年春，正当北伐队伍胜利进军时，蒋介石在上海实施四一二反革命政变，紧接着广东反动派在广州实行四一五血腥镇压。王顺芳和陈元达接受党组织派遣，离开广州，返回上海。8月10日，他们同时考取同济大学德文补习科。9月18日，殷夫也被该科第二次招生录取。由于彼此抱着共同的革命理想，王顺芳、陈元达与殷夫成为挚友。

1928年八九月间，殷夫被捕入狱后，王顺芳和陈元达也因敌人追捕而被迫离校。10月，殷夫被保释出狱回乡。王顺芳、陈元达先后转移到殷夫的家乡——浙江象山。其后，三人都在由殷夫二姐担任校长的县立女子小学任代课教师。王顺芳改名王涅夫，他不仅认真讲课，而且关心学生思想教育。他和殷夫、陈元达一起组织学生排演《逼债》《小小画家》等话剧。这些剧目在象山城内姜毛庙公演，群众争先观看，十分拥挤。在此期间，王顺芳和殷夫、陈元达一起分析当前的斗争形势，商讨对策。

1929年春，王顺芳、陈元达、殷夫相继离开象山，重返上海，在江湾、闸北一带，深入工厂，联系工人，从事革命活动。

1930年，王顺芳进入上海英商电车公司当售票员。他积极维护广大职工的利益，被推选为职工代表之一，参加同英国资本家

---

(39) 王三川立即进入隶属黄埔军校的广州电讯学校，一面努力学习功课，一面参加革命活动。

面对面的斗争。英商老板指使巡捕房去逮捕王顺芳，党组织获悉后，及时把他转移到别处。

1931年，王顺芳的亲密战友殷夫、陈元达先后遭到敌人逮捕杀害。他内心充满悲愤，决心以殷夫、陈元达为榜样，为了中华民族的生存、劳苦大众的解放，不惜牺牲自己年轻的生命。1934年，他在上海铁路局沪宁线一带从事革命活动时，由于叛徒出卖被捕入狱，关在国民党南京军人监狱达三年之久。直到1937年，抗日战争爆发，在中国共产党和全国人民要求释放政治犯的强烈呼吁下，王顺芳终于重获自由。三载铁窗生活，严重摧残了他的身体。但他顾不得休息，一心想尽快找到党组织，恢复组织关系，投身革命行列。

1938年1月，王顺芳来到上海难民所工作。为了工作的需要，他改名为王三川，寓意百川归大海，坚信党的事业必胜。同年，他接受中共浦东工委的派遣，担任南汇县保卫团第四中队（以下简称"保卫四中"）的政训员。

王顺芳的公开身份是南汇泰日桥小学教师。他组织队员学习毛泽东主席《论持久战》等著作及阅读进步书刊，不断地帮助队员提高思想政治觉悟。同年冬天，王顺芳和张大鹏等一起组织抗日救亡宣传团，向当地群众宣传抗日救亡的重大意义，宣传党在抗日时期的方针政策，广泛教唱抗日歌曲，促使广大群众增强抗战到底、夺取胜利的信心和决心。

1939年5月，"保卫四中"发展到200余人，活动范围扩大到整个南汇县。1939年6月，浦东工委决定将"保卫四中"扩编，成立南汇县抗日自卫总团第二大队（以下简称"抗卫二大"），下辖两个中队,王顺芳任第二大队第一中队政训员。当时,"抗卫二大"驻扎在长沟乡一带。1940年2月5日,日伪纠集两千多兵力前来大扫荡。而王顺芳事先获得了情报,做了周密的布置,击退敌人的进攻,保存了自己的实力。

1940年10月,在中共淞沪中心县委的领导下,浦东工委利用统战关系,取得国民党淞沪游击队第五支队的番号。遂以南汇"抗卫二大"为基础,成立淞沪游击队第五支队(以下简称"浦东五支队"),下辖一大队、四大队。同年11月,王顺芳被任命为五支队四大队特派员。

1941年5月,王顺芳和林达率领"五支四大"和"常备三中"队员,由内线张宝才带路,夜袭驻在川沙青墩的伪上海市武装警察据点。他们采取武装进攻和宣传攻势相结合的方式,俘敌30余人,缴获步枪、手枪29支。后"淞沪五支队"决定,以"常备二中"为基础扩编为"淞沪支队第三大队",王顺芳任大队长。当时,日伪成立清乡委员会,开始全面推行清乡计划。与此同时,日军开始进犯浙闽沿海一带。五六月间,浙东大部分地区沦陷,中共中央华东局和江南区党委决定开辟浙东敌后游击区,逐步把浦东武装转移到浙东敌后开展武装斗争。王顺芳随部队转移到浙东,并受组织派遣赴镇海做地下策反工作。

1942年7月,浙东敌工委决定从各地抽调一部分机智勇敢的地下党员,打入余姚敌伪阵营内部,负责侦察、搜集情报工作。王顺芳(代号SX,公开姓名叫王培良)奉命离开镇海,来到余姚。

经胞弟王联芳的推荐,王顺芳结识了日伪余姚县保安团(以下简称"姚保")团长张妙根。张妙根将他向驻余姚的日本特务机关长稻垣孝竭力推荐，稻垣孝奉行日军"以华制华"的策略，任命王顺芳为"姚保"副团长。王顺芳打入"姚保"后，负责筹编团部，逐步取得了张妙根的信任。

地下党在"姚保"内建立工委，王顺芳任书记，主要任务是：长期埋伏，侦察敌情，搜集情报，营救我方同志，筹集运输物资，配合根据地开展对敌斗争。

王顺芳办事热心，待人和气，深得余姚县保安团下属官兵和余姚各界进步人士的信任。当时地下党同志因工作所需，经常要出入日伪据点，但苦于没有通行证。王顺芳通过各种关系，搞到数张通行证交到浙东敌工委，使地下党同志能自由出入敌伪据点，给革命工作带来极大的方便。

王顺芳住宅是党的秘密联络站，有些地下党同志常以亲戚身份作为掩护前来联系，搜集日伪敌特机关的情报。王顺芳与张妙根两家是邻居，他常利用各种机会对张妙根晓以民族大义，启发引导他走上革命正道。

1943年，王顺芳根据党的指示，和张妙根一起带领"姚保"抢占泗门、临山海口，保证了我方海运交通的畅通。

同年冬，伪中央税警团在长河市一带扫荡。原我方三纵队大队长蔡葵在战斗中腿部受重伤被俘，他抱定牺牲的决心，拒绝治疗。党组织得悉后，为保存革命力量，要王顺芳设法派人说服蔡葵就医。王顺芳派两名地下党员以探望其他病人为由，避开伪军看守，潜进蔡葵病房，向他传达了党组织的意见。后来，蔡葵接受治疗，伤愈后在王顺芳和张妙根的掩护下，脱离虎口安然归队。

随着武装斗争的胜利，新四军浙东游击队迫切需要一批钢材制作军械。当时日寇将杭甬铁路拆下来的钢轨堆放在余姚码头，并派日兵严密看守。想要把这批钢轨弄到手，犹如虎口拔牙。王顺芳争取到张妙根的配合，派人与看守钢轨的日兵一起畅饮，将他们灌醉后，乘机将钢轨运走，有力地支援了浙东根据地兵工厂的军械生产。为了搞到游击队急需的药品、纸张，王顺芳又不顾个人安危，采办这些敌伪规定的违禁品。而王顺芳一系列的行动，也引起了伪县长劳乃心的注意。

1944 年，劳乃心趁日本特务机关长稻垣孝调走之机，以伪省保安司令部及日本宪兵队的名义，将"姚保"进行改编，夺了张妙根的权。他自任总团长⁽⁴⁰⁾，而将张妙根、王顺芳安排为无实权的副职。

1945 年春，德、意法西斯面临垮台，中国抗日战争接近胜利的前夜，中共"姚保"工委打算采取里应外合，歼灭顽敌。党组织通知王顺芳于 5 月 1 日赴临山开会，研究起义事项。

5 月 1 日上午，王顺芳带着勤务员谢海忠，按通知乘小船去临山开会。船驶到太平桥时，劳乃心预先安排埋伏在桥下的便衣队喝令停船检查。王顺芳、谢海忠上岸后，当即被捆绑手脚，并推至附近一座庵后枪杀。王顺芳为中华民族的解放事业献出了宝贵的生命，时年 34 岁。

（同济大学屠听泉、潘祖康撰写。原载《杨浦英烈（下）》一书，1995 年 3 月中共上海市杨浦区委党史资料征集办公室、上海市杨浦区民政局编，后载《同济英烈》一书，1997 年 5 月由同济大学出版社出版，丁原、朱刚撰写）

---

(40) 敌伪县长劳乃心把余姚县保安团改编为余姚县保安总队。

"义成商行"始末

1944 年秋，中共中央发出加强敌占城市工作的指示，提出"必须将沦陷区的工作提到和解放区的工作同等重要的地位上"。浙东区党委按照这一指示，于 1944 年 11 月撤销敌工委，成立杭甬沿线城市工作委员会，统一领导敌占城市的工作。三北地委敌工部也同时撤销，改建为地委城工委，由地委书记王仲良兼任书记，委员为方晓、袁啸吟。三北城工委除继续领导其所属地区的敌伪军工作外，把工作重点转移到余姚和百官一线。为此，余姚县保安团（以下简称"姚保"）的关系也从区党委敌工委划给三北城工委领导，建立余姚百官工委，由袁啸吟兼任书记，李学明、余先为委员；后又分别建立"姚保"工委、姚城工委和百官工委。"姚保"工委领导"姚保"的秘密工作，王三川任书记，何午初、方琼为委员；姚城工委由李学明任书记，余先、罗洪为委员，领导余姚县城的秘密工作；百官工委由朱人元任书记，林雪、杨志清为委员，领导百官镇和附近敌伪占领区的秘密工作。同年底，地委城工委为密切与"姚保"工委及其他下属党组织之间的联系，派袁啸吟深入"姚保"驻地的临山城内，以开设义成商行为掩护就近加强领导。

把三北城工委这个秘密机关设在临山城内，是因为"姚保"、姚城、百官三个工委都地处余上地区，设在临山比较中心，又避开敌人的统治中心姚城。其次，还有关于"姚保"工作的情况。余姚沦陷以后，汉奸劳乃心当上余姚县"维持会长"，不久又成为伪余姚县长。"姚保"建立后，由稻垣孝物色张妙根任团长。部队建立之初，党就派共产党员王三川（改名王培良）打入其中，担任副团长。王三川与张妙根是同乡、同学，他打入"姚保"后通过各种机会对张妙根进行爱国教育，启发他增强民族意识，提高爱国热忱，使他有了弃暗投明的思想。经过王三川的努力，张妙根与区党委敌工委书记朱人俊有了接触，于是他成了党的争取对象，从而使我方能更好地控制和改造这支部队。

"姚保"成立初，官兵大部分驻在城内和马渚等地。1943年，浙东区党委得悉驻庵东的日伪军中央税警团（以下简称"中警团"）将进驻临山一带，企图封锁海口，切断我方海上交通。王三川根据党的指示，和张妙根一起率领"姚保"先行抢占了泗门、临山海口，使张大鹏领导的海防大队活动地区不受影响，保证了我方海上与浦东的交通畅通。此后，在临山和湖堤一带设立"姚保"据点。临山据点常设在东门外王三川家，而王三川为开展敌工工作，须经常深入临山"姚保"驻地。所以三北地委城工委在这里建立一个秘密机关，有利于敌伪军工作的开展。

义成商行设在临山街天宝房北首，店面不大，经营糖业。袁啸吟招来政治可靠的基本群众为伙计支撑店面。当时食糖紧张，靠海防大队搞来的糖在这里进行买卖，销路直至上虞、嵊县等地，暗中还可以搞秘密交通联络。袁啸吟通过内线关系，在店后面租了几间房子，与董静之假扮夫妻组成家庭，以义成商行糖行老板的身份对外开展工作。姚城工委李学敏等人还有百官工委及一些交通员，均以跑单帮或其他职业为掩护出入临山，输送情报与汇报工作。所以，义成商行这个三北地委城工委的秘密机关建立以后，王三川深入临山"姚保"驻地更加频繁，百官工委和姚城工委（除与四明山直接联系之外）输送情报、联系工作都在这个秘密机关领导下进行。

加强"姚保"的整编工作，是一场较大的斗争。由于"姚保"内部的敌工人员控制了部分力量，令敌人也有所觉察，如张妙根抢先进驻临山、泗门一事，日军曾产生一定的怀疑；另外"姚保"内部错综复杂的斗争，使劳乃心与张妙根的矛盾日益尖锐。劳乃心于1944年秋改编"姚保"，自任团长，[41] 张妙根为副团长，王三川为团副，实际上是夺了张妙根的权。"姚保"内部亲劳势力掌握了中层部分实权。为此，张妙根曾想离开"姚保"，回浦东另图发展，被王三川挽留后未走。鉴于上述情况，当时地委城工委要王三川多注意灰色隐蔽，巩固"姚保"工作成果；加紧掌握部队，通过整编方式把可靠的干部分布到大队、中队去，以削弱亲劳派的实权；提高警惕，驻防在外围据点的部队不要让敌人调回余姚县城去；加强独立中队武装，以防万一。同时，仍由朱人俊出面，约张妙根在方桥附近进行了第二次会谈，商讨部队整编工作，并同意张妙根在姚城为母亲做寿后，立即把家眷送回浦东老家。

第二次会谈后，王三川就根据上级决定，在张妙根支持下迅速对部队进行整编。下令所有驻城外"姚保"部队到临山集中，予以整编。肖子健、洪师军、乔雪良等人，由于受到劳乃心的拉拢，流露出许多不满情绪。张妙根与王三川毅然委任何午初为中队长，

（41）敌伪县长劳乃心把余姚县保安团改编为余姚县保安总队。

还以张同根代替洪师军，任独立中队队长。对此，劳乃心竭力反对，并向日伪机关做了汇报，此事也增加日寇对张妙根的怀疑。

1945年4月下旬，张妙根在姚城为母亲祝寿后，携带家眷，由张同根独立中队保护，雇大帆船在梅园丘上船回浦东。临行前，张妙根先到临山视察，王三川和一些大队长都去送行，张妙根当场宣布由王三川代理团务。

4月30日，张妙根一走，劳乃心就打电话给王三川，要他立即返回余姚县城，有要事相商。王三川对当时的斗争形势有所警惕，曾到袁啸吟处做了汇报和商议，决定去余姚县城的次日返回临山，召集何午初、方琼等"姚保"工委委员开会，研究巩固部队整编成果。

与此同时，姚城伪县政府已传出谣言，说张妙根要拉队伍出城。姚城工委李学民了解这一动向后，立即派打入特务机关的密探杨金标去义成商行汇报。王三川回姚已定，但没有充分估计到劳乃心的阴谋诡计。

5月1日，袁啸吟、方琼、顾敏、董静之等在临山等候王三川和何午初来开会，但直到傍晚，仍未见人影。掌灯时分，杨金标匆匆奔来报告：王三川坐船来临山途中被赵祖英手下的人拦住，他上岸后即被枪杀，勤务兵谢海忠进行抵抗，也被打死；城内何午初、张德兴、周益民等都已被捕，王三川家被抄。

袁啸吟、方琼、顾敏等当场商讨，要杨金标迅速赶回余姚城，继续探听消息，因敌人还没有注意到杨金标的身份，尚可进行活动。同时，立即部署把地委城工委在临山的机关撤到余上的基本区去，义成商行也迅速转移。因此，袁啸吟做出决定，由顾敏赶快到余上基本区找部队联络；另外迅速撤出机关，疏散物资。第二天黎明，

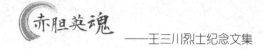
——王三川烈士纪念文集

余上自卫大队赶到临山城附近，但临山"姚保"刘世忠中队，已被日寇抢先一步胁迫拉回余姚县城。城工委机关和义成商行的全部人员及所有物资，由于大家的努力，得以安全转移到余上基本区。不久，余上自卫大队进驻临山镇。

以义成商行为掩护的三北城工委秘密机关，在临山镇从建立到撤退虽然不满半年，但为三北地区和浙东区党委在提供情报、分化敌阵、掩护同志等方面做了不少工作。除"姚保"的大量工作外，百官工委在4月份还查清了驻百官日伪军番号、人数、枪支、弹药及部队的分布情况。他们仅花了三天时间，画了一张地图，把敌人的分布情况在地图上标明，由书记朱人俊亲自送到临山三北城工委秘密机关。委员林雪曾三次到临山联系工作。第一次先到姚城找董鸣九（即肖东），因董已到临山，林雪就转到临山。第二次在3月中旬，袁啸吟通知朱人俊、林雪去临山汇报工作。之后袁啸吟还布置在百官工委培养积极分子、积蓄力量、迎接新战斗等任务。第三次是5月初，正是王三川出事后。林雪等离临山还差二三里路时，遇上董鸣九和两个挑夫，机关正撤离临山镇。董鸣九悲痛地告诉林雪："不要去临山城，王团副已被暗杀。"后几人一同到黄家埠，再转至十六户一带地基本区。

姚城工委在十五岙设有联络站，根据不同情况与三北城工委联系，然后直接与四明山联系。"姚保"工委遭破坏后，工作也由姚城工委领导，直至抗战胜利后部队北撤。

（原载《余姚文史资料第十四辑——临山专辑》，1996年11月余姚市政协文史资料委员会、余姚市政协临山委员小组编）

与魔鬼打交道的人

1942 年秋天的一个晚上，浙东三北地区某村一幢大瓦房里，几个人坐在一张方桌周围，屋内门窗紧闭，烟雾袅袅。桌上流淌的一大摊烛油，表明会议已经开了很长时间了。这里是中共浙东区党委对敌伪军工作委员会（敌工委）的办公室。今天，根据浙东区党委的指示，屋里正在决定一件事关浙东抗战大局的重大事项。

"好！"敌工委书记朱人俊轻轻一磕桌子，严肃地对大家说，"这件事就商量到这里，再请示区党委审批。此事事关重大，决不能泄露半点消息，这是党的纪律！"

肩负重任

几天以后，同样是在晚上，又是在这一间房子里，朱人俊与一位操上海口音的中年男子促膝交谈。他叫王三川，刚刚又改名叫王培良，原籍上海浦东三林镇，是个 1926 年入党的老战士。10 多年来，他从无怨言地出生入死，南征北战，担任过浦东抗日游击队的大队长，也曾受党指派打入浙东镇海县警察局任队副。今天，党又交给他一项艰巨的使命：打入敌伪占领的余姚城内。从他坚定而炽热的眼光中可以看出，此时此刻他的心情十分激动。

"三川同志！"朱人俊深情地注视着这位身经百战的战友，"从今以后，你改名为王培良，我也要叫你培良同志了。"他顿了顿接着说，"你面临的任务是艰巨的，斗争环境是险恶的，但是关系到浙东抗战的大局。真可谓任重而道远！谭政委要我转告你，'一个共产党员不论战斗在哪里，他都是生活在党的怀抱里'。当然，余姚城内也决不会是你一个人孤军作战，那里有党的活动，也有党的组织。同时，我们已安排了一些同志陆续埋伏进去，必要时他们会与你取得联系。"

王培良激动地站起来，紧紧握住朱人俊的手说："朱书记，感谢党对我的信任。请您转告谭政委，任务虽然艰巨，但是难不倒共产党员。即使粉身碎骨，我也保证完成任务！"字字铿锵，落地有声。

朱人俊一刻不放地握着王培良的手，谆谆嘱咐："记住！党给你的任务是长期潜伏、伺机而动，切莫轻举妄动。现任余姚保安团团长张妙根是你的同乡，又曾与你是同学，你要充分利用这层关系，创造条件完成任务，隐蔽好自己。"

王培良坚定地点点头，一股上前线、陷敌阵的激情油然而起，他说："为了保证完成任务，是否可以根据情况，挑选几位同志安插到敌伪的紧要部门？请组织上考虑。"

"组织上已经想到了。"朱人俊爽快地回答，"新四军人才济济，任你挑选。"

"人不在多，但要精干，我的设想是……"王培良凑近朱人俊一阵耳语。只见朱人俊一面认真听，一面频频点头，脸上露出赞许的神色。

临别之际，朱人俊又对王培良说："对于张妙根，我们会通过各种途径进行统战工作，争取他投向抗日。不过，余姚伪县长劳乃心是一条死心塌地为日寇卖命的走狗，此人阴险狡猾，又是个杀人不眨眼的魔鬼，你务必要多加提防。"

夜深了，秋风骤起，四只大手仍坚毅地握在一起。

深入狼窝

初冬，朔风渐起，吹在身上冷飕飕的。余姚城内城隍庙东首的邵家花园门口岗哨林立——这里是伪军余姚保安团团部。带刀挎枪的人有穿军装的，有着便服的，三三两两地从门口进进出出。

王培良孑然一身，站立在门口一侧，他身穿长袍，头戴礼帽，俨然一副商人打扮。卫兵听说他是团长的好友，不敢怠慢，进去报告未归，他只好静候回音。此时他远离战友，单枪匹马闯进姚城，脑海中如波涛汹涌。王培良知道，眼前这道门犹如鬼门关，一脚踏进，是祸是福就不得而知了。

少顷，院子里响起一阵皮靴的橐橐声。伪余姚保安团团长张妙根亲自出迎，老远就打起了哈哈："哎呀，三川兄，是什么风把你给吹来了，快请，快请进。"

团部办公室设在邵家花园东北角一幢二层楼的大房子里，进了两道门，转了三个弯，在一个小天井的一侧有三间飞檐雕花的平屋，这里便是张妙根的办公室兼寝室、会客室。

张妙根与王培良差不多年纪，多年的军旅生涯加上一身戎装，使他显得干练老成。老同学多年不见，今日他乡相会，自然少不了一阵寒暄。

"三川兄，早听说你在浦东马渤港教书，怎么跑到这里来了？"

张妙根只知其一，不知其二。三年前，王三川确实在那里教过书，但这是他根据党的指示，以教书为职业掩护来开展抗日武装的各种活动。

"一言难尽啊！"王培良呷了一口茶水，打开了话匣子，"教书的饭也不好吃啊，日本人一来，学校停了课，教师失了业，我也流落街头、无所事事。后来，听说你到了浙东，还当了司令（张曾在初拉部队时自称司令；其后，虽为余姚保安团团长，其部属仍习惯称其为'张司令'），我就从浦东跑到浙东来投奔你。哪知一到浙东，这里各种番号的部队多如牛毛，寻你老兄正如大海捞针。于是乎，我只好改名王培良，在镇海投笔从戎，当了一名警察队长。前不久，我才得悉你在余姚城里，这不就请了长假前来投奔。只是不知你张兄收也不收？"

"哈哈！知我者，三川兄也！"张妙根一拍大腿，连声称妙，"你我同学多年，自然也不必瞒你。我张妙根自打带兵起事，都是独往独来。本想来浙东谋个发展，不想兵力不足，反被日军收编。现在虽然名为团长，实际只有三百多兵丁，难为气候。你三川兄……"说到这里，他猛然想到王三川已改名王培良，于是改口说，"你培良兄文有才华、武有胆量，有你相佐，我还有何求。"

张妙根告诉王培良，余姚保安团才刚成立，目前连团部都没建立，三百兵力分驻马渚、泗门等地，留在城内的仅百十余人。

他还告诉王培良，劳乃心也在千方百计地想把保安团收罗到自己的名下。只因日军驻余姚的特务机关长稻垣孝想收买张妙根，才决定由张来出任团长。

最后，张妙根信誓旦旦地对王培良说："你就留在这里当我的助手，对外就称团副，稻垣孝那边的工作由我去做。你当前的工作是先筹组团部，你的那帮弟兄如果愿意，也可以统统把他们招回来，任一官半职。"

王培良微笑着表示同意，张妙根满心喜悦："那这事就这么定了。今后咱弟兄俩有祸同当，有福同享。"

"一言为定！"王培良坚定地回答。

随后，张妙根一面招呼卫兵准备酒席，一面迫不及待地跑到稻垣孝那边去报告了。

王培良目送张妙根远去，心中的忧虑顿时释去了一半，但是他也清楚地意识到：战斗才刚刚开始，千万要谨慎行事，一点也马虎不得。

初战告捷

转眼间，王培良出任余姚保安团团副已经一个多月了。这一个多月来，他为筹组保安团团部日夜忙碌，工作进行得有条不紊。倒是张妙根，自从王培良来了之后如千斤重担卸了大半，反而显得自由自在，对王培良的安排只是点个头、签个字。

就这样，王培良在经过张妙根的同意之下，巧妙地把一些秘密系统的中共党员安排到保安团团部。陈湃、何午初在团部任参谋，周益民在保安团任分队长，张德兴（非党员）任团部文书。同时，根据需要和可能，通过张妙根的推荐，将一部分党员和进步青年安排到日军特务机关联络部。如党员杨金标打入了联络部当密探；葛兴会日语，便进联络部当翻译官。不久，王培良的妻子王友菊和弟弟王联芳也来到余姚，他们当时虽不是党员，但都全力协助王培良的工作。后来，王联芳也担任了团部军需主任。

为了保密和便于联络，王培良对打入秘密战线的同志都规定了代号。王培良的代号为"SX"，王联芳的代号为"SW"，葛兴的代号为"XO"，杨金标的代号为"OO"。同时，经组织批准，在余姚保安团内秘密建立了中共姚保工作委员会（简称"中共姚保工委"），由王培良任书记。随后，敌工委又通过关系在余姚城内设立了秘密联络站，以保持与姚保工委的联系。

不久后，葛兴同志从日军联络部获悉了一个重要情报：日伪军将联合对四明山区进行大规模"扫荡"。他立即将情报以密信方式传递到王培良手中。少顷，杨金标同志也传来消息：日军余姚联络部将派他明日去四明山搜集新四军情况，为大部队行动做准备。

王培良又从张妙根口中证实了消息的可靠，于是他立马派人将密信送到敌工委安置在姚城的联络站，联络站情报人员又连夜将情报送上四明山。

第二天，日军驻姚联络部果然派杨金标去四明山区侦探我军情报。杨金标化装成山民模样，悄悄地摸进我交通联络站，敌工委同志早已等候在那里。根据司令部的布置，敌工委有意识地让杨金标送去一个假情报，说游击队近日内在陆埠十五岙一带活动。当天傍晚，杨金标回到姚城，将侦察到的"情报"向敌联络部做了报告。

次日，日军联络部果然组织了100余名日伪军去十五岙"扫荡"，而我新四军浙东纵队则早已部署兵力在四周山上布下"口袋"。等敌人一进"口袋"，新四军就从四面给予狠狠的打击。敌人摸不清周围有多少新四军，一个个连滚带爬地逃出重围，俟队伍集合起来一清点，才发觉少了20余人，其中还有日军指挥官一名。

敌人吃了大亏，灰溜溜地撤回姚城。稻垣孝机关长气急败坏，"八嘎、八嘎"地将部属大骂一顿。而侦探杨金标却受到联络部的嘉奖，因为日军认为他侦悉的情报很"准确"。

首战告捷，埋伏在城内的同志都感到十分高兴。从这次战斗中，他们体会到从事特殊战斗的意义和作用。有个别曾被不明真相的群众、亲人骂为"汉奸""走狗"而不太安心的同志，也抛弃了委屈心理，坚决表示要在特殊的战场上战斗下去。

暗杀劳乃心

当时，任日伪余姚县县长的劳乃心是一个死心塌地、十恶不赦的大汉奸。他仰仗日寇鼻息，烧杀抢掠无恶不作，他还曾多次亲手枪杀、活埋过不少地方党员和革命同志。老百姓对他无不切齿痛恨，背地里都称他为"扫帚星"，还编了首民谣，开头两句就是"天上有颗扫帚星，地上有个劳乃心……"

党组织为了为民除害，同时扩大余姚日伪顽三方的矛盾，决定处决劳乃心。但是劳做贼心虚，一般不常出城，即使在城内活动，也是卫兵前呼后拥。因此，要以常用的手段除掉他，并非一件易事。这项任务便落实到王培良身上。

王培良领受任务之后，通过内线侦悉：劳乃心一向深居简出，唯有早晨起床后至早饭前的一段时间，每天必到花园去舞枪弄棒，然后到书房用早餐。王培良暗暗记在心里，并等待着行动的日子。

不久，杨金标趁去四明山"侦察"的机会，从新四军浙东纵队带了一颗在国民党三十二集团军缴获的英制烈性炸弹，转交王培良，同时带来了党组织"可以行动"的指示。为民除害的机会来了，王培良暗暗高兴，开始不露声色地寻求动手的机会。

这天清晨，王培良起了个大早，趁人不备，悄悄来到劳乃心的住处。劳乃心果然已去了花园。王培良迅速而小心地将烈性炸弹挂在劳乃心书房内的门把手上，又把导火线拴在门框。只要劳乃心从外面一推门，炸弹则必定开花无疑。一切布置停当，王培良又神不知、鬼不觉地离开了。

但是，事有凑巧，这天劳乃心早练后，偏偏去另外一处转了一下，又偏偏没有从花园通书房的正门进来，而是从隔壁一扇门走进了书房。一进门，劳乃心就发现了炸弹，吓得哇哇乱叫，一个电话招来宪兵，把炸弹拆除了。

炸弹虽然没有爆炸，但这一下将劳乃心及日军头目吓得不轻，从此以后，日伪军头目的行动更为小心谨慎，生怕什么地方又会冒出个炸弹来。

事后，劳乃心对此事也着实追查了一番。由于英制炸弹来路不明，又没有查到一丝可以怀疑的线索，因此，查来查去也查不出个所以然，他便只好罢手，只不过多了些戒心。

王培良获悉暗杀未成，也着实懊悔了一阵，但表面上还是若无其事的样子，并与张妙根一起"关心"地去看望了劳乃心。他等待着下一次行动的机会。

消息传到四明山，党组织及时总结了经验教训，认为此举不论成功与否都容易暴露自己，也不利于敌工人员的隐蔽埋伏，于是，决定取消这个行动计划。

暗杀劳乃心的行动虽然失败了，但是这件事已经给了劳乃心及日伪军一个警告，使敌人受到莫大的震惊。

智送通行证

日伪占领余姚期间，对余姚城控制很严。四城门口及进城要道均有日军宪兵和伪军日夜守岗，对进出城者，必须严审"通行证"并加以查询。

我敌工委常要派交通员进城联络与搜集情报，没有通行证就寸步难行。为此，敌工委托杨金标带信给王培良：务必拿到进城通行证，送到敌工委。

王培良接受任务后，通过张妙根和其他各界上层人士的关系，很快就搞到了十来张通行证。但是怎样将通行证尽早送到敌工委去呢？王培良又为此伤透了脑筋。

本来让杨金标送最合适，他是日军联络部的密探，进城出城都方便，但是他身处狼群之中，没有人身自由，不得擅自行动，仅在有"任务"时才能出城；叫葛兴去，他身为翻译官时刻都有差遣，一刻也离开不得；如果让埋伏在"姚保"的同志去，又是树大招风，再说一个人身藏十来张通行证也不安全。

时间过去了两天，杨金标还是没有出城的任务。该怎么办？王培良心急如焚。猛然间，他想到了敌工委派到姚城联络站的女同志小董。

小董是本地人，路线熟悉，又是女同志，不易引人注目，且她机智灵活，曾多次完成传送情报的任务。

"对，让她去！"王培良一拍脑袋，就这样决定了下来。

第二天，小董把自己通行证上的"董"姓，用小刀轻轻地刮成一个"黄"字。然后,她将通行证藏入贴身暗袋,挎上一只背包,化装成一个走亲戚的阔少妇,不紧不慢地来到南城门附近。城门口,几个男女伪军在盘查着过往行人,所有人都必须核对通行证,浑身上下搜一遍才能进出城门。小董看到这个情况,心里暗暗着急,紧张地思索着对策。突然,一个熟悉的身影跃入她的眼帘。她姓陈,是一个伪军头目的小老婆,小董曾在一次日伪军上层人士的聚会中碰到过她。此时,她正带着一个卫兵大摇大摆地向城门口走去,好不威风。

小董灵机一动,紧跟几步,上前打招呼。陈某的记性倒也不错,几句问候一过,彼此就显得热络起来,她们边走边谈,缓缓移向城门。

守城的伪军正在全神贯注地搜查过往行人,见陈某过来,知道她是某位军官的姨太太,不敢得罪,一个立正就放行了。而小董却被拦下来,拉开背包检查。小董看到另一边还有一个女伪军正在对过往妇女搜身,如果那边搜完必定会到这边来。再看看前面那个女人已慢悠悠出城而去,小董急中生智,连忙叫道:"陈太太,等等我呀!"那女人站住了,回转身招呼道:"我等你,你快来啊!"伪军见两人如此熟悉,想必也定是哪位上司的太太,便不敢怠慢和得罪,赶紧停手,说声"对不起"就放行了。

小董与陈某相伴又走了段路,见已远离城门,便找个借口与她分道扬镳了。此时的小董感到浑身舒坦,脚步一阵轻松,她轻轻地舒了一口气,欢快地朝敌工委联络站走去。

勇救战友

1943 年冬，浙东新四军第三纵队五大队大队长蔡葵，在姚北一次与日伪军的战斗中不幸被俘。敌军如获至宝，将其关押在庵东日军宪兵队。党组织通知王培良："务必尽力营救。"

王培良接受任务后，先做通了张妙根的工作，后与他一起冒着风险来到宪兵队，以蔡葵伤重为由，将其接到余姚惠爱医院抢救。

蔡葵不明底细，自被俘时起，他就抱定了牺牲的决心。因此，他坚决拒绝治疗，并大骂"汉奸""卖国贼"，显示了一个共产党员视死如归的豪迈气概，令人钦佩。

为了使蔡葵了解党组织的意图，王培良精心设计了一场声东击西的妙招。他派了两位与蔡葵熟悉的地下党员，以探望与蔡葵同室的病人为由，把党组织的意图用暗语传递给蔡葵。蔡葵很快就领会了组织的决定，不但接受治疗，还积极地配合医务人员。不久后，蔡葵的伤势渐渐愈合，人也开朗了不少。

医院外面，王培良也在抓紧进行营救准备。他知道，日伪军对蔡葵监视甚严，必须做通张妙根的工作，利用他的团长身份，才能顺利完成营救任务。

王培良了解张妙根为人较正直，有一定的爱国心；而张妙根对王培良深信不疑，情同手足。王培良认为张妙根是可以争取的。果然，经过几天的反复工作，张妙根终于同意与王培良一起营救蔡葵。

这天，张妙根和王培良事先把医院的岗哨换成自己信任的士兵，王培良布置的秘密接应人员三三两两地混入医院，然后张妙根和王培良以到医院看病为名指挥营救。

医院的士兵看到团长、团副驾临，纷纷汇集过来。王培良看时机已到，发出一个暗号，预先混入医院的地下党员立即行动，将蔡葵抬出病房，从后门脱离虎口。

一场没有硝烟的战斗，没有费一枪一弹，没有伤一兵一卒，即圆满告捷。不久，蔡葵由党组织派专人护送到上海养伤。

事后，日伪军内部大为震惊，日军联络部部长稻垣孝曾将张妙根叫到办公室追问。张妙根却理直气壮地回答："你如果还相信我，则请不必过问。"稻垣孝略显尴尬地说："并非我不相信你，但你总得让我知道一下才好。"

张妙根灵机一动，凑近稻垣孝，故作神秘地说："那我直说吧，中国有句古语叫'长线放远鹞'，你等着瞧！"

稻垣孝似乎明白了，恍然大悟道："噢，张先生原来有此计划，我大大地明白。"

不久，稻垣孝调离余姚，日本驻姚联络部部长改由前鹿川接任，此事就不再有人追问。

整编保安团

伪余姚保安团共有三个大队，一个独立中队。一大队长郑鸿猷，二大队长乔雪良，三大队长肖子健，独立中队长洪师军。人员成分比较复杂。劳乃心为了挖张妙根、王培良的墙脚，多年来对肖子健、洪师军、乔雪良等人竭尽拉拢收买之能事。王培良、张妙根虽然对"姚保"的控制有了加强，但是中下级军官之间的矛盾和分歧也越来越明显。

"姚保"内部的这种复杂情况，也通过内线传到了敌工委。敌工委认为：为了贯彻区党委对姚保工委"隐蔽精干、长期埋伏、积蓄力量、以待时机"的指导方针，必须通过政变方式加紧掌握部队，以巩固王培良与其他同志的领导地位。

王培良对"姚保"的整编，是在张妙根的支持下进行的。张妙根对劳乃心的所作所为很是不满，尤其对劳乃心向"姚保"插手心存嫉恨，因此，当王培良提出整编计划和整编方案时，张妙根一口答应。他对王培良说："你认为这样有利，你就这样办。对亲劳的人，一定要给他们些颜色看看。"

王培良通过调查，确认肖子健、洪师军、乔雪良等人已受劳乃心的拉拢，日常流露出许多不满情绪。如果这些人不整编出去，仍让他们握有实权，势必成为劳乃心安插在"姚保"内的眼线。他当机立断撤掉了他们的职务，并委任何午初任中队长，将周益民提升为副中队长，还将靠拢张妙根的张同根、刘世忠两人分别委以独立中队中队长和一中队中队长之职。这样，使"姚保"内几个中队的实权，牢牢地掌握在自己手中。

"姚保"整编的消息传到劳乃心耳边，他当然是竭力反对。但任命已经宣布，又是"姚保"的内部事务，劳乃心也不敢明目张胆地干涉，只好一面继续收买肖子健等人，一面向其日军主子告张妙根、王培良的状。

日军驻姚城联络部官员素知劳、张二人面和心不和，故对劳乃心的告状也不以为然。当张妙根将整编情况向他们报告时，稻垣孝表示"很好"，整编结果就这样算是被认可了。主子既然同意了，劳乃心就更无话可说，只是心中对张妙根、王培良的怀疑更重，嫉恨更深了。

"姚保"整编成功，对敌工委坚持在敌人内部的斗争关系重大。同时，通过与张妙根的多次接触，对他的为人也有了新的了解。之后，在党的教育启发下，张妙根的民族意识和爱国热忱大为提高，并与新四军商定了"尽量对敌消极应付，避免与新四军正面冲突，搜集并提供敌伪动态，配合根据地军事斗争"等协议。

偷运钢轨

1944年夏秋之交，新四军浙东纵队在战场上连战皆捷，浙东军民的抗日战争进行得如火如荼，根据地建设蓬勃发展。而各地日伪军则已如过街老鼠，连遭败绩，整日龟缩在据点，苟延残喘。

随着浙东抗日武装斗争的胜利发展，军需物资的供应不足成了当前亟须解决的重要问题，除了西药、白报纸外，钢材的需求矛盾尤为突出。但是这些物品均被日伪列为违禁品，即使能筹措到，运输也是大问题。新四军浙东纵队司令部又一次把采办钢材的艰巨任务，交由王培良等人去完成。

当时，日军为了控制浙东地区，曾将杭甬线上的钢轨全部拆掉，将铁路线改作简易公路，用于汽车通行。他们将拆下来的钢轨集中堆放在余姚轮船码头，派有一个班的鬼子兵日夜轮流看管。

葛兴同志利用工作上的便利，对轮船码头进行了详细侦察。他发现日军对这里戒备甚严，岗哨24小时不断，但也发现一些破绽，看管的日军整日无所事事、叽里咕噜地牢骚满腹，值岗的卫兵也是无精打采。

王培良根据葛兴同志的报告，便与张妙根一起设下一个计谋。

这天，张妙根、王培良以慰问日军为名，摆开酒席，将联络部及看管钢轨的日军一并请到，并派几个酒量好的军官陪同畅饮。几个回合过去，日军个个酒足饭饱、酩酊大醉，横七竖八地呼呼大睡。趁此机会，王、张迅速组织力量，将钢轨偷运出来，藏匿在"姚保"团部。

待日军醒来，大堆钢轨已不翼而飞，经反复追查，终是杳无音信。由于钢轨是在日军醉酒后丢失，传扬开来有失"皇军"面子，因此日军也只好"哑巴吃黄连"，打落了牙齿往肚里吞。

王培良得手后，不露声色，只是暗中观察。等到风声过去，日本鬼子再也不查此事了，他便邀来几个工匠，偷偷将钢轨锯断，瞅准机会，神不知鬼不觉地将钢轨运送上四明山。

根据地兵工厂的同志接到钢轨后，深知这批钢轨来之不易，倍加珍惜。就这样，王培良和他隐蔽战线的战友们又一次完成了党交给的光荣任务。他们为抗战事业做出了特殊的贡献，同时也得到了浙东区党委和敌工委的嘉奖。

一场误会

与魔鬼打交道，周旋于形形色色的人物中，对王培良来说并不可怕，即使牺牲，也在所不辞，对此他有足够的思想准备。最使他感到难堪和痛心的，则是不明真相的同志和群众的白眼。有人骂他"汉奸"，有人讥他"走狗"，每当此时，他心中难免感到委曲和伤心。可是党的纪律又不允许他表明真相，他只能默默地忍受着这难忍的一切。

不过有一次，他终于被同志理解了。虽然这次的理解是发生在一场误会之后，可他仍然感到高兴和宽慰。

一天晚上，余上自卫大队奉命攻打泗门据点，指战员英勇善战，将泗门据点围得水泄不通。驻泗门据点伪军稍作抵抗便不再还击，王培良带警卫员谢海忠想择路撤离也被堵住。于是，王培良与近百名伪军均被俘虏。

余上大队战士多数系姚北子弟，平时对伪军为虎作伥、助纣为虐就深为痛恨。这次全俘伪军，自然想出出心中一口恶气。战士们见王培良是个当官的，便对他格外地"照顾"，个别的甚至还动起手来。此时的王培良既不能暴露自己的身份，内心又很理解同志们的心情，真是有口难辩。无奈之余，他除了要求见部队首长外，便一声不吭。这样僵持了好几个小时，直到敌工委派交通员赶到余上大队，向部队领导秘密通报"王团副是自己人"，余上大队领导才知道抓错了人。带着深深的歉疚，大队首长秘密会见王培良，表示歉意。为了掩护王培良，防止敌人起疑心，余上大队决定释放部分伪军，并发还一些枪支弹药，让王培良带队返城。

临别之际，余上大队领导紧握着王培良的手互道珍重，大队长还带着深深的敬意向王培良行了一个庄重的军礼。

一场误会顿时烟消云散，王培良带着战友的信任和祝愿，重新回到了虎豹和魔鬼麇集的敌营。

余上大队为了掩盖泗门战斗人真相，避免敌人怀疑王培良，当天晚上又组织了一次马渚战斗。这次战斗把劳乃心所属的伪军据点彻底拔除，并俘获伪军官兵30余人。马渚之战，堵住了汉奸劳乃心的嘴巴，使他对王培良的泗门失守无隙可寻。

英勇献身

狡诈的劳乃心对张妙根、王培良早就心存芥蒂。蔡葵被救、钢轨被盗、书房炸弹……这一连串的事件，他都怀疑是张、王所为，只是没有证据，不敢轻易下手。随着时间的推移，张妙根与王培良保安团的势力范围日渐扩大，削弱了劳乃心的地位。劳乃心更加坐卧不安，处心积虑地寻找机会，必欲置张、王于死地而后快。

1945 年 4 月，张妙根的母亲六十大寿。张妙根是个孝子，在姚城为母亲做寿后，又携家眷送母回浦东家乡。临行前，他宣布由王培良代理团务。

张妙根这一走，劳乃心就感到机会来了。他打电话给在临山送行的王培良，要他立即回姚城，理由是有要事相商。

王培良对当时的斗争形势也有所警惕，临走之前曾向敌工委同志做了汇报，并约定第二天再回临山碰头。然后，王培良回姚城去见劳乃心，一宿无话。

次日（1945 年 5 月 1 日），王培良根据事先约定，带警卫员谢海忠雇一条小船去临山。船近太平桥时，突然岸边蹿出一群劳乃心手下的侦缉队兵丁，喝令船靠岸。

谢海忠大声喊道："我们是保安团的，去临山执行公务。""不行，皇军命令，过往行人船只一律受检。"岸上的回答一点没有商量的余地。

眼看闯不过去了，王培良只好令船工靠岸。

岸上的官兵是赵祖英手下的侦缉队，他们奉劳乃心之命，已在这里守候多时。王培良一踏上河岸，立即被一阵乱枪射击，中弹身亡；谢海忠见势不妙，拔出手枪抵抗，也被击中要害倒地。

同一天，余姚城内空气也骤然紧张起来。日军宪兵队查抄了王培良的家，抓走了何午初、陈湃、张继兴、周益民等人；日军和劳乃心的部属还分兵突袭，将驻姚城、马渚、临山、泗门的姚保部队统统缴了械。

等候在临山的敌工委同志还在焦急地等待着王培良的到来。但是直到傍晚，仍未见人影。姚城到临山，水路几十里，一般小船上午动身，下午即可到达。同志们不免着急起来，掌灯时分，杨金标同志急匆匆地赶来报告，敌工委才知道出事了，于是迅速做出了联络部队、撤退机关和转移物资的决定，并漏夜行动。

何午初、张继兴、周益民三位同志被捕后，敌人施尽各种手段，胁迫他们屈膝投降，企图从他们口中挖出姚城敌工组织的情况。但三位勇士大义凛然，宁死不屈，坚决不向敌人投降。何午初同志还在狱中发出豪言壮语："出战未捷身先死，留取丹心照汗青。"最后，他们被日军刽子手残忍地杀害在城东凤凰山脚。

所幸的是，打入日军联络部的葛兴和杨金标两位同志未暴露身份，姚城的敌工委也未曾遭到破坏。他们依然埋伏在敌人的眼皮底下，为中华民族的抗日战争默默奉献，直至抗战胜利，重新回到党的怀抱。

安息吧！王三川、何午初、张继兴、陈湃、谢海忠同志！

（中共余姚市委党史研究室张杰撰写。原载《余姚革命故事选》，余姚市关心下一代工作委员会、余姚市新四军研究会、中共余姚市委党史研究室、余姚市教育局编，华夏文艺出版社 2011 年 5 月出版）

王三川

　　1942年6月，余姚城里人心躁动，老百姓间广为盛传：新四军打过来了，何克希司令已经把主力开到四明山区，东洋兵待不长了！

　　伪保安团里一片混乱，伪团长张妙根正在客厅内焦急地踱来踱去，书案上摊满了各种告急的战报，令人触目惊心。"王先生到！"随着副官的通报，一位俊眉美目、体格魁伟的青年人在门口出现。他头戴白藤草帽，身穿白纺绸长衫，手执白纸折扇，风度翩翩。张妙根急忙上前迎接，十分热情地将他请到厅内。顿时，静悄悄的院子里，就有客人朗朗的谈话声不时传了出来。客人对张妙根说："人民群众盼望新四军如大旱之望云霓，东条英机已是泥菩萨过江，自身难保！张师兄难道愿意给他们充当殉葬品？"接着他又向张妙根全面、系统地阐述了新四军转战大江南北，坚持抗战，反对投降，得到全国人民拥护的原因所在，并明确指出，"张师兄应该认清形势，何去何从，当机立断！"这一席严肃、恳切、击中要害的谈话，使已经落水，但又天良未泯的地方实力派张妙根终于决心反正。随后，客人又抓住时机，动员并安排张妙根到陆埠地区，和中共浙东区党委敌工委领导人朱人俊面谈，从而使张妙根走上与人民为友的革命道路。这位胆识过人的客人就是后来担任中共"姚保工委"书记的王三川。

一

王三川，1911 年 2 月 24 日出生于上海县城外王家厍村（今上
海市南京西路石门一路交会处）西头的一间低矮平屋内。原名顺芳，
又名涅夫，初字玉田，后改田；化名有陈一新、赵新民、王培良等。
同胞六人，他居第三。

王三川的故里是在浦东三林塘。父亲王槐生，早年曾在上海
滩一外籍官员家中为西崽，后来又去闸北宝山路口的沪宁、沪杭
铁路管理局（今上海铁路局）总务处当了一名收发文书的小公务员；
他粗通文墨，略谙英语，同情革命。其母康小妹，三林塘人，是
个精通刺绣、织布，又能下田的劳动妇女。王三川对父母亲一直
怀有很深的感情。

王三川 8 岁时，随父亲和全家从上海王家厍搬回浦东三林塘
西街圈门故居（今西街 30 弄 3 号），并进入贞固蒙学堂读书。进
入学堂之后，随着年龄的增长，他的求知欲也日见强烈，家中原
有的旧小说，如《说岳全传》《三国演义》《水浒》之类逐渐地变
成他的珍宝。他崇敬岳飞、文天祥等民族英雄，纯朴的心灵从小
就受到爱国主义思想的熏陶。

1922 年暑假，王三川初小毕业，入私立三林高级小学。在该
校的第四年，上海发动了震惊中外的"五卅"惨案，英国巡捕枪
杀在南京路上举行反帝游行示威的中国学生和工人十余人，激起
了全国人民的极大愤慨，也激起了三林塘这座小镇人民的义愤。
三林塘高级小学全体同学罢课了，同学们打着小旗纷纷走上街头，
高声呐喊："打倒帝国主义！"王三川也在这游行队伍中，他激动

地流着泪,第一次感到"中国"和"我"有了密切的关系。就在这年高小毕业后,他抱着雪洗国耻、振兴中华的愿望,离开了家乡和父母,只身前往吴淞,去那里寻找一位在同济大学充当校工的堂叔。接着,便在这位堂叔的帮助下,他进入了同济大学中学部机师科艺徒班半工半读。这年,他刚满15岁。

二

同济大学是一所闻名遐迩的高校,校内新思想空前活跃,著名共产党人恽代英、萧楚女、施存统等多次来到同济图书馆讲演,进行反帝反封建的宣传,号召同学们参加国民革命,以拯救四万万同胞。恽代英等人的讲演、地下党的指引及《向导》《先驱》《新青年》等进步杂志的启蒙,使王三川的思想不断升华。不久,他就加入了中国共产主义青年团,在党的领导下进行革命活动。

1926年4月,同济大学当局根据反动政府的布置,要学生在学校印发的《誓约书》上签名盖章。《誓约书》规定"非得学校之命令",学生"不得停课";学生召开大会须于三日前呈请校长许可,且不许用学生会名义邀请校外之人演讲。学校企图用这种方式来迫使学生读死书、死读书,不准参加爱国运动。同济学生会和陈必睨、孙鸿荣等进步学生,为了反对这一阴谋,以配合全国的反帝爱国运动,组织了罢课斗争,坚持有一个多月。王三川对此深表同情,积极发动本班艺徒支持学生的正义斗争。校长阮尚恼羞成怒,下令开除陈必睨、孙鸿荣等20名为首的学生,也开除了支持学生罢课的艺徒王三川。同济当局的倒行逆施激起了校内许多学生的不满,学生们纷纷发出"一起去"的宣言。果然,不到三天,

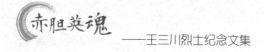

就有六七十个学生自动离校。学生的行动引起了上海各界的关切，同时也引起了广州国民党中央党部（由共产党员和国民党左派组成）的关注。

5月，应国民党中央的召唤，王三川等70余名同济大学同学从上海乘货轮分三批到达广州。到达广州后，王三川即被分配在广州电讯学校，这是一所新设立、隶属黄埔军校的专门学校。王三川一到该校，组织上就要他负责共青团的组织工作，于是他一面学习电讯业务，一面担负起发展团员的任务。每逢星期日，他常与两三同学一起，相约游览黄花岗七十二烈士陵园等革命胜迹，借此宣传反帝反封建的革命思想，培养和物色发展对象。

1927年，蒋介石、汪精卫相继发动四一二、七一五反革命政变，无数共产党员和革命群众遭到惨绝人寰的大屠杀，神州大地淹没在腥风血雨之中。王三川因而与组织的联系中断，于同年8月下旬返归浦东三林塘故乡。革命的失败、个人的挫折使他感到痛心，但他没有沮丧，仍以热切的心情向往革命。

1927年初秋，正是浦东田野上水稻扬穗、棉花绽白的季节。苦无能力重返同济的王三川，随其父王槐生去浦西大西路（今延安西路）探望父执顾嘉棠。王三川经其父安排，见到了顾嘉棠。顾嘉棠即请王三川来他家生活，且视王三川为"贤侄"，十分器重。

后王三川被顾嘉棠招为入门女婿，并资助他重返同济大学，考入德文补习班学习。在这里，他结识了共产党员陈元达，后陈元达又介绍殷夫与他相识，他们常在一起讨论局势，研究问题，很快成了知心朋友。此时，在四一二政变中遭到严重破坏的上海共产党各级党组织正在恢复中。这一年10月，在同济大学中学部的一间小房子里，经张荫堂和陈元达的介绍，王三川正式加入了中国共产党。[42]

入党以后，组织上派王三川在校内外的青年学生中开展活动。在此期间，王三川经常奔走于吴淞、宝山、江湾、虹口等地，组织一些进步师生通过各种方式，例如贴标语、撒传单、办壁报等，展开同帝国主义和国民党反动当局的斗争。同时，还联络方若愚、宋名适、张启行等十多名爱好文艺的青年学生，在同济大学中学部宿舍四楼九号他的房间里，发起并成立了进步团体"潮声社"，创办了油印刊物《潮声》半月刊。半月刊自1927年11月上旬出版第一期，至同年12月下旬停刊为止，前后共出了四期。王三川曾用他那犀利的文笔为刊物写了发刊词，他在文中着重指出，反帝反封建斗争是当前青年的历史任务。

当《潮声》半月刊顺利办至第四期的时候，王三川却在一天晚上从吴淞中国公学回校途中被反动当局逮捕，关进宝山县公安局拘留所，后又被辗转押解到龙华淞沪警备司令部关押。在审讯中，他挨了多次打，吃了不少苦，但他始终坚不吐实。由于敌人找不到任何人证物证，一个多月后，便由地下党组织设法将他保释出狱。他出狱后很快恢复了组织关系，又被派往校内外继续从事革命工作。王三川与陈元达等组成党小组，王三川任小组长；党小组隶属中共闸北区第三街道支部（后改名为文化支部），书记是潘汉年，支委有阳翰笙等人。

这一时期，经过了革命理论的启蒙和革命行动的实际锻炼，王三川开始认识到：党的期望与顾嘉棠对他的要求存在着矛盾。特

---

(42) 1926年下半年，王三川在广州加入中国共产党。

别是当他了解到顾嘉棠在四一二反革命政变期间，曾率领杜月笙门下的党徒去充当蒋介石的帮凶，参加收缴工作纠察队枪支的罪恶事实之后，这种矛盾更加不可调和。因此，他在愤恨和羞愧之余，遂同顾嘉棠断绝往来。

1928年夏，他的战友殷夫因参加革命活动，被反动派逮捕入狱。几个月后，殷夫才由其大嫂张芝荣托熟人保释出狱。考虑到王三川和殷夫、陈元达等人的安全，地下党组织决定让他们暂时转移到浙江象山。10月上旬，王三川到达象山，与先期到达这里的殷夫、陈元达等人一同在象山县立女子小学任教。在此期间，他们三人都以代课教员的身份做掩护进行革命活动。他们经常深入白墩、爵溪等地进行农村调查，体验农民的苦难生活，写革命诗文，并发动学生排演反对阶级压迫和剥削的方言话剧到街头演出。不久，学校放寒假，王三川、陈元达二人先后离开象山。王三川回到上海后，即被派往虹口新宇宙书店，以公开的店员身份从事党的秘密工作。新宇宙书店位于窦乐安路（今多伦路）东横浜路八号，是中共地下党传递革命信息的联络点之一，王三川担当了这一联络任务。

三

1929年2月7日，新宇宙书店突遭国民党军警查封。因有人告密，王三川在敌人搜查时以共产党嫌疑被再次逮捕。在狱中，王三川改名王玉田，顽强坚持斗争。后经地下党多方交涉，由其父王槐生出面，以三百块大洋的赎金将他保释出狱。王三川出狱后，立即和地下党接上关系，奉令去英商上海公共汽车公司从事开辟工作。

王三川来到公共汽车公司后，便以第二车场第一车队售票员的公开身份作为掩护，积极勇敢地在工人中开展工作。经过他一段时间的艰苦努力，英商上海公共汽车公司工人便建立起秘密的赤色工会、工人武装纠察队和后援会等组织。同时，第一车队党支部也随之成立。王三川为了便于活动，经常一身售票员打扮，废寝忘食地奔走于吴淞江两岸的南、北车场之间，出现在司机、售票员们的茶棚和陋屋之中，受到工人们的爱戴。1929 年下半年，王三川被推选为该公司的工人代表。同年 11 月，他参加了全总在上海召开的第五次全国劳动大会。之后，他就积极组织英商汽车公司工人大罢工。罢工自 1930 年 4 月 19 日开始，持续达 25 天之久。在这 25 天里，司机、售票员 700 余人全部罢工，公共汽车全部停驶，终于迫使公司做出让步，答应了"增加工资，废除行车苛规"等工人们的要求。

1932 年春，蒋介石破坏淞沪抗战，又叫嚣"攘外必先安内"，纠集了几十万大军"围剿"要求出兵抗日的中国工农红军，并对全国各地学生的爱国运动进行残酷的镇压。上海地下党组织为了更好地向国民党反动派展开斗争，宣传反对日本侵略和普及工农教育，就在各地开办了各种类型的夜校。王三川根据党的指示，先后到闸北、虹口、淞南等地的夜校担任国文和音乐课教师，他教唱的抗日救亡歌曲，在工人、店员、黄包车夫等群众中颇有影响。夜校放学后，他组织学生散发革命传单，张贴革命标语；他还和汽车司机、人力车夫、商店学徒生活在一起，向他们宣传马列主义和革命道理，宣传红军的胜利和揭露国民党的不抵抗政策。

　　1933 年，按党组织指示，王三川打入京沪区铁路局（今上海铁路局），以帮助乘客搬运行李的脚夫职务为掩护，继续进行革命活动，组织发动铁路工人和沿线农民积极投入抗日救亡运动。在前两任铁路工会党团书记相继被捕后，王三川于次年春接任书记职务。他冒着极大的危险，频繁往返于上海、苏州、无锡、镇江、南京、嘉兴、杭州之间，还深入站、场等铁路基层单位发展党团员，建立党支部。

　　1934 年 6 月，王三川在上海铁路南站（今车站前路）执行任务。那天，他头戴红帽子，身穿短衫，脚着草鞋，手提行李包挤在乱哄哄的乘客中间，从候车室走进月台，然后又从月台朝列车车厢走去。当他正要举步跨上车厢门梯时，突然遭到国民党特务的搜查，一时躲避不及，放在行李包中的革命文件和宣传品当即被敌人截获，成了罪证，王三川随即被捕。

　　王三川第三次被捕后，受到敌上海市公安局特务室第三科的审讯。他化名赵新民，伪称是车站里的"脚夫"，所拿行李是乘客交给他的。敌人不信，把他打得皮开肉绽，但王三川始终坚持说什么也不知道。敌人见硬的不行，又以同乡名义多次劝降，然而回答敌人的却是肃然的沉默。三天后，因得不到任何口供，敌公安局便将王三川移解南京卫戍司令部。

　　王三川被捕后，党曾通过其父王槐生多方奔走，找社会上层关系设法营救，但是一切营救活动均无结果。1935 年 1 月，敌人以"危害国民罪"判王三川七年半徒刑，把他押解到南京中央陆军军人监狱关押。王三川一跨进牢门，典狱长就给他钉上了"半步镣"（该镣重 20 多斤，是虐待犯人最厉害的一种铁镣）。南京军人监狱的党组织在 1932 年因支部书记林遵叛变自首，遭到严重破坏，王三川在这里没有党的领导，只能独立地进行斗争。

1936 年西安事变和平解决后，在国共两党开始第二次合作的条件下，经其父王槐生的再度营救，王三川于 1937 年 4 月被保释出狱。

四

获释出狱从南京回到上海浦东三林塘老家后，王三川立即给中共上海办事处写信，汇报狱中斗争经过，并请求党给他分配工作。1937 年 6 月下旬，上海办事处派他去延安学习；同年 7 月 8 日，王三川抵西安；7 月 19 日，到达革命圣地延安，进入正在筹备中的鲁迅艺术学院学习。

1937 年 10 月，经过紧张而又系统的两个多月的学习，王三川被安排回上海，并由八路军驻上海办事处派到上海文化界救亡协会工作。上海沦陷后，他又到北京路一个刚成立的难民收容所，负责难民的联络、收容、送钱、送衣等事宜。

1938 年，王三川由上海地下党派往浦东奉贤、南汇等地进行抗日活动。他来浦东后，即大刀阔斧地开展工作。不久，组织上恢复了他的组织关系，派中共浦东工作委员会（简称"浦委"）书记陈静和他联系，并把他派到南汇县保卫团第四中队（简称"保卫四中"）任政训员。

"保卫四中"是由当地爱国进步人士连柏生为首拉起的一支地方部队。王三川进入连部后，便与另一地下党员、政训员王义生一起，负责党的统战工作，帮助整训部队，争取连部团结抗日。

之后，为了动员群众，王三川率领原中队组织的抗日宣传队，前往"保卫四中"驻地及其周围农村开展活动，演出《放下你的鞭子》等活话剧，教唱"工农兵学商，一齐来救亡""大刀向鬼子们的头上砍去"等救亡歌曲，并向群众散发宣传资料，揭露日本帝国主义侵略中国的罪行，宣传我党的抗日主张。他还在叶家祠堂召集叶氏族人开会，在叶桥小学召开全体师生会，号召大家有钱出钱、有力出力，一定要把日本鬼子赶出中国。

当时在敌后开辟工作是一项尖锐复杂的斗争，这种斗争不但表现在敌我之间，还表现在抗日部队内部的人与人之间。1939年3月4日（农历正月十四）晚，南汇县保卫团第四中队中队长连柏生，在县城北门外盐仓附近的叶家祠堂召集骨干开会，王三川、王义生、沈光中、张大鹏等都参加了这次会议。在会上，大家对中队副周毛纪利用职务之便，将群众的抗日捐款充作个人经商周转资金的错误行为非常气愤。但为了团结抗日，大家还是心平气和地向周毛纪宣传救国的道理，希望他从速结清账目，不要影响部队给养。可是周毛纪不但不接受别人的帮助，还借故寻衅，说是连柏生故意要他难堪，并佯称有话要说，请连柏生外出。当连柏生刚刚走到祠堂外面走廊上时，周毛纪就一手抓住连，一手拔出手枪击连。此时，跟在连柏生身后的王义生见此情景，便不顾个人安危猛扑过去，抓住周毛纪的右腕。不料枪已扣响，击中王义生的下巴，子弹从左面进，右面出，顿时血流如注。

在这关系到整个"保卫四中"安危的紧要关头，一直站在周毛纪后面并始终关注事态发展的王三川，迅速挥手一枪，将周毛纪当场击毙。事后，为防备不测，王三川和沈光中等即率"保卫四中"冒雨撤离四团仓，连夜转移到靠近海边的长沟乡进行休整。从此以后，南汇县保卫团第四中队的领导权就完全掌握在中共的手中。

一个多月后，"保卫四中"应群众要求，又回到了四团仓一带活动。一天，与周毛纪关系密切的胡镇海率所部忠义救国军第三大队八十余人，从三灶分三路合击"保卫四中"，并叫嚷要替周毛纪报仇。"保卫四中"得悉敌情，便决定让王三川指挥战斗。王三川接此重任后，立即指挥四中战士奋起还击，他自己也迅速登上孙渭生更楼，用机枪居高临下扫射敌人。敌胡镇海部仗人多势众、武器精良，曾多次发起冲锋，但每次冲锋都被"保卫四中"所打退。战斗从午前开始，一直打到傍晚，持续了五个多小时，胡镇海眼看占不到便宜，便不得不趁夜幕降临之际，下令退出战场。

这次自卫反击国民党顽固派胡镇海部的战斗，在王三川的指挥下创造了浦东游击史上以少胜多的战例，长期在人民中间流传。

嗣后，王三川又率领"保卫四中"乘胜前进，以迅雷不及掩耳的突袭战术，一举歼灭了国民党反动派顾小汀所控制的两个区队的武装，缴枪50余支。

1939年6月，"保卫四中"扩编为"南汇县抗日自卫总团第二大队"（简称"抗卫二大"），下设两个中队，王三川任一中队政训员。1940年，连柏生从"江抗"学习归来后，为贯彻党的"灰色隐蔽，长期埋伏，积蓄力量，以待时机"的方针，旋将"抗卫二大"改编为"国民党第三战区淞沪游击队第五支队"。

是年12月和翌年5月，王三川就任淞沪游击第五支队第四大队特派员和第三大队大队长。在担任特派员期间，他与大队副林有璋于 1941 年 4 月率五支队四大队夜袭川沙青墩敌伪据点，歼敌武装警察一个分队 20 余人，缴获长短枪 30 余支。

王三川在敌后进行抗日武装斗争的同时，他还通过其弟王联芳在南汇周浦和市区今永嘉路等处，为"保卫四中""抗卫二大"和"淞沪游击第五支队"筹集军饷和采购武器，取得了可观的成绩。如 1941 年夏天那次，就筹集到伪币一万元并采购到机枪一挺。

五

1941 年春，根据华中局决定，中共浦东地委命浦东的部队南渡浙东，开辟三北（镇北、慈北、姚北）抗日民主根据地，王三川则奉命到中共浙东区委敌伪军工作委员会任敌工干事。敌工委派他到上海西爱咸斯路 282 号中共一个秘密联络站去找朱亚民[43]，并接替朱亚民的争取松江钱锦芳（原国民党天昆区区长，为人正直，有爱国心，当时手下有一支四五十人的武装）参加抗日工作的任务。为此，他常来往于浦东与小昆山之间，做了大量工作。

同年 10 月，王三川奉令回浦东南汇新场，和张于道、顾敏三人组成中共地下党支部，并任支委。同时，上级党组织决定由他从中共海防大队等处选调骨干，负责组建一个新的大队，为利用何常英招兵买马的机会打入敌营做准备。

要把一个大队的力量打入敌人内部，这一工作的艰巨性是可想而知的，但王三川怀着对党的忠诚，信心十足地承担了这个特殊的任务。他通过关系与何常英取得联系，又与当地日军代表进

（43）实际上就是王三川要王联芳办的"飞达车行"永嘉路 282 号（西爱咸斯路 282 号）。目的是从中能筹措一些资金，同时作为路南特委的秘密联络点。

行了会谈，提出："应募"后，接受汪伪番号、部队建制不变、对方只派人担任大队长等条件。敌人当即应允，并表示"报到"后将大大犒赏部队。

王三川率部打入虎穴，奉令改编为"镇海水上警察大队"后，即于1942年2月带上何常英的报到令及日寇的海军通行证，与张于道、顾敏等率人由南汇小泾港乘船出海，开抵镇海。就这样，王三川和地下党支部领导的一批党员，巧妙地控制了这个海上门户，从而给敌人的严密封锁线捅开了一个缺口。从此，中共领导的五支队地下运输和人员往来，都可以畅通无阻了。

以后不久，王三川又来到余姚，奉命利用他同伪余姚保安团团长张妙根的同乡同学关系，对张进行策反工作。即本文开头所揭示的一幕。策反成功后，王三川便化名王培良，打入伪余姚保安团，以该团庵东侦缉队队长的公开身份作为掩护，积极勇敢地从事党的地下工作。至1943年春，伪余姚保安团正式组建时，经张妙根向日本驻余姚特务机关机关长稻垣孝推荐，王三川又取得了团副的重要职务。就在这一时期，他得到组织批准，和小学教员南汇女青年王友菊结为伉俪。

王三川打入伪余姚保安团后，工作开展就像涨满了帆的船一样，从容地出没在与敌斗争的惊涛骇浪之中。

鉴于伪保安团所属各大队的头目，既投降日寇，又同国民党保持关系，个个居心叵测，不可能为我争取的特殊情况，王三川断然做出争取该团下层军官的工作决定。他将这一决定向叶大栋、周益民、张德兴、张志杰、李学民、严政、顾敏、陈湃、陆修明等上级派到保安团的一批连排级党员干部做了传达，统一了地下党员的思想和行动，并确定了在党内实行单线领导制度。他为了摸清敌人的"清乡""扫荡"计划，做好情报工作，除自己煞费苦心地去同敌伪上层人物打交道，同一切与敌伪有关系的商人和地方绅士交朋友，以及在觥筹交错中搜集情报外，还让他的妻子王友菊和弟媳陈金娟利用同伪县长老婆打牌或聊天的机会搜集情报。与此同时，他还与我敌工委取得联系，帮助通晓日语的共产党员倪兆雷和杨金标打入日本特务机关，担任翻译和密探，利用敌人的情报，进行反情报、反侦察活动。

1944年1月，日本驻余姚的特务机关突然接到命令，速派日伪部队配合国民党军队向我四明山根据地发起"扫荡"。王三川得到消息后，便派洪舒江火速将情报送到四明山，使中共浙东区党委从容地制定对策，避免了损失。

王三川工作积极主动，对党的事业忠心耿耿。他为了打破敌人的封锁，帮助根据地克服困难，曾利用自己的公开伪身份多次前往上海、宁波等地，采购白报纸、西药等为日伪所统制的禁运物资，以"跑单帮"名义秘密运送给根据地。与此同时，王三川还通过各种关系，为中共党政军领导搞到了数十张敌伪"通行证"，解决了我领导同志出入日伪占领区的困难问题。对于被俘的"三五支队"指战员，王三川总是设法营救，以逃跑为名将他们放走。原三纵五大队大队长蔡葵，就是由王三川转托张妙根，让张妙根在蔡葵伤愈后派人把他用乌篷船秘密送回上海的。

王三川居淤泥而不染，他虽在特殊的战斗岗位，但时刻保持着共产党人的崇高品德。他当时月饷450伪币，手头上算是宽绰有余了，可他节衣缩食，常常穿一身褪了色的黄军装，把积攒下的钱用于党的活动。

1944 年秋，希特勒德国濒临崩溃的边缘，日本法西斯军队在太平洋战争中也屡屡失败。而我八路军、新四军为迎接即将到来的大反攻，迫切需要铁路钢轨作为修造军械的材料。为此，铁路沿线的抗日军民在中国共产党的领导下，结合对敌斗争，掀起了一个大搞铁路钢轨的巨浪。在这期间，王三川按照党的指示，也积极参加了大搞钢轨工作。他日夜不停地动员群众，并做好了钢轨搞到后的运输准备。但那时沪杭甬铁路的余姚段钢轨已被日军拆掉，集中放在城内的码头上（其中一部分已出售），且有日军日夜轮流把守。要把这些钢轨搞到手无异于虎口拔牙，其难度可想而知。然而，王三川胸有成竹，他早与张妙根商妥了夺取钢轨的好办法。10 月 25 日深夜，在王三川和张妙根的指挥下，由张妙根派人设宴，将看守钢轨的鬼子用酒灌醉之后，打入伪余姚保安团的地下党员立即带领受我影响的下层官兵 60 余人去搞钢轨。他们用锯把钢轨截成数段，然后扛的扛、抬的抬，统统搬到河边，装到船上。就这样，一夜之间，大批铁路钢轨就被王三川组织的海防大队用船载离码头，运往我胶东老根据地，交给了设在那里的兵工厂。

王三川的革命活动，引起了伪县长劳乃心及其亲信赵祖英、庞福岐、章志坚等人的警觉，他们把他视为心腹之患，必欲除之而后快。只是由于张妙根大权在握等原因，才不敢轻易下手。1944 年 8 月，日本特务稻垣孝调走后，劳乃心遂借省保安司令部和日本宪兵队的命令，将保安团强行改编，并自任总团长，夺了张妙根的权。此后，张妙根情绪低落，王三川则处处受到特务的监视，行动不便。王三川的妻子王友菊十分忧虑，曾多次劝他："你已经很危险了，再这样干，真的出了事怎么办，还有两个孩子呢。"王三川深情地对妻子说："我是共产党员，从入党那天起，我就把一切都交给了党。再说'国家兴亡，匹夫有责'。男儿的一腔热血应该为国抛洒，你不必多虑。"王三川对党、对抗日救国的信念是何等坚定！

1945年3月，王三川和方琼、何望若三人一起去临山联络站开会。会上，中共敌工委负责人袁啸吟向他们宣布，在伪余姚保安团成立地下工委（通称"姚保工委"），王三川任工委书记。

姚保工委是区党委敌工委直接领导的一个建立在敌营垒内部的党组织。王三川欣然接受任务，马上带领工委成员方琼、何望若分头动员姚保内地下党员，利用各种合法方式，诸如拜兄弟、拉同乡、交朋友等，以"中国人不打中国人"为口号，团结了保安团的许多下层官兵，为争取掌握全团、及早策动起义做好了准备。

4月29日，张妙根被迫携家眷离开伪余姚保安团。劳乃心为实现其杀害王三川的反革命目的，便以"提前关饷"为由，将王三川由驻地临山骗回余姚。4月30日，劳乃心在县府装出一副笑容可掬的样子，对王三川说："临山方面无人负责，明天你就回去吧！"王三川不知是计，第二天早上，他与警卫员谢海忠等三人雇船去临山。当船行至太平桥地方时，王三川、谢海忠即被劳乃心事先设伏的特务逮捕，当天在丁泗庵遇害。时间为1945年5月1日11时，王三川时年34岁。

王三川参加革命后，足迹遍及广州、南京、上海和浙江各地。为了完成党交代的任务，他舍生忘死，深入虎穴，英勇斗争。他曾三次被捕（据王三川烈士亲属及朋友回忆,王三川前后七次被捕,其他四次,因年深日久,现已无法查证）,受尽酷刑,但每次他都铁骨铮铮地屹立在敌人面前,始终没有吐露一句党的机密。王三川对党和人民耿耿忠心,将永垂史册!

（阮籍深撰写。原载《上海英烈传第九卷》）

王三川

(1911—1945)

　　王三川，又名王顺芳，化名王涅夫、王培良等。1911 年 2 月 24 日生于浦东三林乡。幼年好学上进，小学毕业后，得到他在同济大学工作的叔父资助，进同济大学附中读书。在那里，他结识了殷夫、柔石、陈元达等同志，受到他们的影响，后来成为志同道合的革命战友。1926 年秋，王三川加入中国共产党。1927 年 9 月，他考进同济大学德文补习科，因积极参加学生运动，被反动当局逮捕。后由党组织同他的祖父联系，通过关系由杜月笙担保获释。此时，王三川订婚不久，岳父顾嘉棠要求他不参加学生运动，由其资助读书，并给他花园洋房，否则解除婚约，不再来往。王三川不畏压力，毅然解除了与顾家的婚约。同时，他接受组织派遣，暂时离开上海，只身去广州，进广州电讯学校，从事学生运动。

　　1928 年秋，王三川重返上海，和殷夫、陈元达一起，三个年轻的共产党员同住一室，继续在同济大学和中国公学进行革命活动。他还发起组织"潮声社"，创办《潮声》半月刊。不久殷夫被捕，经党组织营救释放后，组织上考虑到他们的安全，指示他们转移到浙江象山活动。

　　在象山，王三川化名王涅夫，和殷夫、柔石、陈元达一起以小学教员的身份作为掩护，领导当地码头工人同反动当局斗争，向学校师生宣传革命思想，并创作排演进步剧目到街头演出。这些活动引起了国民党特务机关的注意，为此，王三川、陈元达又先后返回上海。不久后，王三川再次被捕，受到严刑拷打仍坚不吐实，后由党组织营救出狱。1930年，王三川转入上海英商公共汽车公司当售票员，在党的领导下，组织公司员工同英方资本家斗争。1931年，好友殷夫、柔石、陈元达先后牺牲，党组织被破坏，但他意志坚定，继续进行战斗。1934年6月，因叛徒出卖，他又一次被捕入狱，被关押在国民党南京军人监狱达三年之久。1937年抗战全面爆发，在党的营救和人民抗日呼声的压力下，王三川和其他政治犯获得释放。

王三川出狱后，在上海难民收容所工作。八一三淞沪抗战爆发不久，党组织派蔡辉回浦东，在奉贤县组织人民自卫团，蔡辉任团长。党派在难民所工作的20多名骨干去浦东，加强抗日斗争的力量。王三川在奉贤自卫团政训处工作，他积极动员各乡人民组织抗日武装。

1938年1月，奉贤自卫团成立抗日救国宣传团，人员有从上海难民所来的，也有当地的进步青年，如张大鹏、王雪英等，共有30多人。他们到南汇县的三墩、大团，上海县的鲁家汇，奉贤县的泰日桥、青村港等处，进行抗日宣传和文艺演出。宣传团内数王三川年纪最大，知识也最丰富。他常把《论列宁主义基础》一书带在身边阅读，一有空余时间，就给周围的同志讲抗日救国的道理，还组织同志们学习《论持久战》等革命书刊，深受大家欢迎。4至5月间宣传团解散，王三川、张大鹏等又到学校里去当教师。王三川以泰日小学为阵地，继续在群众中开展抗日救国宣传活动。8 月，王三川任南汇县抗日保卫团第四中队（简称"保卫四中"）政训员，从政治上、军事上加强了部队的领导。1938 年初冬，王三川、张培元、张大鹏等十多人再次组织业余抗日宣传团，在南汇县四团仓（今盐仓乡）西叶桥小学一带（"保卫四中"的活动区域）向群众进行抗日救国宣传教育，并到部队去教唱抗日歌曲，宣传进步思想。

1939 年 3 月 4 日，"保卫四中"队副周毛纪准备暗害中队长连柏生，然后把部队拉出去投靠国民党忠义救国军第四支队第四大队长胡镇海（周与胡是结拜兄弟）。一天，"保卫四中"住宿在四团仓西叶家祠堂内，中队长连柏生召集周毛纪、王三川、沈光中等开会，要周毛纪交清账目。当时部队经济由周毛纪掌握，周从中贪污了不少款项，因做贼心虚，就说连柏生故意与他难堪。周毛纪一把揪住连柏生的手，并以手枪逼连柏生出去。连柏生当即反抗，夺住他手中的短枪，但周毛纪已扣动扳机，子弹击中站在旁边的王义生脸部。王三川当机立断，拔出枪将周毛纪当场击毙。随后，为了安全起见，部队当夜冒着倾盆大雨转移到塘东长沟乡住宿。

经过长时间考验，王三川在党组织的关心下，于 1939 年 3 月重新参加了中国共产党。

没过多久，"保卫四中"根据四团仓一带群众的要求，又回到叶家祠堂附近，住宿在沈渭生家的更楼里。不料，突然遭到忠救军胡镇海部的三面围攻，胡镇海要为他的结拜兄弟周毛纪报仇。发现敌情后，王三川立即指挥部队奋勇还击。在全体指战员的迎头痛击下，胡镇海败退撤走。

　　事后获悉胡镇海是利用当地一个姓李的地痞监视四中的行动，以便寻机挑衅。为确保四中站稳脚跟开展活动，决定打击顽军的骚扰，由张大鹏、郁德祥等人组成临时流动队，开展锄奸反霸斗争，及时处决了那个地痞，拔掉了安插在四团仓周围的一颗钉子。5月19日中共浦东工委书记陈静，召集吴建功、连柏生、王三川等举行紧急会议，果断决定收缴忠救军许家鹏等人的枪支，并由忠救军李文元部的张席珍（中共党员）率部前来助阵。缴枪进行得很顺利，清除了"保卫四中"的一块绊脚石。6月，王三川任南汇县抗日保卫团第二大队第一中队政训员，秋季接任中队副。"抗卫二大"宿营在长沟乡一带。1940年2月，日伪军纠集兵力，企图在2月5日对长沟乡进行扫荡。大队部获悉这一情报后立即做了部署。"抗卫二大"一中队中队副王三川，派张大鹏率一个班埋伏在伪军必经的火烧桥畔，他自己率部隐蔽在侧面。战斗打响后，部队与100多名伪军进行了激战。陈静率二大队二中队前来增援，可敌军援兵也在增加。因敌众我寡，兵力悬殊，王三川下令迅速撤离战场。敌人遭到了伏击，伤亡较大，而我方伤亡很少。次年10月，王三川调任淞沪五支队四大队特派员。

　　1941年4月5日，五支队四大队在林有璋和王三川的率领下深夜突袭，一举攻入驻川沙县青墩伪上海市警察第七大队第七中队一分队驻地，俘获全部伪警察30余人，缴获日式步枪27支、短枪2支，五支队四大队无一伤亡。自缴获这批武器后，淞沪五支队决定以常备第三中队为基础扩建为五支三大队，由王三川任三大队大队长。6至7月间，王三川去浦西工作，朱亚民回浦东时把浦西工作移交给王三川。

1941年，党决定开辟浙东敌后抗日根据地。1942年，中共浙东区委成立，对敌策反工作由区党委敌伪军工作委员会领导。因余姚地区的敌伪军工作和情报工作对整个浙东的斗争具有重要意义，党决定派一部分有经验的党员隐蔽在敌人内部，根据党中央"隐蔽精干，长期埋伏，积蓄力量，以待时机"的方针，把伪军改造为抗日武装，积极配合党开展游击战争。当时，王三川受浙东区党委敌工委的指示，打入伪镇海警察大队担任大队副，做策反工作。党组织根据王三川与伪余姚县保安团（简称姚保）团长张妙根是同乡同学的关系，决定调王三川到余姚深入敌人内部，负责搜集情报，组织策反工作。王三川到余姚后，逐步取得了张妙根的信任，担任了姚保的团副。王三川还通过各种机会，向张妙根进行抗日爱国的教育，启发他的民族意识和抗日热忱，使他有了弃暗投明的思想。后来张妙根主动提出，希望与我党、我军在浙东的高层领导进行接触。1943年冬，浙东区党委敌工委书记朱人俊作为我党代表与张妙根进行了会谈，取得了积极成果。

1945年初，地下党在姚保内秘密建立了姚保工委，王三川任书记，何午初、方琼任委员。工委的主要任务是：灰色隐蔽，长期埋伏，侦察敌伪动态，搜集情报，营救我方同志，筹运物资，以配合根据地的斗争。

王三川在姚保期间做了大量工作，发挥了重要作用。他积极搜集敌伪军情况与日寇扫荡动向，为我军进行反扫荡斗争和根据地建设，提供了可靠情报。王三川通过关系，使一位党员同志打入日本特务机关联络部当密探，另一位同志当了日军的翻译官，并安排好几位同志到姚保任职，以加强对姚保的控制力量。他对敌工委派出担任政治交通的几位同志都尽力掩护，保证了这些同志的安全，并提供了工作上的方便。他还尽力营救被捕的同志。1943年冬，我余上自卫大队与敌人遭遇，战斗激烈，弹药用尽，大队长蔡葵受伤被俘，被关押在日军宪兵队里。在王三川和张妙根的巧妙掩护下，蔡葵接受治疗，并安全地回到浦东。王三川利用职务之便，为根据地购买了许多禁运物资，如布匹、药品、纸张等。浙东游击纵队迫切需要钢材，他在日伪眼皮底下搞来了铁路钢轨，锯断后再送到根据地。1943年，我党得悉驻庵东的日伪中央税警团将进驻临山一带，企图封锁海口，切断我方海上交通。王三川根据党的指示，和张妙根一起带领姚保抢先占领泗门、临山海口，保证了我方海运交通线的畅通。

王三川在姚保期间，为了灰色隐蔽的需要和工作方便，将妻子王友菊和一个小女儿也带到余姚，在余姚安下家。他的家实际成为党的联络站，许多地下党同志在他家来往，或者住在他家。他的弟弟王联芳在姚保任军需主任，弟媳陈金娟也在。王友菊和王联芳、陈金娟当时还不是党员，但都能听党的话，为党保守机密，并在王三川的领导下积极工作，完成任务。

1945年上半年，随着姚保工作的深入开展，党对部队控制逐步加强，但是王三川的真实身份也有所暴露。铁杆汉奸敌伪县长劳乃心仰仗日寇鼻息，屡次破坏我方组织，杀害革命同志，无恶不作。劳乃心与张妙根素来明争暗斗，一心要搞垮张妙根；而对王三川更是处心积虑，布置密探，设下埋伏。1945年4月，张妙根为其老母做寿，带领独立中队从庵东坐船回浦东，临行前宣布由王三川代理团务。张妙根刚走，劳乃心就打电话给王三川，要他自临山返回余姚，说有要事商量。王三川有所警惕，临走之前向组织做了汇报，但没有充分估计到劳乃心的阴谋。1945年5月1日上午，王三川带警卫员谢海忠雇一条小船，按事先约定自余姚回临山与有关同志碰头。船至太平桥时，被劳乃心预先设伏的便衣队拦住。王三川一上岸，即被枪杀；谢海忠进行抵抗，也被打死。王三川就这样为民族解放事业献出了宝贵的生命。

（《浦东新区英烈传》，浦东新区史志征集编纂室、浦东新区烈士陵园管理所编，华东理工大学出版社1994年出版）

打入敌伪心脏的勇士

——王三川烈士简传

1945 年 5 月 1 日，余姚丰北太平桥附近一阵枪声过后，一位年仅 34 岁的共产党员和他的勤务兵双双倒在血泊之中。他们为民族的解放事业，惨死在余姚县伪县长劳乃心的枪口下。烈士血洒异乡，群山为之鸣咽。这位共产党员就是长年打入敌人心脏，与魔鬼打交道的王三川同志。

一

王三川，又名王顺芳、王培良，上海浦东三林镇人，1911 年 2 月 24 日生。父亲王槐生是上海北火车站一位厚道的扳道工，母亲康氏贤淑勤劳。康氏生有四男两女，王三川排行第三。小学毕业后，他得到在同济大学工作的叔父王桂生资助，进入同济大学附中机师科读书。在那里，他结识了殷夫、柔石、陈元达等进步人士，并成了志同道合的革命战友。王三川在他们的指引下，满腔热情地走上革命道路。1926 年秋，王三川光荣地加入了中国共产党。

1927 年 9 月，王三川考入同济大学德文补习科。不久他因参加学生反"誓约书"斗争活动，被反动当局逮捕，后经党组织营救，获得自由，但已被学校开除学籍。其时，王三川刚订婚不久，岳父顾嘉棠（曾为杜月笙的管家）借故向他施加压力，提出两条路任王三川择选：一是要王三川保证从此不参加革命活动，由顾家资助求学，并提供花园洋房一幢；二是当即解除婚约、脱离关系，其后王三川的一切作为均与顾家无关。面对这种苛刻的条件和残酷的现实，王三川毅然选择了后者，解除了与顾家小姐的婚约。然后，他接受党的指派，以共产党人特有的胆略，只身奔向地疏人陌的广州，继续读书，并从事学生运动。

1928年秋，王三川返回上海，同殷夫、陈元达等在同济大学与中国公学两校积极开展革命活动。他发起组织"潮声社"，创办《潮声》半月刊，为宣传革命舆论奔走呼号。殷夫在革命活动中遭逮捕，经营救获释后，党组织考虑到他们的安全，指示他们转移到浙江象山进行隐蔽斗争。

在象山，王三川化名王涅夫，和殷夫、柔石、陈元达一起以小学教员的身份作为掩护，领导当地码头工人同反动当局展开斗争，并组织学生上街演出，宣传革命道理，以唤醒广大民众。不久，他们的行动又被国民党特务机关所注目。次年，根据党的指示，王三川偕陈元达离开象山，返回上海。

在进行革命活动的过程中，王三川曾数次被国民党拘捕和关押，遭受过严刑拷打，受尽折磨，但这些都没有动摇他的革命意志。他曾经对难友说："反动派残暴无人性，却更加深了我对他们的仇恨。革命要成功，就一定要唤醒民众共同斗争。"

1934年，由于叛徒出卖，王三川第三次被捕入狱，被羁押在国民党南京军人监狱达3年之久。直至1937年，抗战全面爆发后，在中国共产党和全国人民要求一致抗日的正义呼声下，王三川才与其他政治犯一起被释放出狱。

面对新的国内形势变化和民族危亡的关键时刻，1938 年 1 月，王三川又义无反顾地投入如火如荼的抗日救亡活动。他先在浦东南汇等地着手创建地下抗日武装；同年夏秋之交，组织上为了从政治上、军事上加强对"保卫四中"这支部队的领导，调王三川任该部政训员。

在"保卫四中"，王三川以他出色的组织才能领导抗日军民，果断击毙了企图拉出队伍叛投"忠救军"的民族败类周毛纪，并指挥战士们冲破"忠救军"的三面包围，击退敌人，转危为安。1940 年 2 月，在反击日军对长沟乡的大扫荡中，王三川采用声东击西的战术与敌周旋，待机出击，迫使 2000 余名日伪军走投无路，节节败退。王三川他们以极小的代价，取得了反扫荡斗争的重大胜利，赢得了广大军民的信赖和尊敬。

1941 年 4 月，随着抗日形势不断发展，党组织决定扩大抗日武装，把南汇县抗日武装扩编为"淞沪支队第三大队"，委派王三川为大队长。同年 5 月，根据华中局的指示，王三川随同"淞沪三大"开赴浙东，接受新的任务。到浙东后，王三川受浙东敌工委指示，埋伏在镇海警察大队任大队副。1942 年秋冬，党组织根据王三川与当时伪余姚县保安团团长张妙根是同乡、同学的有利条件，决定调王三川到余姚深入敌人心脏，负责搜集情报、组织策反等工作。

伪余姚保安团长张妙根到余姚任职后，与汉奸县长劳乃心积怨较深，亟谋扩充势力，整编部队，与劳乃心抗衡，但苦于缺少得力的助手。因此，王三川的到来，对他来说真可谓"雪中送炭"，令他大喜过望。张妙根便竭力向日本驻姚特务机关长稻垣孝推荐

王三川，稻垣孝则为推行"以华制华"的战略急需"人才"，于是爽快答应了张妙根的请求，委任王三川为伪余姚保安团团副。

二

王三川打入"姚保"后，负责筹编团部。他利用这一特殊职权，在取得张妙根的信任之后，陆续将部分中共党员和地下工作者安插在"姚保"和敌特组织内部。之后，党在姚保内秘密建立了姚保工委，王三川担任工委书记。

王三川为人正直，待人和气，深得下属官兵和姚城各界人士的信任。同时，他利用经常出入敌伪组织的机会，与其他同志一道机智勇敢地进行搜集情报工作，并不断地传递给敌后根据地党组织。

一次，王三川通过打入驻姚日军机关任翻译的葛兴同志得悉一个紧急情报：日伪军将于近期配合国民党顽固派部队向我四明山根据地扫荡。此事关系到根据地军民的安危，刻不容缓，王三川当即派敌工委同志连夜将情报送上四明山。区党委、新四军浙东纵队司令部迅速调兵遣将，避实击虚，胜利粉碎了敌伪的扫荡，使新四军浙东纵队在不利的形势下转危为安。

在此期间，地下党同志因工作需要经常出入于日伪据点，但没有通行证，不少同志在敌占区寸步难行。王三川通过各界人士的关系，搞到数张通行证后，派人秘密送到敌工委。此后，地下党同志和交通员能够自由出入敌据点，给党的工作带来极大的方便。

王三川设在姚城的家即是党的联络站，许多地下党同志在他家里常来常往，分别以"表兄弟"和"家属姐妹"身份作为掩护。

如地下党员洪舒江和方琼，就在他家里立足长达1年多时间，因有王三川的掩护，从未露出破绽。王三川还通过与日伪人员建立私交做策反工作，经常出入他家的有日伪大队长、中队长和日寇特务机关余姚联络部的联络官田中等人。王三川和张妙根同住在姚城宜春堂墙门里，他利用自己与张妙根同乡、同学的关系，经常引导和启发张妙根。为了争取张妙根，敌工委书记朱人俊和方晓同志曾先后于1943年、1944年两次与他恳谈。经过工作，张妙根开始向浙东纵队靠拢，并配合浙东纵队做了一些有益于民族和国家的事。

铁杆汉奸县长劳乃心，仗仰日寇鼻息，屡次破坏我党组织，杀害革命同志，无恶不作。老百姓对他恨之入骨，背后称之为"扫帚星"，并编成顺口溜："天上有颗扫帚星，地上有个劳乃心。"党组织决定为民除害，把这一艰巨任务交由王三川去完成。一天，王三川身藏一枚从国民党军队缴获的英制烈性手榴弹，到劳乃心住处，乘室内无人的间隙，把炸弹挂在劳乃心经常出入的书房门把手上。只要劳乃心一推门，这个汉奸必死无疑。但事有凑巧，这天劳乃心正好从隔壁另一门走进书房，发现了门上的手榴弹，吓得哇哇叫，赶紧招来宪兵把手榴弹拆除。这件事虽然给劳乃心及日伪军头目以极大的震惊，但也暴露了我方的军情。从此，敌伪军更加提高了警觉。

伪余姚保安团内，人物背景复杂，官员明争暗斗，矛盾百出。王三川利用他们之间的钩心斗角，多次出色地完成了党交给的任务，为浙东抗战做出了重大的贡献。1943年，党组织获悉，驻庵东日伪军"中央税警团"将进驻临山一带，企图封锁海口，切断我方海上交通。王三川根据党的指示,和张妙根一起带领伪"姚保"先行抢占海门、临山海口驻防,保证了我方海运交通的畅通。当时,劳乃心要张妙根将"姚保"部队移驻周行、低塘等地,让出海口给伪"中警团"驻防,而张妙根不服从其调遣。劳、张矛盾因此激化,劳乃心还向日本宪兵队告状,指控张妙根率部逃跑。

同年冬,驻庵东伪"中警团"在长河市一带扫荡,新四军浙东纵队原三纵队大队长蔡葵在战斗中腿部重伤被俘。他抱定牺牲的决心,拒绝治疗。党组织得悉后决定派人说服蔡葵接受治疗,以便组织营救。由于敌人对蔡葵所在病房严密监视,门口派有专人把守,不准任何人接近,党组织又把这项任务交给王三川完成。王三川接受任务后,利用关系避开敌人耳目,安排洪舒江等两人以探望另一病人为由,潜入蔡葵病房,向蔡葵转达了党组织的意见,使蔡葵重振信心,接受治疗。伤愈后,蔡葵又在王三川和张妙根的掩护下脱离虎口。

随着新四军浙东纵队的发展壮大和浙东抗战事业的迅速发展,新四军浙东纵队后勤部迫切需要钢铁等原材料。而日本鬼子将杭甬铁路拆改为公路后,将钢轨集中在余姚船码头。浙东纵队要把这批钢轨弄到手,不啻是一次虎口夺食。王三川深知其中危险,便精心策划,巧做安排。他通过张妙根,派人设酒宴与看守钢轨的日兵畅饮,等日兵酒醉酣睡之后,顺利地将钢轨偷运出来,并及时转运到四明山根据地,解决了浙东根据地兵工厂的缺料困难。

王三川战斗在敌人心脏,日夜与魔鬼打交道,为革命事业忍辱负重,奔波忙碌。虽然王三川的行动十分隐秘,但狡猾的敌人还是从张妙根的态度变化,王三川秘密采办西药、白报纸等"违禁品"，劳乃心书房发现手榴弹等一系列事件中，引发怀疑，对他严加防范。

1944年，劳乃心乘日军机关长稻垣孝调离之机，借伪省保安司令部及日本宪兵队的名义，将"姚保"改编，夺了张妙根的权，自任团长，张妙根、王三川任团副，以削弱张、王在伪"姚保"的权力。

1945年春，日伪机关内气氛十分紧张，劳乃心及其心腹频繁碰头。我姚保工委此时也在商量对策，准备里应外合，消灭敌人，然后将队伍带上四明山。上级约王三川于5月1日到临山开会，研究起义之事。然而，没想到这着棋迟走了一步，老奸巨猾的汉奸劳乃心已经处心积虑地布置了密探，并设下埋伏。

5月1日上午，王三川带勤务员谢海忠按约定时间乘船去临山。船至太平桥时，劳乃心预先设伏的便衣队便喝令停船检查。王三川和谢海忠刚上岸，即被绑架。敌人将他们强行带到附近的庵屋后面，不容分说便把他们残酷杀害了。伟大的抗战烈士王三川，就这样为民族的解放事业献出了一腔热血。

（中共余姚市委党史研究室张杰撰写。《甬江风云——纪念抗日战争胜利50周年》，宁波市暨各县（市、区）政协文史资料委员会合编，1995年6月出版）

智勇救战友

1944年冬的一天，朔风卷起一阵阵灰砂，光秃秃的树枝在寒风中瑟瑟发抖。余姚惠爱医院突然开来一队荷枪实弹的日伪军，瞬间医院内外三步一岗、五步一哨，一个个杀气腾腾、凶神恶煞似的。过路的、求医的人见状，纷纷避让。一时间，日伪军官兵的训斥声、小孩的哭叫声，以及杂乱的脚步声混杂在一起，弥散着一股难以名状的喧嚣与不安。阴沉的天空，恐怖的气氛，令人惊恐不已。

原来，这里刚刚发生了一件重大事情：负伤被俘在惠爱医院治疗的新四军三五支队的蔡葵大队长，在日伪军便衣特务严密监视下，竟神不知鬼不觉地不知去向。

十几天前，我新四军三五支队一部，在姚北长河市与日寇打了一仗，打死打伤不少日本侵略军和汉奸伪军，但是三五支队的大队长蔡葵在战斗中不幸腿部负伤，昏迷中被敌俘去。敌人如获至宝，为了从蔡大队长口中了解我抗日游击队主力的底细，特地将过度失血、生命垂危的蔡葵送进惠爱医院抢救，盘算着待他伤势初愈后再加审问。

蔡葵大队长虽身负重伤，可神志十分清醒，他身在病床心里惦念着部队。他知道，这次落入虎口，必定是九死一生。他已抱定牺牲自己、保护革命利益的决心，决意拒绝治疗。医护人员大多数也有爱国之心，他们知道蔡葵是抗日游击队大队长，千方百计给他医治。无奈蔡队长主意已定，九头牯牛也拖不回他拒绝治疗的决心。

消息传到游击队，同志们都为蔡大队长陷入敌手而担忧，也为他拒绝治疗、准备牺牲的精神而感动。党组织研究后决定，一定要通过有效途径说服蔡葵同志接受治疗，争取伤愈后归队。同志们都了解蔡葵，只要是组织上决定的事，他一定会照办。但是，敌人对医院监视很严，不仅有便衣特务混入医院暗中监视，在蔡葵病房门口也有伪军昼夜站岗，因而即使进得了医院，也难进蔡葵的病房！

党组织经再三考虑，决定将营救蔡葵的任务，交给已秘密打入伪军余姚保安团任副团长的王培良（即王三川）同志去完成。

王培良同志是大革命时期入党的老同志，对敌斗争很有经验，有保安团团副这个特殊身份，而且周围还有一些自己的同志，完成这项任务的条件和把握相对较大一些。

第二天，两位年约30岁的男子来到惠爱医院住院部，守候在一角监视病房的伪军幽灵般闪出来，恶狠狠地喝问："干什么的，找谁？"

来人之一镇定地回答："老百姓，探望病人。"另一人连忙递上一支烟，边擦火柴边说："我表弟住院了，我们兄弟来看望他。"接着告诉了病人的姓名。原来，王培良经过了解，得知蔡葵的病房内还有另外一个住院病人，并查明了该病人的姓名、住址及详细情况。于是，他派洪舒江、顾洪福两位同志假借探望另一病人为名，伺机向蔡葵传达组织的决定。

伪军见问不出什么，贼眼一转又出花样，说要检查所带东西，洪、顾二人坦然地打开包袱。伪军像黄狗似的这里扒扒、那里闻闻，见只有几包点心茶食，也无心细看，不耐烦地挥挥手说："去，去，去！"然后在一边贪婪地吸起烟来。

洪舒江、顾洪福急忙走进病房，随手把小包袱塞到左边病床下，询问起躺在床上的病人："你好点了吗？"这个病人丈二和尚摸不着头脑，眼睛睁得老大，心里怎么也想不起来人是哪门子亲戚。他刚想起身开口，洪舒江急忙将他按住，并向对面床上的蔡葵点头示意，说："你妈要我来看看你，她知道你在医院心里不是滋味，东西也吃得少，就托我对你说，希望你安心养病，早日回家。另外，家里人都好，你也不要太惦念。"一边说，一边还朝对面床上的蔡葵眨眨眼、点点头，意思是："你不用惊愕，也不要搭腔，就这么安心地躺着。"

对面病床上的蔡葵从一有人进病房就十分留神，听了来人的话语他心里已明白了，这是组织上派来的同志，也完全领会了洪舒江话里的含义。一时间，他悲喜交集，禁不住热泪盈眶。但在这样的情况下，为了安全无法开口搭腔，于是他默默地点点头，眼神里流露出感激和热烈的光芒。[44]洪舒江、顾洪福见任务已经完成，就起身告辞了。门口的那只"黄狗"，依然瞪着凶光毕露的贼眼，注视着来来往往的人群，而对病房内的一幕却毫无觉察。

此后，蔡葵一反常态，不但积极地配合治疗，胃口也特别地好起来，不多久伤口就明显地愈合了，医务人员也松了一口气。

这几天，王培良则在反复考虑营救蔡葵同志的计划。他身为

---

(44) 蔡葵在浙东抗日根据地熟悉洪舒江和顾洪福。

保安团副团长，对敌伪军的阴谋了如指掌，知道蔡葵在医院多待一天，就多一分危险。为了营救同志，他可以不惜牺牲自己，但组织上又不允许他这样做。因为党组织少不了像他这样深入虎穴的同志啊！

这天，王培良得知保安团团长张妙根病了，不由得惊喜万分。原来，他已制订了一个周全的营救方案，只是"万事俱备，独缺东风"，想不出一个去医院的理由。如今假借陪伴张妙根到医院治病为掩护，岂非是一个极好的机会。

于是，王培良关切地说服张妙根团长到医院去看病，又亲自陪同前往。他事先安排好化了装的我党同志，也扮成去医院治病或去看望病人的模样，三三两两地随着人群混入医院。在病房门口站岗的伪军士兵见来了团长、团副，哪敢怠慢，恭恭敬敬地立正敬礼，生怕拍不上马屁。王培良见机行事，一会儿故意派那站岗的伪兵去为团长配药，一会儿又要他去为团长泡茶，同时暗示同志们伺机把蔡大队长救出去。同志们早有准备，见伪军一离开，便迅疾将蔡大队长接应出来，避开监视的便衣特务，从后门离开了医院。就这样，蔡大队长脱离了虎口。

过了好久，站岗的伪军士兵才发现蔡葵的病床空了，急出了一身冷汗，他不敢隐瞒，赶紧向团长、副团长报告。王培良闻报，心中暗喜，一块石头落了地，他一面装出满脸怒容地对看守伪军士兵训斥："怎么连一个受伤的人也看不住，真是废物！"一面又故作同情地说，"这件事非同小可，要是让稻垣孝机关长（日本侵略军驻余姚的头目）知道了，非要你的小命不可。我们都是中国人，我也不想为难你，你还年轻，趁现在还无人知晓，你速速离开此地，逃命去吧!"这个伪军士兵一听,感激非常,认定是王团副救了他的命,就扑通一声跪倒在地,向王副团长叩了个头,泪流满面地说:"谢王团副救命之恩,小的没齿不忘。"一手接过王培良递给他的几张钞票,当下脱了军装逃命去了。

不久,蔡葵失踪的消息就传到驻姚日寇特务机关长稻垣孝耳里,他大发雷霆,下令全城戒严,同时派兵到医院搜查。但这已是徒劳,蔡葵已如出笼之鸟,早飞回部队了。

(中共余姚市委党史研究室张杰撰写。原载《丹山赤水——余姚革命故事选》,余姚市关心下一代工作委员会、余姚市新四军研究会、中共余姚市委党史研究室、余姚市教育委员会编,中国广播电视出版社1993年1月出版;后载《四明颂——余姚红色故事集》,中共余姚市委主编,中国文化出版社2018年5月出版)

智运钢轨上四明

——王三川烈士的故事

王三川（1911—1945），又名王培良，上海浦东三林镇人。1926 年加入中国共产党[45]，曾任中队政训员、大队长，中共余姚县保安团工委书记等职。1945 年 5 月 1 日惨遭汉奸杀害。

随着浙东抗日根据地的日益巩固和武装斗争的迅猛发展，根据地军需物资供应不足，成了亟待解决的重大问题。除了西药、白报纸等紧缺物品外，钢材的需求矛盾尤为突出。部队需要装备，枪械需要维修，弹药急需供应，这些都需要大量钢材。但是，这些物品早已被日伪军列为违禁品，严禁运往根据地。因此，即使能办到这些紧缺物资，要安全运抵四明山，也是一个大问题。新四军浙东游击纵队司令部权衡再三，决定把筹办钢材这一艰巨任务，交由秘密打入余姚县保安团的王培良去完成。

王培良是一个有着 10 多年党龄的老战士，他对党忠心耿耿。多年来，他出生入死，南征北战，积累了丰富的对敌斗争经验。1942 年初冬，王培良又一次接受组织派遣，利用与保安团团长张妙根同乡、同学的关系，秘密打入余姚县保安团，担任该团副团长，周围还有一些安插在保安团的同志暗中配合。基于这层特殊关系和有利条件，组织考虑由他去完成这项任务把握相对大一些。

---

(45) 1926 年下半年，王三川在广州加入中国共产党。

　　王培良领受任务后，心里一直盘算着这件事。他派身边的同志四处探听哪里有钢材储存的消息，并以视察为名亲自到现场察看。功夫不负有心人，不久后打入日军联络部当密探的中共党员杨金标向他报告：在余姚轮船码头，日军藏有大批钢材。原来，当时日军为了控制整个浙东地区，曾将杭甬线的钢轨全部拆除，将铁路改建成简易公路，以供日军汽车通行。他们将拆下来的钢轨，都集中堆放在余姚轮船码头，并派有一个班的日军日夜轮流看管。

　　钢材虽然有了消息，要找准机会下手，还必须探明敌人的行动规律。为此，王培良又派打入日军余姚联络部任翻译官的葛兴到轮船码头实地侦察。葛兴了解到日军对这批钢材看管甚严，岗哨24小时不间断，戒备森严，但也发现一些破绽，看管钢轨的日军整天无所事事，生活单调乏味，叽里咕噜地牢骚满腹，值班上岗也无精打采。

　　万事俱备，唯缺东风。要把这批笨重的钢轨从日军的眼皮底下偷运出来，绝非一件轻而易举的事。王培良为此动足脑筋，费尽心思。他方案拟了一个又一个，但总觉得不能十拿九稳，便又一个个推倒重来。眼看日子一天天过去，还是难有下手的机会，王培良心中不免着急，表面上却又不得不时时装得泰然。

　　一天，团长张妙根邀王培良叙旧。言谈中，张妙根透露自己生日将到，有意借此机会犒劳保安团的弟兄。王培良听闻，脑海中顿时闪过一个念头，心中一阵暗喜：机会终于来了。他一面竭力支持张妙根做寿，一面献上一策：把"皇军"都请来喝寿酒，一来可改善与日军的关系，二来可借此机会反击时任日伪余姚县县长劳乃心的倾轧与排挤，可谓"一箭双雕"。王培良深知张妙根对劳乃心早已心存芥蒂，尤其对劳乃心意欲整编保安团、扩充自己的势力范围怨恨不已，故出此策。果然，张妙根经王培良如此一说顿觉有理，连称妙计，不仅一口同意王培良的建议，还全权托付他操办此事。

王培良深知要完成党交给的艰巨任务，光凭勇气和毅力是不够的，还需要智谋和大家的配合。他与秘密战线的同志一起反复商量对策，制订了一套周密的行动方案，并派地下党员组织起一支搬运队伍，一旦时机成熟，只需一个暗号即可迅速行动。

这一天，是张妙根的生日。傍晚时分，当时余姚城最负盛名的三阳饭店里里外外红灯高照，喜气洋洋。在王培良的操办下，丰盛的酒席摆开几十桌，保安团的军官自不必说，就连日军驻余姚联络部的官员及看管钢轨的一班日军也都一并请到。饭店尽是带刀挎枪的兵丁进进出出，好不热闹。一帮保安团的官兵更是豪气冲天，一会儿我向你敬酒，一会儿你向他敬酒，酒桌上吆五喝六、狼吞虎咽。可笑那些日军，刚开始还装出一本正经的样子正襟危坐，但很快就被满桌的菜肴和美酒的浓香诱惑得垂涎三尺，不待别人说请，便自行大喝大嚼起来，生怕迟了吃不到。事先，王培良已特意安排了一批酒量大的保安团军官，此时也纷纷出动，频繁地轮流向在场的日军敬酒陪饮。几个回合过去，日军再也支持不住了，一个个被灌得脸如猪肝色，眼欲喷火，武士道精神也早已抛到爪哇国，有一部分人已酩酊大醉，一会儿哭，一会儿笑，丑态百出；还有一部分人则干脆横七竖八地躺倒在餐桌底下，呼呼大睡。王培良见时机成熟，转身向守候在外面的同志打了个手势。窗外等待已久的同志们立即行动，召集起搬运队伍，快速赶到轮船码头，

背的背、扛的扛，转眼之间便把大堆钢材偷运出来，按照事先安排，藏匿在"姚保"团部的地下密室。

三阳饭店喝寿酒的日军折腾到深夜才酒足饭饱，待他们跟跟跄跄地回到驻地后，才发现大堆钢材竟不翼而飞，惊出一身冷汗。事后，日军反复追查，钢材的消息终是石沉大海，毫无音讯。这次事端是因日军官兵贪杯醉酒所致，传扬开来有失皇军脸面，日军驻余姚联络部也不敢向上级报告，只好哑巴吃黄连，把打落的牙齿往肚里咽，并对下面规定不准再谈论此事，也不准再追查此事，以免走漏风声，要承担责任。

王培良得手后不显山、不露水，依旧像往日一样泰然。等到风声过去，日本鬼子再也不查钢轨之事，他便邀来工匠和搬运队，乘着夜深人静之际将钢轨按一定尺寸截断，并按照事先计划好的路线绕过敌人的岗哨，神不知鬼不觉地送上四明山。就这样，王培良和战斗在隐蔽战线的同志们又一次虎口夺食，完成上级党组织交给的艰巨而光荣的任务，为浙东抗战事业做出特殊的贡献，得到了浙东区党委和敌工委的嘉奖。

（中共余姚市委党史研究室张杰撰写。原载《丹山赤水——余姚革命故事选 第五集》，余姚市关心下一代工作委员会、余姚市新四军研究会、中共余姚市委党史研究室、余姚市教育委员会编，2004年7月内部印刷）

投身革命二十年　血洒浙东为中华

——王三川（1911—1945）

上海浦东三林塘（今上海市浦东新区三林镇），位于浦东新区西南部，西濒黄浦江，北依川杨河，东与北蔡镇、康桥镇相邻，南与闵行区浦江镇相接。相传宋代隐士林乐耕携带妻儿来此创业，令3个儿子分别居于三处，后逐渐形成东林、中林、西林三个村庄，因此得名三林。

清代时，西塘日趋繁盛，东塘渐渐衰落。西塘曾有许多大宅，大多是五进大宅。王家在当地原是个号称"王半镇"的世家大族，人口众多。1911年2月24日，王三川出生于上海王家厍村西头的一间低矮平屋。原名王顺芳，又名涅夫、培良；曾化名陈一新、赵新民、王培良等。同胞六人，他排行老三。其父王槐生，粗通文墨，略谙英语，同情革命。早年曾在一外籍官员家中为西崽，当仆役，后又去总务处当了收发文书的小公务员。其母康小妹，三林塘人，是个精通刺绣织布，又能下田割麦插秧的劳动妇女。王三川对父母亲一直怀有很深厚的感情。

光荣入党

王三川8岁时，随全家从上海王家厍搬回浦东三林塘西街圈门故居（今西街30弄3号），进入贞固蒙学堂（今三林镇中心小学）

读书。1922 年，他初小毕业后，进入私立三林高级小学，在校三年，毕业后得到在同济大学当校工的叔父帮助，进入同济大学中学部机师科艺徒班学习，这时他刚满 15 岁。

1926 年秋，王三川加入中国共产党，因积极参加学生运动，被校方开除。1927 年，他只身去广州，进入广州电讯学校学习，积极从事学生运动，参加共青团组织。后因学校停办，王三川重返故乡上海三林，经其父安排拜见顾嘉棠先生，被招为婿。旋即他重返同济大学，考入德文补习科，和殷夫、陈元达两个年轻的共产党员同住一室，成为志同道合的革命战友。王三川在同济大学和中国公学继续进行革命活动，与殷夫、陈元达等组成党小组，他任小组长。党小组隶属闸北区第三街道支部（后改名为文化支部），书记是潘汉年，支委是阳翰笙。

在此期间，王三川等同学发起并成立进步团体潮声社，创办《潮声》半月刊，前后共刊出四期，激励当时的青年与帝国主义和国民党反动当局作斗争。

一天，王三川在回校途中被反动当局逮捕，关进宝山县公安局拘留所，后被押解到龙华淞沪警备司令部。在敌人的严刑逼供下他始终不吐实情。一个月后，地下党组织设法将他保释出狱。王三川出狱后被派在校内外继续从事青年运动。

革命征途

1928 年夏，殷夫被释放后，党组织考虑到王三川、陈元达、殷夫等人的安全，指示他们暂时转移到浙江象山。在象山，王三川化名王涅夫，和殷夫、陈元达一起以小学教员的身份作为掩护，引导当地码头工人同反动当局做斗争，并向学校师生宣传革命思想，创作进步剧目到街头演出。这些活动引起了国民党特务机关的注意，为此，王三川、陈元达又先后返回上海。王三川回到上海后，被派往虹口新宇宙书店，以店员身份从事党的地下工作。新宇宙书店位于窦乐安路（今多伦路）东横浜路 8 号，是我地下党的重要秘密联络点，王三川担任联络工作。1929 年 2 月 7 日，因有人告密，王三川再次被捕，受到严刑拷打，后经地下党多方交涉，由其父出面将他保释出狱。出狱后，王三川奉党组织指示转入上海英商公共汽车公司当售票员，在工人中开展工作，受到工人们的衷心爱戴。1929 年下半年，他被公司推选为工人代表，在党的领导下组织公司员工同英方资本家开展斗争。1931 年，殷夫、陈元达先后牺牲，党组织被破坏，但王三川仍踏着战友的血迹继续革命。1933 年，根据党的指示，王三川打入京沪铁路局（今属上海铁路局），于次年春接任书记职务。1934 年 6 月，因叛徒出卖，他又一次被捕入狱，被关押在国民党南京军人监狱达三年之久。抗战全面爆发后，在党的营救和人民抗日呼声的压力下，王三川和其他政治犯获得释放。

王三川出狱后，回到浦东三林塘老家。1937 年 7 月，他被组织派往延安，19 日抵达延安，进入鲁迅艺术学院学习。同年 10 月，王三川被安排回上海，调派在上海难民收容所工作。不久，党派在难民所工作的 20 多名骨干去浦东，以加强抗日斗争的力量。时蔡辉在奉贤县组织抗日自卫团，王三川被派在抗日自卫团政训处工作，他积极动员各乡人民加入抗日武装。

1938 年 1 月，奉贤抗日自卫团成立抗日救国宣传团，人员有从上海难民所来的，也有当地的进步青年，如张大鹏、王雪英等，共有 30 多人。他们到南汇县的三墩、大团，上海县的鲁家汇及奉贤县的泰日桥、青村港等地，做抗日宣传演出。宣传团内数王三川年纪最大，知识也最丰富。他经常把《论列宁主义基础》一书带在身边阅读，常常利用空余时间给周围同志讲解抗日救国的道理，还组织团员们学习《论持久战》等革命文章，深受大家欢迎。4 至 5 月间，宣传团解散，王三川、张大鹏等又到学校当教师。王三川以泰日小学为阵地，继续在群众中开展抗日救国宣传活动。8 月，王三川任南汇县抗日保卫团第四中队（以下简称"保卫四中"）政训员。1938 年初冬，王三川、张培元、张大鹏等十多人，再次组织业余抗日宣传团，在南汇县四团仓（今盐仓乡）西叶桥小学一带（"保卫四中"的活动区域）向群众进行抗日救国宣传，并到部队去教唱抗日歌曲。

1939 年 3 月 4 日，"保卫四中"中队副周毛纪准备暗害中队长连柏生，然后把部队拉出去投靠国民党忠义救国军。一天，"保卫四中"住宿在四团仓叶家祠堂，中队长连柏生召集周毛纪、王三川、沈光中等开会，要周毛纪交清账目。当时部队经济由周毛纪掌握，周毛纪从中贪污了不少款项，因做贼心虚，说是连柏生故意给他难堪。恼羞成怒之际，周毛纪一把揪住连柏生的手，并以手枪逼连柏生出去。连柏生当即反抗，夺他手中的短枪，但周毛纪已扣动扳机，子弹击中站在旁边的王义生脸部。王三川当机立断，拔枪将周毛纪击毙。随后，考虑到部队安全，"保卫四中"冒着暴雨连夜撤离四团仓。

一个多月后，"保卫四中"根据四团仓一带群众的要求，又转回到叶家祠堂附近，住宿在沈渭生家的更楼里。某天，"保卫四中"突然遭到忠义救国军胡镇海部三面围攻，胡镇海扬言要为他的结拜兄弟周毛纪复仇。发现敌情后，王三川立即指挥部队奋勇还击。在全体指战员迎头痛击下，胡镇海部败退撤走。事后获悉胡镇海是利用当地一个姓李的地痞监视"保卫四中"的行动，以便寻机挑衅。为确保"保卫四中"站稳脚跟开展活动，组织决定由张大鹏、郁德祥等人组成临时流动队，开展锄奸斗争，及时处决了姓李地痞，拔掉了敌人安插在四团仓周围的一颗钉子。5 月 19 日，中共浦东工委书记陈静，召集吴建功、连柏生、王三川等召开紧急会议，果断决定收缴忠义救国军许家鹏等人的枪支，并由忠义救国军李文元部的张席珍（中共党员）率部前来助阵。缴枪进行得很顺利，清除了"保卫四中"的一块绊脚石。6 月，"保卫四中"扩编为南汇县抗日自卫总团第二大队（以下简称"抗卫二大"），宿营在长沟乡一带。王三川任南汇县抗日保卫团第二大队第一中队政训员，秋季接任中队副。1940 年 2 月 5 日，日伪军纠集兵力，企图对长沟乡进行扫荡。大队部获悉这一情报后，立即做了部署。"抗卫二大"一中队中队副王三川派张大鹏率一个班，埋伏在伪军必经的火烧桥畔，他自己率部隐蔽在侧面。战斗打响后，部队与 100 多名伪军进行了激战。后陈静率二大队二中队前来增援，可是敌军的援兵也在增加。因敌众我寡，兵力悬殊，王三川下令迅速撤离战场。敌人遭到了伏击伤亡较大，而我方伤亡很少。1941 年 4 月 5 日，淞沪游击队第五支队四大队在林有璋和王三川的率领下深夜突袭，一举攻入驻川沙县青墩伪上海市警察第七大队第七中队一分队驻地，俘获全部伪警察 30 余人，缴获日式步枪 27 支、短枪 2 支，淞沪游击队第五支队四大队无一伤亡。自缴获这批武器后，淞沪游击队第五支队决定以常备第三中队为基础，扩建为五支队第三大队，王三川任大队长。6 至 7 月间，王三川去浦西工作，五支队支队长朱亚民回浦东时把浦西工作移交给王三川。

打入敌营

1941 年春，根据华中局决定，淞沪游击队第五支队开始南渡浙东，开辟三北抗日民主根据地。1942 年，中共浙东区委成立，对敌策反工作由区党委敌伪军工作委员会领导。根据浙东区党委敌工委的指示，王三川打入伪镇海警察大队担任大队副，做策反工作。党组织根据王三川与伪余姚县保安团（以下简称"姚保"）团长张妙根是同乡、同学的关系，决定调王三川到余姚深入敌人内部，负责搜集情报、组织策反工作。王三川到余姚后，逐步取得了张妙根的信任，他化名王培良担任"姚保"团副。王三川通过各种机会向张妙根进行抗日爱国的教育，启发他的民族意识和抗日热忱，使他有了弃暗投明的思想。后来张妙根主动提出，希望与我党我军在浙东的高层领导进行接触。1943 年冬，浙东区党委敌工委书记朱人俊作为我党代表与张妙根进行了会谈，取得了积极成果。

王三川在"姚保"期间，为我党做了大量工作，发挥了重要作用。他积极搜集敌伪军情况、日寇扫荡动向，为我军进行反扫荡斗争和根据地建设提供了可靠情报。他通过关系帮助通晓日语的共产党员倪兆雷和杨金标打入日本特务机关，担任翻译和密探，进行反情报、反侦查活动。另外，他安插了好几位我方人员到"姚保"任职，以加强对"姚保"的控制力量；他对敌工委派出担任政治交通的几位同志也都尽力掩护，保证了这些同志的安全，并提供了工作上的方便。王三川还利用自己的身份，尽力营救我方被捕同志，并多次前往上海、宁波等地为根据地购买许多日伪统治所禁的物资，如布匹、药品、纸张等。浙东游击纵队迫切需要钢材。在"姚保"团部，他在日伪军眼皮底下偷运出铁路钢轨，锯断后再送到根据地。1943年，我党得悉驻庵东日伪中央税警团将进驻临山一带，企图封锁出海口，切断我方海上交通。王三川根据党的指示，和张妙根一起带领"姚保"抢先占领泗门、临山海口，保证了我方海运交通线的畅通。

王三川在"姚保"期间，为了灰色隐蔽的需要和工作的方便，将妻子王友菊和一个女儿带到余姚，在余姚安下家。他的家实际成为党的联络站，许多地下党同志在他家来往，或住在他家。他的弟弟王联芳在"姚保"任军需主任，弟媳陈金娟也在"姚保"供职。他们当时还不是共产党员，但都能听党的话，为党保守机密，并在王三川的领导下积极工作、完成任务。1945年初，地下党在"姚保"秘密建立工委，王三川任书记，何午初、方琼任委员。工委的主要任务是侦察敌伪动态，搜集情报，营救我方同志，筹运物资，以配合根据地的斗争。

不幸牺牲

1945年上半年，随着"姚保"工作的深入开展，党对部队控制逐步加强，但是王三川的身份也有所暴露。敌伪县长劳乃心是个彻头彻尾的汉奸，他仰仗日寇鼻息，屡次破坏我方组织，杀害革命人士，无恶不作。劳乃心与张妙根素来明争暗斗，他一心要搞垮张妙根，更是处心积虑对王三川布置密探，设下埋伏。1945年 4 月，张妙根为其母亲做寿，带领独立中队从庵东坐船回浦东，临行前宣布由王三川代理团务。张妙根刚走，劳乃心就打电话给王三川，要他自临山返回余姚，说有要事商量。王三川有所防范，临走之前向组织做了汇报，但没有充分认识到劳乃心的阴谋诡计。1945 年 5 月 1 日上午，王三川带警卫员谢海忠雇一条小船，按事先约定自余姚回临山。船至太平桥时，王三川、谢海忠即被劳乃心预先设伏的特务逮捕，当天在丁泗庵遇害。

王三川为民族解放事业献出了宝贵生命，时年 34 岁。新中国成立后，烈士灵柩自宁波四明公所移葬于余姚胜归山烈士陵园。

（张叶撰写。原载《浦东英烈》第二辑，抗日战争时期；浦东英烈编写组编，2015 年 3 月由上海人民出版社出版）

坚持在敌后抗日斗争的王三川

王三川，又名王顺芳，化名王涅夫、王培良。1911 年 2 月 24 日生于浦东三林乡，幼年的他好学上进，小学毕业后，得到他在同济大学工作的叔父资助，进入同济大学附中读书。在那里，他结识了殷夫、柔石、陈元达等同志，并受到他们的影响，后来成为志同道合的革命战友。1926 年秋，王三川加入中国共产党。1927 年 9 月，他考进同济大学德文补习科，因积极参加学生运动，被反动当局逮捕，后党组织同他的祖父联系，通过关系由杜月笙担保被释放。此时，王三川订婚不久，岳父顾嘉棠要求他不再参加学生运动，由顾资助读书，并给他花园洋房，否则就解除婚约，不再来往。王三川不畏压力，毅然解除了与顾家的婚约。

1928 年秋，王三川与殷夫、陈元达在同济大学和中国公学进行革命活动，他发起并成立"潮声社"，创办《潮声》半月刊。殷夫被捕释放后，党组织考虑到他们的安全，指示他们转移到浙江象山活动。

在象山，王三川化名王涅夫、殷夫、柔石、陈元达一起以小学教员的身份作为掩护，领导当地码头工人同反动当局斗争，并向学校师生宣传革命思想，创作排演进步剧目到街头演出。不久，王三川再次被捕，受到严刑拷打，后由党组织营救出狱。1930 年，王三川转入上海英商公共汽车公司当售票员，在党的领导下，组织公司员工同英方资本家做斗争。1931年，好友殷夫、柔石、陈元达先后牺牲，党组织被破坏，但他意志坚定，继续进行战斗。1934年6月，因叛徒出卖，他又一次被捕入狱，被押在国民党南京军人监狱达三年之久。1937年抗战全面爆发，在党的营救和人民抗日呼声的压力下，王三川和其他政治犯获得释放。

王三川出狱后，在上海难民收容所工作。八一三淞沪抗战爆发不久，王三川到奉贤自卫团政训处工作，他积极动员各乡人民组织抗日武装。1938年8月，王三川任南汇县抗日保卫团第四中队（简称"保卫四中"）政训员，从政治上、军事上加强了部队的领导。1938年初冬，王三川、张培元、张大鹏等十多人再次组织业余抗日宣传团，在南汇县四团仓（今盐仓乡）西叶桥小学一带（"保卫四中"的活动区域）向群众进行抗日救国宣传教育，还到部队去教唱抗日歌曲、宣传进步思想。

1939年3月4日，"保卫四中"中队副周毛纪准备暗害中队长连柏生，然后把部队拉出去投靠国民党忠义救国军第四支队第四大队长胡镇海（周与胡是结拜兄弟）。一天，"保卫四中"住宿在四团仓西叶家祠堂内，中队长连柏生召集周毛纪、王三川、沈光中等开会，要周交清账目。当时部队经济由周毛纪掌握，周从中贪污了不少款项，因做贼心虚，就说连柏生故意给他难堪。周毛纪一把抓住连柏生的手，并以手枪逼连柏生出去。连柏生当即反击，抢夺他手中的短枪，但周毛纪已扣动扳机，子弹击中站在旁边王义生的脸部。王三川当机立断，拔出手枪将周毛纪当场击毙。当夜，部队冒着倾盆大雨转移到塘东长沟乡住宿。

经过长时间考验，王三川在党组织的关心下，于1939年3月重新加入中国共产党。

时隔不久,"保卫四中"突然遭到忠救军胡镇海部的三面围攻,胡镇海叫嚣要为他的结拜兄弟周毛纪报仇,发现敌情后,王三川立即指挥部队奋勇还击。在全体指战员的迎头痛击下,胡镇海败退撤走。

事后,获悉胡镇海是利用当地一个姓李的地痞监视"四中"的行动,以便寻机挑衅。为确保"四中"站稳脚跟开展活动,上级决定打击顽军骚扰,由张大鹏、郁德祥等组成临时流动队,开展除奸反霸斗争,及时处决了姓李的那个坏蛋,拔掉了安插在四团仓周围的一颗钉子。6月,王三川任南汇县抗日保卫团第二大队第一中队政训员,秋季接任中队副,"抗卫二大"宿营在长沟乡一带。1940年2月初,日伪军纠集兵力,企图在2月5日对长沟乡进行扫荡。大队部获悉这一情报后,立即做了部署。中队副王三川派张大鹏率一个班,埋伏在伪军必经的火烧桥畔,他自己率部隐蔽在侧面。战斗打响,部队与100多名伪军进行了激战。陈静率二大队二中队前来增援,可是敌军的援兵也在增如。因敌众我寡,兵力悬殊,王三川下令迅速撤离战场。敌人遭到了伏击伤亡较大,而我方伤亡很少。次年10月,王三川调任淞沪五支队四大队特派员。

1941年4月5日,五支队四大队在林有璋和王三川的率领下,深夜突袭,一举攻入川沙县青墩——伪上海市警察第七大队第七中队一分队的驻地。俘获全部伪警察30余人,缴获日式步枪27支,短枪2支,五支队四大队无一伤亡。自缴获这批武器后,淞沪五支队决定以常备第三中队为基础扩建为五支三大队,由王三川任三大队大队长。6至7月间,王三川去浦西工作。

1941年，党决定开辟浙东敌后抗日根据地，决定派一部分有经验的党员隐蔽在敌人内部。王三川受浙东区党委敌工委的指示，打入伪镇海警察大队担任大队副，做策反工作。不久，党组织根据王三川与伪余姚县保安团（简称"姚保"）团长张妙根同乡、同学的关系，决定调王三川到余姚深入敌人内部，负责搜集情报、组织策反工作。王三川到余姚后，逐步取得了张妙根的信任，担任了"姚保"的团副。王三川通过各种机会，向张妙根进行抗日爱国的教育，启发他的民族意识和抗日热忱，使他有了弃暗投明的思想。后来张妙根主动提出，希望与我党、我军在浙东的高层领导进行接触。1943年冬，浙东区党委敌工委书记朱人俊作为我党代表与张妙根进行了会谈，取得了积极成果。

王三川在"姚保"期间，为我党做了大量工作，发挥了重要作用。他积极搜集敌伪军情况、日寇扫荡动向，为我军进行反扫荡斗争和根据地建设提供了可靠情报。他还尽力营救被捕同志。1943年冬，我余上自卫大队与敌人遭遇，战斗激烈，弹药用尽，大队长蔡葵受伤被俘，关押在日军宪兵队里。后来，在王三川和张妙根的巧妙掩护下，蔡葵接受治疗，并安全地回到浦东。王三川为根据地购买许多禁运物资，如布匹、药品、纸张等。浙东游击纵队迫切需要钢材，在"姚保"团部，他在日伪军眼皮底下搞来了铁路钢轨，锯断后再送到根据地。1943年，我党得悉驻庵东的日伪中央税警团将进驻临山一带，企图封锁海口，切断我方海上交通。王三川根据党的指示，和张妙根一起，带领"姚保"抢先占领泗门、临山海口，保证了我方海运交通线的畅通。

1945年上半年，随着"姚保"工作的深入开展，党对部队控制逐步加强，但是王三川的真实身份也有所暴露。铁杆汉奸敌伪县长劳乃心，仰仗日寇鼻息，屡次破坏我方组织，杀害革命人士，无恶不作。劳乃心与张妙根素来明争暗斗，他一心要搞垮张；而对王三川更是处心积虑，布置密探，设下埋伏。1945 年 4 月，张妙根为其老母做寿，带领独立中队从庵东坐船回浦东，临行前宣布由王三川代理团务。当天，劳乃心打电话给王三川，要他自临山返回余姚，说有要事商量。王三川有所防范，临走之前向组织做了汇报，但没有充分估计劳的阴谋，1945 年 5 月 1 日上午，王三川带警卫员谢海忠雇一条小船，按事先约定自余姚回临山。船至太平桥时，被劳乃心预先设伏的便衣队拦住。王三川一上岸，即被枪杀；谢海忠进行抵抗，也被打死。王三川就这样为民族解放事业献出了宝贵生命。

（浦东新区英烈传编写组编写。《浦东文史——纪念抗日战争全面爆发 70 周年专辑》2007 年第三期）

烈士王培良的革命往事

直到 23 岁时，王希明才在余姚革命烈士陵园第一次"见到"父亲王培良——荒草萋萋的孤坟和爬满了青苔的墓碑。这是他离乡 20 多年后第一次回宁波。

父亲王培良牺牲的那一年，王希明只有 1 岁多，姐姐也尚年幼，弟弟刚出生 2 个月，一家人从此骨肉分离。

王希明被叔父带到上海，由叔叔婶婶抚养成人。王希明知道自己是烈士后代，但对父亲的印象非常模糊。直到那一天，他回到家乡，看到父亲的墓碑和纪念馆里的文字，才第一次感受到强烈的震撼。

70 年前的 5 月 1 日，王培良在余姚畈周村附近的太平桥牺牲。2015 年 4 月 28 日，纪念王培良烈士为国牺牲 70 周年座谈会在上海浦东新区举行，以前那些支离破碎的印象在王希明脑海里开始变得完整和清晰起来。

屡次被捕

儿时的王希明对父亲王培良没什么印象，直到新中国成立后，他在上学读书，才从叔叔、婶婶口中得知父亲的一些点滴。

王希明老人现住鄞州东湖花园。他的少年时代是在上海虹口叔父家度过的。

在儿时的记忆里，王希明不知道父母去了哪里。他曾问过将他养大的叔父、婶婶，但他们闭口不言。那时候，叔叔、婶婶经营着一家皮鞋店，维持一家人的生活。

直到新中国成立后，他上学读书时，才从叔叔、婶婶口中得知父亲的一些往事。

父亲王培良，1911 年出生于浦东三林乡。祖上曾是当地的大户人家，到了父亲和叔叔这一辈，家道开始中落。爷爷王槐生在火车站做扳道工，祖母在家操持家务，生活简单朴素。

王希明上学的时候，叔父常拿父亲幼时之事勉励他：小时候王培良虽然也贪玩，但书读得很好，14 岁就考入同济大学附中，结识了殷夫、陈元达等同学，其进步思想就是在那时萌芽的，后来又考进同济大学。

王希明家里收藏着一份 1927 年的上海《申报》复印件。这是他们从上海市档案馆复印来的，上面有当年同济大学的录取名单，不过当时的名字是王顺芳，王培良是后来的化名。因为革命的需要，王培良这辈子使用过的名字有五六个。

同当年很多进步青年一样，王培良因参与和组织学生运动被反动当局逮捕。后家人通过关系找杜月笙担保，才得以释放。

王家咋跟杜月笙拉上了关系呢？百家出版社 1997 年出版的《上海英烈传（第九卷）》记录了这样一段往事。当时，王培良刚订婚不久，岳父顾嘉棠恰巧是杜月笙的管家，号称杜月笙手下的四大金刚之首。正是这层关系，王培良才免遭牢狱之灾。

在旁人眼里，这可是一门攀龙附凤求之不得的亲事，可王培良不以为然。他被释放后，顾家就提出条件，今后不要再参加学生运动，由顾家资助其读书，并给他花园洋房，否则就解除婚约。

面临人生最难的选择，王培良最终不顾家庭反对，解除了这桩婚约。之后不久，他就加入了中国共产党，当时还不满 16 岁。

王培良同宁波的结缘，是他第一次到同学殷夫的家乡象山。党组织考虑到他们的安全，做出了战略转移的决定。

在象山，王培良同殷夫、陈元达一起，在县立女子小学以教师的身份作为掩护，继续领导当地码头工人进行斗争。很快，他们的行为又引起国民党特务的注意。返回上海不久，王培良再次被捕，受到严刑拷打，后被营救出狱。

好友殷夫、柔石等人先后牺牲，但王培良没有被吓倒。1934 年，因叛徒出卖，他又一次被捕入狱，被关押在国民党南京军人监狱。这一关就是将近 4 年。

抗战全面爆发后，迫于全国抗日呼声的压力，王培良终于获得释放。此后，他全身心投入战斗，一直到 1945 年抗战胜利前夕牺牲于余姚畈周村附近的太平桥。

不幸遇难

20 多年后，王希明回到余姚，经多方打听，一些往事才慢慢展开来。

王希明初中毕业后，考入中国人民解放军重庆通信学院。1967 年，23 岁的他趁着休假之机，第一次来到余姚，那是他父亲长眠的地方。

这是他第一次如此近距离地接触父亲，激动之余备感凄凉。

那天，余姚烈士陵园的门没关，一推就进去了。然而，出现在他眼前的一幕让他心颤——丛生的杂草几乎把墓碑湮没。

不过，纪念馆里的记录让他感到些许安慰：在那里，他看到了父亲短暂却不平凡的一生历程。

来到父亲当年遇难的余姚太平桥，附近几位老农还记得当年的枪杀一幕——

一艘小船慢慢靠岸，船上下来两名年轻男子。他们刚上岸，附近的草丛里就冒出一群荷枪实弹的人。"叭——叭"一阵枪声过去，两名年轻男子都倒在血泊中。其中一名男子就是王希明的父亲王培良，当时身份是伪余姚县保安团副团长；另一名年轻男子是他的警卫员谢海忠。

指使枪杀这两位年轻人的是当地的日伪汉奸头子劳乃心。此人是有名的汉奸，搜罗了一些当地的地痞流氓组成侦缉队，破坏地下党组织，坑害老百姓，坏事做尽。当时有首民谣说：天上有颗扫帚星，地上有个劳乃心；只想扫荡捉壮丁，害死多少老百姓。

据老农讲，王培良遭枪杀后，汉奸不允许大白天把他拉走。当时是1945年5月1日，天气已经开始热起来，有村民实在看不过去，趁看守离开之际，拿了件破旧衣服盖在其身上。

这段历史，王希明的婶婶也向他说起过。天黑了后，汉奸们才允许家属前来处理。

家人决定就地安葬，原本买了副楠木棺材，本已入殓，但遭到汉奸的阻扰，说他这样反政府的人，哪有资格用那么好的棺材，后只好改用最普通的木质棺材。

新中国成立后，王培良的遗骸被移至烈士陵园。

王培良遇难时，王希明才1岁多，还是襁褓中嗷嗷待哺的婴儿。

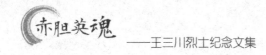
汉奸抄了王培良的家，并将其家人赶出余姚。后来，王希明的叔叔、婶婶就带着他回到了上海。

隐蔽斗争

30多年后，王希明在上海三林乡遇到父亲当时的上司——伪余姚县保安团团长张妙根，由他揭开了父亲当年的斗争经历。

在王希明儿时的记忆里，这位叫张妙根的叔叔经常来看他，还从乡下抓蛐蛐给他玩。婶婶去世前，突然说想吃上海特产三林走油肉，几个小时后，张妙根就从街上端了一碗回来。王希明后来才得知，张妙根当时也是穷得叮当响，他是卖掉了家里洗脸用的铜盆换的钱。

20世纪70年代末，王希明在上海三林乡碰到张妙根。此时的张妙根生活非常困难，王希明将口袋里仅有的20多斤粮票和20多元钱全掏出来给了他。在那里，张妙根回忆了自己同王培良共事的几年经历。"你父亲是我一辈子敬重的人。"张妙根说。

张妙根是上海三林乡人，父母开茶馆为生。他小学毕业后参加地方保卫团，厮混于三教九流。此人甚讲江湖义气，1938年还组织过一支抗日武装，同王陪良参加的抗日游击队有过联系。

后来在一次对日作战中，张妙根的抗日武装被日军包围，损失惨重。张妙根被擒后为日军所用，后从上海到余姚，出任伪余姚县保安团团长。

而此时的王培良，依然在上海从事抗日斗争。

1941年，党决定开辟浙东敌后抗日根据地。由于余姚地区的敌伪军工作和情报工作对整个浙东的意义重大，党组织决定派有经验的党员隐蔽在敌人内部,把伪军改造为抗日力量,配合党的抗日武装开展游击战。

当时伪余姚县保安团(以下简称"姚保")团长正是张妙根,是王培良的同乡、同学。就这样,王培良顺利打入敌人内部,负责搜集情报,组织策反工作。

王培良到余姚后,很快受到张妙根的重用,担任"姚保"副团长。在他的影响下,张妙根的民族意识和抗日激情被激发,给王培良的工作提供了极大的方便。

利用这种关系,王培良帮助一位党员同志打入日本特务机关联络部当密探,另一位同志当了日军的翻译官,还有好几位同志到"姚保"任职,从而加强了对"姚保"的控制。

1943年冬,蔡葵率领的自卫大队与日军遭遇。战斗非常激烈,弹药用尽,蔡葵受伤被俘,被关押在日军宪兵队。王培良利用自己的特殊身份,在张妙根的配合下,让蔡葵得以治疗,并将其成功营救。

在此期间,敌伪军情况、日寇扫荡动向等情报,通过王培良源源不断地传送到根据地,为抗战提供了情报保证。

此外,王培良还为根据地购买了许多禁运物资,如布匹、药品、纸张等;浙东游击纵队迫切需要钢材,在"姚保"团部,王培良在日伪军眼皮底下搞来铁路钢轨,锯断后再送到根据地。

那时候,王培良在余姚的家实际成了党的联络站,许多地下党同志在他家来往,或住在他家。时间一长,王培良的真实身份有所暴露,被铁杆汉奸、敌伪县长劳乃心盯上了。

劳乃心曾留学日本帝国大学,20世纪30年代初回国,曾任浙江省建设厅厅长，属亲日派。

1937年12月杭州沦陷，劳乃心回余姚老家。余姚沦陷后，本来就亲日的劳乃心认为时机已到，投降日寇，先后出任维持会会长、伪余姚县县长。

抗日部队曾多次写信警告劳乃心：不要执迷不悟，与人民为敌，别再为日寇卖命，给自己留条生路。然而，劳乃心非但不听警告，反而变本加厉地欺压百姓，破坏抗日地下组织，杀害革命同志。

1944年下半年，随着德国法西斯临近灭亡，日本鬼子也惶惶不安，劳乃心却垂死挣扎。党决定铲除这个铁杆汉奸，指派王培良去执行这个任务。

王培良携带一枚英制烈性手榴弹，乘人不备将其挂在劳乃心经常出入的书房门把手上。可是这一天，劳乃心却从另一道门走进书房，发现了门上的手榴弹[46]，大为震惊。虽然没有确凿的证据，但是劳乃心认定这是王培良所为，于是决定先下手为强。

1945年5月1日，王培良接通知赴临山开会，商讨"姚保"起义事项。早已起了疑心的劳乃心，暗中布置便衣侦缉队在中途设下埋伏。当王培良的脚划船到太平桥时，便衣队喝令停船检查。王培良与勤务员谢海忠上岸交涉，便衣队立即开枪，把王培良杀害，谢海忠也未免于难。

这一年，王培良34岁。

（记者樊卓婧、程鑫撰写。原载2015年5月2日《东南商报》第2版）

---

[46] 据王联芳、张妙根说，王三川把手榴弹挂在劳乃心车子内侧扶手门，而不是挂在劳乃心书房门把手上。

王三川传略

1945 年 5 月 1 日，余姚丰北太平桥附近一阵枪声过后，一位年仅 34 岁的中共党员和他的勤务兵双双倒在血泊之中。他们为民族的解放事业，惨死在余姚日伪县长劳乃心的枪口下。烈士血洒异乡，姚江流水呜咽。这位共产党员就是多年来为余姚人民所热情讴歌的革命烈士王三川。

（一）

王三川，又名王顺芳、王培良，上海浦东三林镇人，1911 年 2 月 24 日生。父王槐生是上海北火车站一位厚道的扳道工，母亲康氏操持家务，生有四男二女，王三川排行第三。他幼时活泼好动，读书认真。小学毕业后，由在同济大学工作的叔叔王桂生资助进同济大学附中机师科就读。在那里，他有幸结识了殷夫、柔石、陈元达等进步人士，后来成为志同道合的革命知己。王三川在学校受到好友的指点和进步书刊的启蒙，怀着对腐朽制度和反动当局的仇恨，以一腔爱国热情，逐渐走上了革命道路。1926 年秋，他光荣地加入了中国共产党。

在与反动当局的斗争中，王三川机智灵活，颇有才能。一次，同济学生在街头进行"三罢斗争"（罢工、罢市、罢课），被反动军警包围，他迅速爬上电线杆，装作观看群众。待警察走后，他跑进一家大商店，旋即从商店后门出去，巧妙地避过了敌人。

王三川学业上日益长进，1927 年 9 月，他考进了同济德文补习科。此间，由于他积极参加学校的反"誓约书"斗争，被反动派逮捕。后经党组织同其祖父联系，通过关系由杜月笙担保获释。但学校当局开除了他的学籍。其时，王三川刚订婚不久，岳父顾嘉棠（曾为杜月笙的管家）向他施加压力，提出两个条件任他选择。一条是，要王三川保证不再参加学生运动，由顾家提供花园洋房，并资助他读书；另一条，如王三川不照做，则脱离关系，解除婚约。王三川尝到了涉世以来的曲折和考验，学校、家庭、社会的压力随之袭来，痛苦之情难以言表。然而，为了追求真理，王三川决意背家庭而行，毅然选择了后者。他通过律师，解除了同顾家小姐的订婚。然后，接受党组织指派，以年轻人特有的胆略，只身从上海奔向广州。

到了广州，王三川忍受了无法想象的困窘生活。第一次离开父母、亲人和好友，人地生疏，茫茫无边，一时显得束手无策。好在广州地下党组织及时给予支持，他在广州电讯学校安下身来，并以读书名义深入学生中间从事学生运动。

王三川人在广州，心却系着上海的好友和革命工作。游子思乡日盼归。1928 年秋，王三川重返上海，同殷夫、陈元达同住一室。三位年轻的共产党员，一起切磋革命事宜，又组成一个战斗集体。王三川继续在同济大学和中国公学两校进行革命活动，他发起组织"潮声社"，创办《潮声》半月刊（共刊四期）。后殷夫在革命活动中遭敌人逮捕，获释后，党组织考虑到他们的安全，指示他们转移到浙江象山，开展隐蔽斗争。

在象山，王三川化名王涅夫，和殷夫、柔石、陈元达一起以小学教员的身份作为掩护，领导当地码头工人同反动派进行斗争。在女子小学教书时，他们向师生宣传革命理论，发动学生排演《柏林之园》等进步剧目，并在街头宣传演出，以唤醒民众斗争之心。不久，因学校放寒假，他们的行动引起了国民党特务机关的注意。为了保存革命力量，次年，受组织安排，王三川和陈元达等先后返回上海，住进上海天通庵一号。

一次，王三川在新宇宙书店党的地下机关活动时，又遭逮捕，继而由党组织营救，再次脱险。王三川几次进出国民党监狱，遭到刑讯逼供，严刑拷打，受尽了皮肉之苦，听烦了高官厚禄的诱骗。他曾对好友说："反动派残暴无人性，却更加深了我对他们的仇恨，要唤醒民众起来斗争，斗争！"

1930 年，王三川转入上海英商公共汽车公司当售票员。在党的领导下，他作为职工代表之一，组织汽车工人同英商资本家做面对面的斗争，由此触犯了英商资本家的利益，他们指使巡捕房逮捕王三川。党组织得悉这一情况后，及时安排王三川转移。

1931 年，殷夫被法租界巡捕房再次逮捕，后被引渡到龙华淞沪警备司令部秘密杀害。随之，陈元达也因参加罢工斗争牺牲。王三川面对挫折和教训，心情非常沉重，好友为革命而牺牲生命，地下党组织被破坏，自己成了漂泊在大海中的一叶孤舟，随时都有葬身于狂浪的危险。经过一番冷静思考，王三川进一步坚定了革命志向，决心丢掉幻想，为了革命事业的成功，像殷夫、陈元达等革命烈士那样，为千千万万的劳苦大众，不惜抛头颅、洒热血，付出自己宝贵的生命。

王三川的革命斗志，在艰苦的斗争环境中逐步成熟起来，他以好友殷夫、柔石、陈元达为楷模，抱定奋斗到底的决心，马不停蹄地转入上海铁路局沪宁线一带，从事革命活动。由于叛徒出卖，1934 年他再次被捕入狱，被羁押在国民党南京军人监狱达三年之久。1937 年，抗战全面爆发，在中国共产党和全国人民的正义呼声下，王三川和其他政治犯一起被释放。

三年的铁窗生活，摧残了他的身体，使他忍受了无法想象的痛苦，但也更增强了他坚定不移的革命信念。三年来，他像关在笼子里的小鸟，渴望在无边的天空中飞翔，渴望沐浴光芒四射的太阳，渴望尝一尝晨曦中的晶莹甘露；他为重新取得自由而心花怒放，也为尽快找到失去联系的党组织而心急如焚……

（二）

1938 年 1 月，王三川在上海难民所工作。为了工作的需要，把原名王顺芳改为王三川，取"顺"字部首为川，寓意百川归大海，坚信党的事业必胜。此时，地下党组织在难民所的 20 多人去浦东开展武装斗争，王三川也随同前往浦东，在南汇县抗日救国团工作；同时在南汇泰日桥小学，以教师的身份作为掩护，着手创建地下抗日武装，并负责筹集部队经费。同年夏秋间，中共浦委继王义生之后，派王三川去"保卫四中"任政训员，从政治上、军事上加强"保卫四中"的领导。他组织队员学习毛主席《实践论》《论新阶段》等著作，阅读进步书刊和杂志，加强了"保卫四中"的政治工作，提高了队员的政治思想觉悟。

初冬，王三川和张大鹏等一起组成抗日救亡宣传团，在"保卫四中"活动的盐西叶桥小学一带,向当地群众进行抗日救亡宣传,教唱抗日歌曲,以及党在抗日时期的方针政策。1939年1月,一天,"保卫四中"驻扎在盐仓镇西姚家楼房,遭到敌伪军的突然袭击。正在镇上查哨的特务长林达发现后急忙开枪报警,中弹负伤,王三川非常机警地带部队转移。

1939年3月,中队副周毛纪心怀叵测,企图把队伍拉到忠义救国军去。在盐仓西叶家祠堂内,王三川参加了连柏生召集的会议。会上,周毛纪反目揪住连柏生,并举枪逼他出去。二人在搏斗中,周毛纪开枪击中了参加会议的王义生。在这紧要关头,王三川坚定沉着、机智勇敢,一片混乱中,他用手枪击倒了周毛纪,保护了到会同志的生命安全;同时纯洁了"保卫四中"队伍,为部队除了一害。当晚,王三川随部队冒着大雨转移到塘东长沟乡。当月,经过血与火考验的王三川同志在地下党组织的关怀下,重新加入了中国共产党。

不久,"保卫四中"应当地群众的要求,又进驻叶家石桥祠堂附近的沈渭生更楼,部队正在群众中开展活动时,突遭周毛纪结拜兄弟胡镇海率忠义救国军的三面包围。"保卫四中"处于危急之中,王三川在极为不利的突变形势下,指挥队员与敌人进行殊死搏斗,终于击退了敌人,使部队化险为夷。

同年7月,"保卫四中"扩编为南汇县抗日自卫总队第二大队,王三川任二大队一中队政训员。次年2月,"抗卫二大"驻扎在长沟乡一带。一天,获情报,日伪纠集两千多兵力企图于2月5日进行大扫荡。王三川得悉后,对当时的处境进行了认真分析:硬拼牺牲太大,不打则成为瓮中之鳖。他决定巧妙地同敌人周旋,采取声东击西来克敌制胜。他一面派张大鹏带一班在长沟乡火烧桥埋伏，一面争取二中参加战斗，自己则带一部分人埋伏，伺机出击。由于我方周密布置，战斗打响后，敌人节节败退，而我则无大的伤亡。几次战斗告捷，部队在群众中的威望越来越高，王三川也以他出色的指挥才能得到指战员和群众的信赖。

击退敌人的大扫荡后，我方在经济、军事、处境等方面都十分困难。这时，浦委做出决策：第一，把一中队、二中队合并组成精干武装，以高度精简、高度战斗、高度流动；第二，抽调骨干数十人到江南抗日义勇军教导队学习；第三，抽调一批机智老练的党员打入伪军，做地下策反工作。

根据党组织安排，王三川以在草屋小学教书为掩护，深入农村地区开展群众工作。同年11月，王三川任"五支四大"特派员。

1941年4月，为了扩大武装，王三川和林达率"五支四大"和"常备三中"队员，由内线带路，夜袭驻川沙青墩的伪上海市武装警察据点，迅即俘敌一部分。另一部分企图负隅顽抗，在王三川和队员们的宣传攻势下，终使敌人放下武装投降。这次袭击战，俘敌30余人，缴获武器步枪27支、短枪2支。后"淞沪五支队"决定，以常备二中为基础，扩编为"淞沪支队第三大队"，王三川任大队长。

支队部发现部队潜伏有国民党伪中央警备学校的少将教务长，张大鹏立即把这情况向浦委汇报。浦委得悉情况后，决定除掉这个汪伪大特务。某天，这个特务以抗日话剧团团员的名义，混进连柏生部，被我方抓获。当晚，王三川、张晓初对他进行审问，并从他身上搜出了特务名片。在严厉的攻势下，特务叶青招供了混入我部、企图破坏我方的阴谋。日寇为寻找叶青的下落，纠集

200 多名鬼子在长沟乡进行了数天扫荡。这个大汉奸的清除，粉碎了敌人的阴谋，对巩固浦东抗日根据地及进一步开展浦东游击战争，有一定的意义。

同年 5 月，华中局指示，到浙东四明山开辟浙东敌后抗日根据地。浦东地方党员张于道受党组织安排，通过浙江镇海的亲戚沈汲弄到了伪镇海警察大队副大队长的任命。王三川受组织派遣，赴镇海做地下策反工作。

（三）

1942 年秋，中共浙东区委员会成立后，策反工作划归浙东区党委敌伪军工作委员会领导。国民党顽固派勾结日伪向我根据地发动进攻，而余姚的情报工作是整个浙东敌伪军工作的重点。根据斗争需要，党决定派一部分地下党员隐蔽在敌人内部，负责侦察、搜集敌伪情报，以及同区党委、纵队司令部的联络。

当时，王三川受浙东敌工委指示，埋伏在镇海警察大队任大队副，做地下工作。党组织根据王三川与当时任伪余姚县保安团团长张妙根同乡、同学的有利条件，决定调王三川到余姚，深入敌人心脏，负责搜集情报、组织策反等工作。

伪余姚保安团长张妙根到余姚任职后，与伪县长劳乃心矛盾较深，因此想整编部队，但又缺少助手。王三川经胞弟王联芳向张妙根推荐，张妙根对王三川的到来表示欢迎，并向日本驻余姚特务机关长稻垣孝推荐。稻垣孝为推行日军"以华制华"的策略，爽快地落应了张妙根的请求，任命王三川为伪余姚保安团副团长。王三川打入姚保后，负责筹编团部，并逐步取得了张妙根的信任。

1945 年初，地下党在姚保内秘密建立了姚保工委，王三川担任书记职务。其主要任务是"灰色隐蔽，长期埋伏；侦察敌伪动态，搜集情报，营救我方同志，筹集运输物资，配合根据地斗争"。

王三川为人正直，待人和气，深得下属官兵和姚城各界人士的信任。王三川利用与他们相处的机会，设法搜集情报，及时传递信息。一次，王三川和打入驻姚日军机关任翻译的葛兴同志，在同一时间搜集到了一个紧急情报：日伪军将配合国民党部队向我四明山根据地扫荡。当时，打入特务机关联络部的情报员杨金标被敌人留在身边待命，无法脱身。为了及时送出情报，王三川派住在自己家里的洪舒江到四明山。洪舒江经过一番曲折，及时把情报送到敌工委，使我军获得了主动权。

在此期间，地下党同志因工作需要，经常出入于日伪据点，但苦于没有通行证，不少同志在敌占区寸步难行。王三川通过各界人士的关系，搞到数张通行证件后交到敌工委，使地下党同志能自由出入敌据点，给党的工作带来了极大的方便。

王三川的家也是党的联络站，许多地下党同志在他家里常来常往，分别以表兄弟和家属姐妹身份作为掩护，搜集日伪敌特机关的情报。在复杂的环境下，地下党员洪舒江和方琼居住在他家一年多时间，从未露出破绽。王三川还通过同日伪人员建立私交做策反工作，经常在他家出入的有日伪军大队长、中队长和日寇特务机关余姚联络部的联络官田中等人。王三川来余姚后与张妙根同住在宜春堂，他利用亲近之便引导启发张妙根的民族意识和爱国热忱，使他有了弃暗投明的意念。为了争取张妙根，我敌工委书记朱人俊和方晓同志曾先后在 1943 年、1944 年两次与张妙根会面恳谈，后争取到张妙根对我们靠拢，并能配合我方活动。

铁杆汉奸县长劳乃心，仰仗日寇鼻息，屡次破坏我党组织，残害革命同志，无恶不作。老百姓对他也是咬牙切齿，恨之入骨，背后称之为"扫帚星"，并编成顺口溜："天上有颗扫帚星，地上有个劳乃心。"为此，党组织决定为民除害，把这一任务交给王三川。一天，王三川带着一枚从国民党处缴获的英制烈性手榴弹，来到劳乃心住处，乘人不备，把它挂在劳乃心经常出入的书房门把手上，待劳乃心推门进入即可炸死这个汉奸。然而事不凑巧，这天劳乃心正好从隔壁一门走进书房，发现了门上的手榴弹。事虽未成，但对劳乃心惊动很大。

伪余姚保安团内，人物背景复杂，官员明争暗斗。王三川利用他们之间的钩心斗角，多次出色地完成党交给的任务。1943年，我党得悉驻庵东日伪军中央税警团将进驻临山一带，企图封锁海口，切断我方海运交通。王三川根据党的指示，和张妙根一起带领"姚保"先行抢占了泗门、临山海口，保证了我方海运交通的畅通。当时，劳乃心要张妙根将"姚保"部队移驻周行、低塘等地，让出海口给"中警团"驻防。而张妙根不听从其调遣，并先行抢占驻地，劳、张矛盾因此激化。劳乃心去日本宪兵队告状，指控张妙根率队逃跑，被张妙根巧妙地应付过去。

同年冬，驻庵东伪中警团在长河一带扫荡，原三纵队大队长蔡葵在战斗中腿部重伤被俘。在医院，蔡葵抱定牺牲的决心，拒绝医疗。党组织得悉后，认为应说服他就医，保存革命力量。由于敌人对蔡葵所在病房严密监视，病房门口派有专人把守，不准任何人接近，党组织又把这个任务交给了王三川。王三川接受任务后，利用关系避开敌人，安排洪舒江和顾洪福以探望另一病人为由，潜进蔡葵病房，向他传达党组织意见后迅即离开医院。后来蔡葵接受治疗，伤愈后，又在王三川和张妙根的掩护下脱离虎口，安然归队。

随着武装斗争的胜利，我新四军浙东游击纵队迫切需要铁路钢轨以作为军械材料。而日本鬼子将沪杭甬铁路拆下来的钢轨，集中在余姚船码头，要把这批钢轨弄到手，犹如虎口夺食。王三川设法使张妙根摆酒宴，派人与看管钢轨的鬼子一同畅饮，乘鬼子烂醉如泥之机，顺利地把钢轨拉出送到根据地，解决了浙东根据地兵工厂的燃眉之急。

王三川在敌人心脏为革命工作奔波忙碌，无暇顾及身处的复杂环境，有些行动已有所泄露，引起敌人的注目。一次，王三川陪同张妙根出城，去五车堰附近同朱人俊会谈，事情很快被临山的"姚保"泄露。为了搞到游击队急需的西药、白报纸，王三川不顾个人安危，采办了当时敌伪的违禁品。王三川的这些行动，引起了日伪县长劳乃心的疑心和注意。

1944年，劳乃心乘日本特务机关长稻垣孝调走之机，借伪省保安司令部及日本宪兵队的名义，将"姚保"改编，夺了张妙根的权，并自任总团长，张妙根任副团长，王培良任总团副，以此削弱张、王在"姚保"的权力。张妙根因靠山稻垣孝调走，自己实权被夺，心灰意冷，11月间曾想以送家眷回上海为名，去浦东另图发展。王三川因工作中需要他的支持和协助，力劝他放弃了回浦东的念头。

次年春，日伪机关内气氛十分紧张，劳乃心与其心腹频繁碰头，形迹可疑。姚保工委此时也在商量计策，准备里应外合，消灭顽敌。上级领导约王三川于5月1日赴临山开会，研究起义事项。然而，早已把自己生命置于度外的王三川，怎能想到劳乃心正处心积虑地布置密探、设定埋伏，欲置他于死地呢？

5月1日上午，王三川带勤务员谢海忠，按约乘脚划船去临山开会。船至太平桥时，劳乃心预先设伏在太平桥的便衣队便喝令停船检查。当王三川和谢海忠一上岸，即被绑架。敌人猖狂地把他们推到附近庵后，残忍地开枪杀害。王三川同志就这样为民族解放事业献出了年轻而宝贵的生命，时年34岁。

（本文由中共余姚市委党史办公室陈娟文撰写，原载于《余姚党史资料》增刊。1990年3月，中共余姚市委党史资料征委会办公室、余姚市关心下一代协会编，后收录于《浙东敌伪军工作日记——无形的战线》一书；1990年11月，浙江省新四军研究会编，收录于"浙东抗战与敌后抗日根据地史料丛书"第八卷——《抗日英烈》一书，再由宁波市新四军暨华中敌后抗日根据地研究会编，2001年6月由中共党史出版社出版）

纪念王三川牺牲 70 周年座谈会上的发言

（2015 年 4 月 28 日）

今年是抗日战争胜利 70 周年，也是父亲王三川烈士牺牲 70 周年。今天浦东新区党史办和同济大学档案馆、校史馆在这里召开座谈会，缅怀父亲的革命业绩，弘扬父亲的革命精神。在此，我代表家人和亲戚表示衷心的感谢和崇高的敬意！

父亲 1911 年 2 月 26 日生于上海王家沙，1925 年暑假考入同济大学附中机师科。1926 年 3 月，北京发生了段祺瑞卖国政府疯狂镇压群众的三一八血案后，由于父亲参加了上海市三万市民集会，沉痛悼念北京死难烈士，因而被学校当局除名。后来，他与陈元达（共产党员，1931 年牺牲）等同学转学到广州，并受到革命政府所派代表邓颖超的亲切接见和欢迎，被安排在隶属黄埔军校的广州电讯学校。根据党组织的安排，他在该校负责共青团工作，并加入了党组织。他一面学习电信业务，一面宣传反帝反封建的思想，暗中培养和物色发展对象。

1927 年，四一二反革命政变发生后，父亲与陈元达受党组织的安排离开广州，于 8 月 10 日一起考入同济大学德文补习科。9 月 18 日，象山籍殷夫也被同济大学招生录取。由于有共同的革命理想，他们三人成为挚友。组织派父亲在校内外青年学生中开展革命活动，他经常奔走于吴淞、宝山、江湾、虹口、闸北等地，组织进步师生通过各种方式与帝国主义和国民党反动当局开展斗争。同时,父亲还联络方若愚等十多名爱好文艺的同学,在四楼九号他的宿舍内发起成立"潮声社",创办油印刊物《潮声》半月刊,并写下发刊词。同年 12 月,在出版《潮声》第 4 期的一天晚上,他被反动当局逮捕。后经党组织营救,通过祖父、二伯父出面保释出狱。出狱后,他在中共闸北区第三街道支部书记潘汉年、支委阳翰生的领导下,任党小组长。

1928 年 8 月,殷夫被捕入狱,父亲和陈元达也因敌人的追捕被迫离开学校。10 月,殷夫被保释出狱回乡,组织上安排他和陈元达去殷夫的家乡,在县立女子小学任代课老师。父亲认真讲课,关心学生的思想教育,并创作指导学生排演《逼债》《小小画家》等剧目,无情揭露封建地主阶级对农民实行残酷的压迫和剥削,为学生们灌输革命思想。

由于斗争的需要,父亲与陈元达等人相继离开象山,重返上海。党组织安排他在虹口多伦路新宇宙书店,以店员的公开身份从事党的秘密联络工作。1929 年 2 月 7 日,新宇宙书店突遭国民党军警查封,因有人告密,父亲再次被捕。在狱中,他改名王玉田,顽强地坚持斗争。后经组织交涉,祖父、二伯夫以 300 元大洋将他保释出狱。他出狱后又和地下党接上关系,奉命去英商上海公共汽车公司。他以售票员的公开身份作为掩护,秘密建立工会、工人武装纠察队等组织。1929 年 11 月,父亲以工人代表的身份参加了全总在上海召开的第五次全国劳动大会。1930 年 4 月 19 日,他积极组织英商汽车公司工人罢工,与英商资本家展开斗争。这次罢工持续了 25 天,迫使公司答应"增加工资,废除行车苛规"

等要求。1933年，按党的指示，他打入京沪区铁路局（今上海铁路局），于1934年担任工会党团书记。他冒着极大的风险，频繁往返于上海、苏州、无锡、镇江、南京、松江、嘉兴、杭州等地，发展党团员，建立党团组织。

一次，国民党特务突然搜查，查出了父亲携带的革命宣传材料，他当即被捕。1935年1月，国民党以"危害民国罪"判他7年徒刑，被关押在南京中央陆军军人监狱。1936年，西安事变和平解决后，经党组织与祖父、二伯父的营救，他于1937年4月被保释出狱。出狱后，父亲立即给中共上海办事处写信，汇报狱中斗争的经过，要求分配工作。1937年7月，受上海办事处派遣，他进入延安鲁迅艺术学院学习。10月底，他被八路军驻上海办事处派到上海文化界救亡协会工作，并担任上海难民收容所教育科科长。

1938年，受中共江苏省委派遣，父亲先后任淞沪游击队第五支队政训员、特派员、大队长等职，与日伪军进行了艰苦的斗争。其间，他带领弟弟王联芳以经商形式采购枪支弹药，并提供经费。弟弟王联芳在永嘉路282号开设飞达脚踏车行，楼上设立秘密联络点，掩护路南特委书记顾德欢、浦东工委书记金子明等开展工作。

1941年，根据中央华中局和谭震林开辟浙东敌后抗日游击战争的指示，父亲打入"镇海水上警察大队"任大队副，设法取得日寇海军通行证，从而在敌人的严密封锁线上捅开了一个缺口，使第五支队地下人员往来和货物运输畅通无阻。

1942年，根据党组织安排，父亲在余姚保安团团长张妙根处任副团长，我叔叔担任军需主任。在父亲的安排下，敌工委派出周益民等十余人打入保安团，又将懂日文的葛兴、杨金标安插在日特机关余姚联络部当翻译与密探。

1944 年 1 月，日本驻余姚的特务机关突然接到命令，要派日伪军配合国民党军队向四明山根据地发动"扫荡"。父亲得到消息后，即派洪舒江火速将情报送到四明山，使中共浙东区党委从容地制定对策，避免了损失。

为了打破敌人的封锁，帮助根据地解决物资紧缺的困难，父亲利用自己的合法身份多次前往上海、宁波等地，采购纸张、西药等日伪禁运物质，以跑单帮的名义秘密将物资送到根据地。他还总是设法营救被俘的"三五支队"指战员，如原三纵队大队长蔡葵，就是由父亲通过张妙根秘密转送到上海的。

随着武装斗争的胜利，新四军、八路军迫切需要钢轨作为修造军械材料。那时，沪杭甬铁路余姚段的钢轨已被日军拆除，堆放在城内码头，有一个班的日军把守。要把这些钢轨搞到手无疑是虎口拔牙，其难度可想而知。10 月 25 日深夜，在父亲的指挥下，张妙根派人设宴将看守钢轨的鬼子灌醉后，立即令打入余姚保安团的中共地下党员和有正义感的官兵 60 余人，将钢轨锯成段搬到停在河边的船上，由海防大队运往胶东老革命根据地。为保证我方海运交通的畅通，他还根据党的指示，和张妙根一起带领伪"姚保"抢先占领泗门、临山海口，为打通浙江四明山和苏北革命根据地的交通来往提供了便利。由于敌人的阴谋诡计和我们工作中的一些失误，1945 年 5 月 1 日，父亲遭到伪余姚县伪县长劳乃心的残酷杀害，牺牲时年仅 34 岁。

父亲虽然早年参加革命，甚至牺牲了宝贵生命，但这不仅没有给亲朋好友带来任何荣耀，相反还带来了不少问题。比如二伯父王桂芳及袁啸吟、方琼、洪舒江等不少与父亲有工作联系的同志，长期接受组织审查。特别在特殊的年代，他们遭受了不公正待遇，蒙受不白之冤。父亲牺牲后，妻离子散、家破人亡，连我弟弟在去世前想证明自己是王三川烈士儿子的愿望都没能实现。幸亏叔叔、婶婶把我们当作自己的孩子一样抚养，才使我们有了安身之处。由于人口众多，我们的生活曾遭受极大的困难。为了我们的生活，叔叔、婶婶借了许多债，这些债务直到我们长大有了工作后才陆续还清。洪舒江曾这样回忆："1945 年，三川同志因工作暴露被敌人杀害，联芳同志被迫撤离余姚。抗战胜利后，我部北撤，联芳同志根据组织指示带了五个孩子（其中三个是三川同志的子女）到上海，组织上拨给 50 担大米，要他经商。他在吴淞路开设皮鞋店，以维持一家八口的生活。联芳夫妇在此前后曾变卖了家中财产，熬过了生活难关。"今天，我列举这些事例是为了说明，过去父辈为了实现共产主义理想，不惜变卖家产投身于伟大的革命斗争中，甚至抛头颅，洒热血。革命胜利来之不易，我们的党员干部应该明白，加入共产党不是为了索取，而是无私奉献，甚至牺牲生命。这也是党中央把 9 月 30 日作为烈士纪念日的意义所在。

让我们在以习近平同志为核心的党中央坚强领导下，为全面建成小康社会，全面深化改革，全面依法治国，全面从严治党、治军而努力奋斗。

[王希明（王三川之子）撰写。原载《余姚史志》2015 第 1 期]

纪念王三川牺牲 70 周年座谈会上的发言

——张妙根"汉奸"身份背后

在纪念抗日战争胜利 70 周年，也是我三伯父王三川烈士牺牲 70 周年之际，有位在三林镇现代史上与我三伯父有关联的人物张妙根，我不能不借此机会对他的功绩表述一下。

张妙根，三林镇人，原住旗杆弄内。他从小就与我三伯父王三川，我父亲王联芳、母亲陈金娟熟悉，而且我母亲认张妙根母亲为义母。抗战前，张妙根在三林镇开过茶水店。1937 年秋，日寇侵占浦东，他出于民族正义感参加当地抗日武装，曾任丁锡山部忠义救国军中队长。1938 年夏，曾率部击毙日伪上海市大道政府洋泾、塘桥、杨思、三林、周浦五个区联合办事处主任张尚义。同年 10 月，他配合丁锡山部队攻打白莲泾敌军据点，击毙日军五人。1940 年，经我三伯父和我父亲做工作，张妙根佯装被日军所诱降，任周浦武警大队长。他暗中以设卡、收税等形式筹款为我党购买枪支弹药，并购得一支手提式冲锋枪，通过夏筱塘同志交我淞沪三五支队；还通过李鸿兴向大中华火柴厂筹得一笔巨款，当时由三五支队领导金子明派顾敏到三林塘我母亲处去取。

1942 年，张妙根通过我父亲王联芳征得王三川、金子明同意后，与宁波日本特务机关余姚联络官稻垣孝接上关系，担任伪余姚保安团团长。根据王三川和路南特委金子明的意见和要求，我

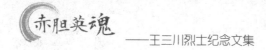

母亲陈金娟放弃了居住于石门一路（同孚路）321号永泰时装公司老板给予的丰厚薪金，陪同张妙根的母亲及妻子一起先去了余姚。在张妙根站稳脚跟后，王三川、王联芳也去了余姚，分别担任保安团团副和军需主任，实际上张妙根将领导权交给了王三川。张妙根在担任保安团团长期间，保护了十几位地下交通员，积极营救被捕的我党同志，并为我党转运禁运物资，做了大量工作。1945年3月，王三川时任"姚保"工委书记，与委员何午初、方琼开会研究当前形势，认为时机甚迫，日寇已濒临绝境，汉奸劳乃心等人惶惶不可终日，若不先下手则有被吞并的危险；还仔细研究起义部署，精确计算张妙根能掌握多少力量，进行分析后，估计可以拉出三分之二，至少二分之一的部队，其中剔除了赵祖英、肖子健、钱菊英、陈金木、乔雪良、王国桢、章志坚、洪师军等一批汉奸地痞和一贯与人民为敌的人员。为争取我敌工委的领导支持，王三川亲自陪同张妙根出城，去五车堰附近与朱人俊碰面。尽管王三川、张妙根据理力争，但还是未被朱人俊采纳，他提出要对整个保安团进行整编，争取控制全团再进行起义。为争取部队早日起义，并根据敌工委指示，王三川配合张妙根先整编部队调整力量，争取控制全团后起义。为解决张妙根后顾之忧，敌工委要张妙根以借为母亲做寿之机护送家眷回浦东，回余姚后立即起义。由于上级组织的一些工作失误，汉奸伪县长劳乃心勾结日本鬼子设计，先行派人串通金山县伪县长翟继真将张妙根拘禁。第二天（1945年5月1日），我伯父王三川按事先的约定，与袁啸吟、何午初、方琼等在临山研究巩固部队整编成果及起义问题，他只带了警卫员谢海忠前去。船至太平桥时，敌伪县长劳乃心派的心腹章志坚、洪师军、方嗥、王国桢将我三伯父残忍地杀害。新中国成立后，除劳乃心逃至台湾，其余 4 人均被我人民政府镇压。

抗日战争胜利后，张妙根被国民政府逮捕，以汉奸罪判刑五年，关押在上海监狱，在 1948 年冬获释出狱。1950 年，张妙根在松江军分区、苏南海防公安局搞肃反工作，后进上海朱文耀酱色厂工作。1958 年，上海市公安局将他定为历史反革命，作为内控对象遣送回三林塘老家。好在三林大队领导对张妙根为人较为了解，工作上照顾，生活上予以关心，并安排他在大队农机站做保管工作，以减轻他的体力劳动。

1976 年 10 月，粉碎江青反革命集团后，我父亲王联芳曾多次呼吁有关同志对张妙根不公的处置给予解决，他本人也多次提出申诉。后在李学民、严政、洪舒江等老同志的支持和帮助下，令他在政治上彻底平反，生活上享受了退休待遇，并准备让他当政协委员，被他婉言谢绝。在他重病期间，我去看望过他。回忆起往事，他曾对我说过，在 1949 年新中国成立前夕，有国民党高官引诱并许诺他去台湾会加以重用，被他断然拒绝。因为他深信，历史会给他一个公正的评价。这说明在他心中，抗日战争期间的所作所为对共产党问心无愧，经得起历史的考验。1982 年，他因病去世，享年 70 岁。张妙根对母亲很孝顺，对他人有情有义。记得在 1967 年，我母亲病重时，他从三林塘来上海看望，在交谈中不经意间得知我母亲思念家乡的走油肉。在当时生活相当困难的情况下，张妙根回家卖掉仅剩的一只铜面盆，烧了一碗走油肉给我母亲。张妙根这种情义令我感动，深深地印在我的脑海里。

[王石明（王三川侄子）撰写。原载《浦东文史》2015 第 3 期 作者稍有修改]

王三川烈士牺牲 70 周年座谈会

由中共上海市浦东新区委员会党史办公室（地方志办公室）、同济大学档案馆（校史馆）联合举办的纪念王三川烈士牺牲 70 周年座谈会，在浦东新区迎春路 520 号新区党史办公室 402 会议室召开。新区党史办、同济大学档案馆、象山县委党史办、余姚市委党史办、新区烈士陵园管理所、浦东文史学会、浦东收藏协会、浦东宋氏家族研究中心、同济中学校友会等单位的专家和领导，以及王三川烈士的亲属、好友，共 30 多人参加了会议。在会上，王三川烈士的儿子王希明回顾了其父亲革命的一生；象山及余姚党史办专家吕国民和谢建龙，分别介绍了王三川烈士生前在那里战斗的情况；王石明、殷之俊、冯建忠、庄峻、张金国等同志，就王三川烈士事迹史料的搜集与研究发言。

王三川烈士系浦东三林人，1911 年 2 月出生。1926 年加入中国共产党，在上海、广州、象山等地积极开展学生运动和工人运动。抗日战争爆发后参加新四军游击队，先后担任政训员、中队副队长、大队长、特派员等职务，与日伪军多次作战；后打入敌伪部队开展地下工作，于 1945 年 5 月 1 日牺牲在余姚。

座谈会认为，纪念王三川烈士，就是要进一步发扬他的革命精神，牢记他为抗战所做出的贡献，颂扬他的民族精神；就是要铭记历史，警示未来，反对侵略战争，保卫世界和平；作为党史工作者，就是要进一步研究王三川烈士的思想，进一步挖掘有关他的历史资料，从而比较完整地记录他革命的一生，传承革命烈士的精神。

座谈会由浦东新区党史办公室副主任柴志光主持，同济大学校史馆馆长章华明对座谈会做小结。

（余木撰写 原载《浦东文史》2015 第 3 期）

缅怀先烈　不忘历史

今年是抗日战争胜利 70 周年，也是王三川烈士牺牲 70 周年。今天写此文是为了纪念、缅怀我父辈的革命事迹，以激励我们的下一代。

王三川生于 1911 年 2 月 26 日，原名王顺芳。1927—1937 年，他与革命烈士殷夫、陈元达等人，在上海、广州、南京、浙江等地组织领导学生运动和工人运动，曾用名王涅夫、王征夫、王玉田、王田、陈一新、赵新民等。1938—1942 年，他用王三川之名在浦东进行抗日游击战争。1942—1945 年，他在余姚打入保安团时，用王培良之名进行革命斗争，直至牺牲。

王三川小学毕业后，在他叔父的资助下，于 1925 年暑假考入同济大学附中机师科。他入学之后，受到革命烈士尹景伊事迹的影响，与同班同学陈元达共同关心国家大事，一起勤奋学习。1926 年 3 月 18 日，北京发生了段祺瑞卖国政府疯狂镇压群众的三一八血案。由于他参加了上海市各界市民组织的三万人集会，沉痛悼念北京的死难烈士，被学校当局除名。之后，他与陈元达等一批同济同学乘船离沪转学到广州，并受到当时的国民革命政府所派代表邓颖超的亲切接见和欢迎，被安排在广州电讯学校（这是一所新设立的隶属黄埔军校的专门学校）。受组织派遣，他在该校负责共青团的组织工作。于是，他一面学习电信业务，一面担任宣传反帝反封建的思想，培养和物色发展对象。

1927 年春，正当北伐队伍胜利进军时，蒋介石在上海策划了四一二反革命政变，接着广州反动派也实行了四一五血腥镇压。王三川与陈元达受党组织安排离开广州，回到了上海。8 月 10 日，他俩同时考入同济大学德文补习科。9 月 18 日，殷夫也被同济大学招生录取。由于彼此抱着共同的革命理想，他们三人成为挚友。王三川经常奔走于吴淞、宝山、江湾、虹口、闸北等地，组织进步师生通过贴标语、撒传单、办壁报等，开展与帝国主义和国民党反动当局的斗争；同时还联络方若愚、宋名适、张启行等十多名爱好文艺的青年学生，在同济大学中学部宿舍四楼九号、他的房间里发起成立进步团体"潮声社"，创办了油印刊物《潮声》半月刊，并为此刊写了发刊词。在《潮声》半月刊顺利出版四期后的一天晚上，他从吴淞中国公学回校的途中被反动派当局逮捕。后经党组织研究，通过我祖父等亲戚出面营救保释。出狱之后，在中共闸北区第三街道支部（后改名为文化支部）潘汉年书记和支委阳翰生的领导下，他担任党小组长，继续进行革命斗争。

1928 年 8 月，殷夫被捕入狱，王三川和陈元达也因敌人的追捕被迫离开学校。10 月，殷夫被保释出狱回乡，组织上安排他和陈元达去殷夫的家乡浙江象山。此间，他用王顺芳、王涅夫、王征夫之名从事革命活动。他们三人都在县立女子小学任代课教师，他认真讲课，关心学生思想教育，还和殷夫、陈元达一起指导学生排演《逼债》《小小画家》等剧目，无情揭露封建地主阶级对农民实行残酷的压迫和剥削，为学生们灌输革命思想。

不久，由于革命斗争的需要，他们相继离开象山。王三川重返上海后，党组织安排他在虹口多伦路新宇宙书店，以店员的公开身份从事党的秘密联络工作。在此期间，殷夫走上了职业革命家的道路，革命热情激越，诗情澎湃，开始了红色鼓动诗歌的创作。王三川以王征夫之名，与殷夫经常保持着联系。1929 年 2 月 7 日，新宇宙书店突遭国民党军警查封。因有人告密，王三川在敌人搜查时被以共产党嫌疑再次被捕。在狱中，他改名王玉田，顽强地坚持斗争。后经组织交涉，祖父等亲戚出面，以三百块大洋的赎金将他保释出狱。他出狱后又和地下党接上关系，奉命去英商上海公共汽车公司从事开辟工作，以售票员的公开身份做掩护，积极勇敢地在工人中开展工作，秘密建立工会、工人武装纠察队和后援团等组织。1929 年 11 月，他以工人代表的身份参加了全总在上海召开的第五次全国劳动大会。这之后，他积极组织英商汽车公司工人罢工，罢工自 1930 年 4 月 19 日开始，持续达 25 天之久。最终迫使公司让步，答应了"增加工资，废除行车苛规"等要求。殷夫也在 4 月 25 日，署名莎菲作《暴风雨的前夜——公共汽车电车大罢工》文和作《五一歌》诗，署名徐白作《冲破资产阶级的欺骗与压迫》文。殷夫用激昂的诗歌与王三川（王征夫）组织的罢工运动互相支持、互相鼓励，一文一武地相互配合。这次罢工引起资本家的不满，为此英商老板指使巡捕去逮捕王三川。党组织获悉后，及时安排他安全转移。1931 年，王三川的亲密战友殷夫、陈元达先后遭敌人逮捕杀害，他内心充满愤恨和悲痛，决心以中华民族的存亡、劳苦大众的解放为己任，不惜牺牲自己的生命。1933 年，按党的指示，他打入京沪区铁路局（今上海铁路局），于次年春天担任工会党团书记。他冒着极大的风险，频繁往返于上海、苏州、无锡、镇江、南京、嘉兴、杭州之间，深入站场寻铁路基层单位发展党团员，建立党组织。

1934年6月，在一次国民党特务的突然搜查中，他被查出身边的革命宣传材料，当即被逮捕。他被逮捕后，祖父等多方奔走，找上层关系，并通过杜月笙、顾嘉棠设法营救，但均无结果。1935年1月，国民党以"危害民国罪"判他七年徒刑，关押至南京中央陆军军人监狱。1936年，西安事变和平解决后，在国共两党开始第二次合作的情况下，经党组织和祖父等人的再次营救，他于1937年4月被保释出狱。他从南京回到上海浦东三林塘老家后，立即给中共上海办事处写信，汇报狱中斗争的经过，并请党给他分配工作。1937年6月下旬，上海办事处派他去延安学习。同年7月8日，他抵达西安；7月19日，到达革命圣地延安，进入在筹备中的鲁迅艺术学院学习。

1937年10月底，经过紧张而系统的两个多月学习，他被安排回上海，由八路军驻上海办事处调派到上海文化界救亡协会工作，并兼任上海难民收容所联合办事处教育科科长。

1938年，经中共江苏省委的派遣，他组织动员党员和有觉悟的革命青年去浦东发展武装进行抗日斗争。他曾先后在淞沪游击队第五支队担任政训员、特派员、大队长等职，与日伪军进行了艰苦卓绝的斗争。在此期间，他又动员和带领自己的弟弟王联芳，设法以经商形式采购枪支弹药，为组织提供武器和经费，并在永嘉路282号开设飞达脚踏车行，在楼上设立秘密联络点，掩护路南特委书记顾德欢、姜杰、浦东工委书记金子明和三五支队的朱亚明等人开展工作。同时，他还动员张妙根以设卡、收税等形式，为我党淞沪游击队三五支队筹得巨款和购买枪支弹药。

1941 年，根据中央华中局和谭震林同志的指示，决定开辟浙东敌后抗日游击战争。经路南特委安排，他打入伪镇海水上警察大队，任大队副，并想方设法取得了日寇的海上通行证。从而给敌人严密的封锁捅开了一个缺口，使中共领导的五支队地下运输和人员往来都可以畅通无阻了。

1942 年，张妙根通过王联芳征得王三川同意后与宁波日本特务机关余姚联络官稻垣孝接上关系，后担任伪保安团团长。根据王三川、路南特委金子明的意见和要求，由弟媳陈金娟陪同张妙根的母亲及妻子一起先去余姚。待张妙根站稳脚跟后，王三川、王联芳才去余姚，分别担任保安团团副（代号 SX，公开姓名王培良）和军需主任（代号 SW）。张妙根虽是伪保安团团长，但为人正直有情有义，有民族正义感，同情抗日军人。在王三川的工作下，在此期间我敌工委派出周益民、张德兴、张志杰、李学民、严政、陆浦生、顾洪福、何望若、陈浒、陆修明、茅鸣涛、叶大栋等人，分别打入埋伏在日伪余姚保安团团部和几个大队中，又将懂日文的葛兴同志（别名倪兆雷，代号 XO，人称倪翻译）安插在日特机关余姚联络部当翻译，杨金标（代号是 OO）当了该部的情报员，为我们取得了大量情报。同时，他对敌工委派出的政治交通袁啸吟、方琼、洪舒江、顾敏、林雪、张应谦、肖东（都是中共党员）等人都尽力予以掩护，保证了这些同志的安全和提供工作上的方便。

有不少同志（包括一些领导同志）因工作需要必须经常出入日伪据点，但最大困难在于没有通行证件。为此，王三川又千方百计地通过各种渠道搞到不少通行证，使我们的同志能及时、自由地出入于根据地与敌伪据点之间，给工作带来极大的方便，也保证了安全。

1944年1月，日本驻余姚的特务机关突然接到命令，要派日伪部队配合国民党军队向我四明山根据地发起"扫荡"。王三川得到消息后，便派洪舒江同志火速将情报送到四明山，使中共浙东区党委从容地制定对策，避免了损失。

王三川工作积极主动，对党的事业忠心耿耿。他为了打破敌人的封锁，帮助根据地解决物资困难的问题，利用自己的合法身份多次前往上海、宁波等地，采购纸张、西药等日伪所管制的禁运物资，以"跑单帮"的名义秘密将这些物资送到根据地。对于被俘的"三五支队"指战员，他总是设法营救，以逃跑、看管不严为名将他们放走。原三纵队大队长蔡葵就是由他指挥、张妙根配合，在蔡葵伤愈后派人把他秘密送回上海的。

为了革命武装斗争的胜利，王三川、王联芳与张妙根都积极解决新四军、八路军物资上的困难。当时，部队的药品和纸张供应非常紧张，上海和宁波都不易买到，我们出版报纸印刷文件的纸张消耗很大。由于对敌作战频繁，我方伤员所需药品激增。他们获悉有一个老板囤积了一批白报纸，就派兵去强行购买；还在上海以各种渠道分批购买部队急需的药品等物质，交由担任军需主任的王联芳同志辗转运交革命根据地。当时，我方迫切需要铁路钢轨作为修造军械的材料，日本鬼子也急需这些钢材。那时沪杭甬铁路余姚段的钢轨已被日军拆掉，集中堆放在城内的码头，并有日军把守。要把这些钢轨搞到手无疑是虎口拔牙，其难度可想而知。然而王三川胸有成竹，他与张妙根商妥了夺取钢轨的好办法。

10月25日深夜，在他的指挥下，张妙根派人设宴将看守钢轨的鬼子灌醉后，立即令打入保安团的中共地下党员和受我们影响有正义感的下层官兵六十余人去搞钢轨，并锯成段，有扛有抬地统统搬到河边装船，由我海防大队运往胶东老革命根据地。在此期间，他还根据党的指示，和张妙根一起带领"姚保"先行占领泗门、临山海口，保证了我方海运交通的畅通，为打通浙江四明山和苏北革命根据地的交通来往提供了便利。1945年3月，王三川以"姚保"工委书记名义，与委员何午初、方琼开会研究形势，认为日寇已濒临绝境，伪县长劳乃心等人惶惶不可终日，决定争取部队早日起义。后我敌工委指示，令他配合张妙根先整编部队调整力量，争取控制全团后起义；为解决张妙根后顾之忧，要张妙根借为母亲做寿之机护送家眷回浦东，待他回余姚后立即起义。由于上级组织一些工作的失误，汉奸伪县长劳乃心勾结日本鬼子设计，先派人串通金山县伪县长翟继真将张妙根拘禁。第二天（1945年5月1日），王三川按事先的约定，与袁啸吟、何午初、方琼等人到临山研究巩固部队整编成果及起义问题，因此他只带了警卫员谢海忠去临山开会。船至太平桥时，被敌伪县长劳乃心派的心腹章志坚、洪师军、方噪、王国桢及手下，将王三川与警卫员谢海忠杀害在余姚丰北太平桥。新中国成立后，除劳乃心逃至台湾，其余4人皆被我人民政府镇压。

王三川早年参加革命，足迹遍及广州、南京、上海和浙江各地；为了完成党交代的任务，他舍生忘死，深入虎穴，英勇斗争。他曾多次被捕、受尽酷刑，但他都铁骨铮铮地屹立在敌人面前，始终没有吐露一句党的秘密；虽然在党内也曾受到过排斥挤压，但他对党的信念毫不动摇，对党的革命事业忠心耿耿，任劳任怨，埋头苦干，积极工作，从不计较个人名利得失。他对党、对人民赤胆忠心，牺牲时年仅 34 岁。

今年，是抗日战争胜利 70 周年，也是王三川烈士牺牲 70 周年纪念。我们要缅怀革命先烈，永远不忘胜利来之不易，并教育后人永远不忘历史。

王三川牺牲之后，由于家中人口众多，因此给我们的生活带来了极大的困难。根据洪舒江同志回忆："1945 年，三川同志工作暴露被敌人杀害，联芳同志被迫撤离余姚。抗战胜利后，我部北撤，联芳同志根据组织指示带了五个孩子（其中三个是三川同志的子女）到上海。组织上拨给 50 石大米，要他经商。他在吴淞路开设皮鞋店，以维持一家八口的生活。联芳夫妇（即我父母）在此前后曾变卖了家中财产，熬过了生活难关。其间，联芳同志还掩护我和顾敏同志的工作，并不畏艰险地护送军需物资到苏北解放区，一直到解放。"

据上海市上海县民政局干部来信所说："我最近了解到，你曾祖父名叫王园福，他是三林塘街上一家以经营丝线为主的杂货店业主。店很小，只有一间门面，但因经营得法、薄利多销，生意倒也很兴旺。他一生的贡献就是给自己的后代挣下了一座三间带两厢的楼房，这房子到了你父亲王联芳手里，便转化为抚养烈士后代并充作革命活动经费的一部分来源。"据我们所知，我们父母（叔叔婶婶）在此期间还借债为我们的生计奔波，这些债务直到我们有了工作挣钱后才陆续还清。

今天，以此文来纪念我们的父辈。他们参加革命是为了追求革命真理，为实现共产主义的革命理想不惜抛头颅洒热血，变卖家产投身于伟大的革命斗争中。革命胜利来之不易，我们党的干部要明白知道，参加共产党不是为了索取，而是无私地奉献，甚至牺牲自己的生命。这也是党中央把 9 月 30 日作为烈士纪念日，纪念革命先辈所具有的现实意义和长远的历史意义。让我们在以习近平同志为核心的党中央坚强领导下，为全面建成小康社会、全面深化改革、全面依法治国、全面从严治党治军，打下更坚实牢固的基础而努力奋斗。

　　先烈瞑目应笑慰，擎旗已有后来人。

（王希明、王石明撰写）

为民族独立　入虎穴斗敌

——纪念校友王三川烈士牺牲 70 周年

王三川，原名王顺芳，因工作需要曾化名王涅夫、王征夫、王培良、赵新民、陈一新等，1911 年 2 月 24 日出生于上海县王家库村（今上海市北京西路石门二路交会处）。父亲是上海北火车站扳道工，母亲操持家务，生有子女六人。王三川排行第三，他幼时活泼开朗，学习认真，小学毕业后，在叔父的资助下，于 1925 年暑假考进同济大学机师科。王三川入学后关心国事，勤奋学习，颇为敬仰机师科的学长、"五卅"烈士尹景伊。

1926 年 3 月，段祺瑞卖国政府疯狂镇压群众的三一八血案发生后，学校有关人员于 30 日在校内张贴布告，攻击五四以来的爱国运动，并胁迫学生在保证今后不参加爱国运动的"誓约书"上签名盖章。王三川参加了反"誓约书"的斗争。随后，他和同班同学陈元达（烈士，1931 年牺牲）转学去了广东大学工科。他一面努力学习，一面参加革命活动。

1927 年，王三川和陈元达奉组织的派遣，离穗赴沪，于 8 月 10 日再次考入同济大学德文补习科，后与 9 月考入德文补习科的同学殷夫成为挚友。1928 年八九月间，殷夫被捕入狱后，王三川和陈元达因敌人追捕而被迫离校。10 月，殷夫被保释出狱回家乡。随后，王三川和陈元达也转移到了殷夫的家乡，三人都在殷夫二姐徐素云担任校长的县立女子小学任代课教师。1929 年春，他们三人相继离开象山，重返上海，在江湾、闸北一带，深入工厂，联系工人，从事革命活动。

1930 年后，王三川以电车售票员的公开身份为掩护，在上海市区和沪宁线一带从事地下工作。1934 年，由于叛徒出卖，被捕入狱 3 年。出狱后，他不顾被严重摧残的身体状况，又毅然投身于革命行列。1938 年起，他以教师的身份为掩护，在浦东从事游击斗争。在此期间，他组织了抗日救亡宣传队，在日伪纠集兵力前来"大扫荡"时，击退了敌人的进攻，保存了自己的实力。1940 年 11 月，王三川被任命为淞沪游击队第五支队四大队特派员。1941 年 5 月，他组织部队夜袭了驻川沙青墩的伪上海市武装警察据点，俘敌 30 余人，缴获步枪、手枪共 29 支。后来，他随部队转移到浙东，并受组织派遣赴镇海做地下策反工作。

1942 年 7 月，王三川受组织派遣，赴余姚地区负责情报工作，他巧妙地打入伪余姚保安团团部，并担任了副团长。他以此公开身份为掩护，开展革命工作。1945 年初，地下党在余姚保安团内成立敌工委，王三川任书记。王三川在长期的埋伏中，不仅对敌伪进行了分化瓦解，做了大量的侦查情报工作，还营救我方同志，为我根据地筹集运输物资。伪余姚保安队内派系复杂，明争暗斗。王三川利用他们之间的钩心斗角，多次出色地完成了党交给的任务，配合根据地的正面对敌斗争。

随着武装斗争的胜利，新四军浙东游击队迫切需要一批钢材制作军械。王三川犹如虎口拔牙般把日军严密看守、堆放在余姚船码头的一批钢轨偷运出来，秘密送至我根据地，有力支持了我方军械生产。为了搞到游击队急需的药品、纸张，王三川不顾个人安危，采办这些敌伪规定的违禁品。他的行动引起了伪县长、汉奸劳乃心的注意。

1945年5月1日，党组织拟在临山开会，商量里应外合歼灭顽敌大计。王三川乘船赶赴会议途中，在太平桥遭到伪县长劳乃心预先埋伏的便衣队喝令检查，随后被推到附近一座庵后枪杀。王三川为中华民族的解放事业献出了宝贵的生命，时年34岁。

（同济大学档案馆供稿 《同济报》2015年4月30日）

革命烈士王三川，殷夫曾为他写诗，子孙后代成了宁波人

一百年岁月峥嵘，一百年初心如磐。在宁波这片红色热土上，曾涌现出无数舍生忘死的革命志士，留下一段段"捐躯赴国难，视死忽如归"的感人历史故事。

近日，记者通过宁波新四军历史研究会了解到，在余姚牺牲的革命烈士王三川唯一在世的子女——大儿子王希明，与烈士孙子王海波一同生活在宁波江北。记者前往实地采访，通过烈士后人翔实的图文展示，王三川烈士短暂而又辉煌的一生徐徐展开……

与殷夫一同在象山战斗

王三川，原名王顺芳，1911年2月24日出生于今浦东新区三林镇，14岁考入同济大学附中。在学校，他多次聆听了共产党员恽代英、萧楚女在图书馆的演讲，毅然决定走上革命道路。

1926年秋，王三川光荣入党。1927年9月，王三川考进同济大学德文补习科，与殷夫、陈元达成为同学。读书期间，王三川联络十多名爱好文艺的青年学生，在同济大学中学部宿舍四楼9号他的房间内，发起成立了进步团体"潮声社"，创办了油印刊物《潮声》，并为刊物写了发刊词。

不久，因参加学生运动，王三川被反动当局逮捕。后经党组

织与他的祖父配合，疏通各方关系，由上海滩"大佬"杜月笙出面担保释放。

王三川与宁波的缘分开始于1928年的秋天。当时左联五烈士之一的殷夫刚刚释放出狱，党组织考虑到同志们的安全，指示转移到宁波象山活动，其中就有王三川。

在象山，王三川化名王涅夫，与殷夫一起以小学教员身份作为掩护，领导象山码头工人同反动当局做斗争。他们创作进步剧目到街头演出，到处宣传革命思想。很快，这些活动引起了国民党特务机关的注意。为了躲避特务的追捕，王三川再次返回上海，继续从事党的地下工作。没多久，王三川又被捕，受到严刑拷打，后由党组织营救出狱。

1931年，殷夫、陈元达先后牺牲，党组织遭破坏。但好友的牺牲没有动摇王三川的坚定意志，他决定继续进行不屈的斗争。1934年6月，因在列车上散发宣传革命材料，王三川再次被捕入狱，羁押在狱近4年。1937年，在党组织营救和人民抗日呼声的压力下，王三川和其他政治犯获释。

采访中，王海波告诉记者，在那个年代，王三川认识不少所谓的"风云人物"，但他从来没有动摇革命的信念。其中还有段插曲，当时16岁的王三川与一位姓顾的小姐订了婚，其准岳父是被称为杜月笙手下"四大金刚"之一的顾嘉棠。为了阻止准女婿继续参加学生运动，顾嘉棠提出给他花园洋房，并承诺资助其读书，如若不答应就解除婚约。王三川不畏压力，毅然登报宣布与顾家解除婚约。

在伪军里建起了党组织

抗日战争全面爆发后，王三川先在上海奉贤县人民自卫团政训处工作，后担任淞沪五支队四大队特派员。其间，王三川与林达一起指挥队伍深夜突袭伪上海市警察第七大队第七中队一分队驻地，俘获全部伪警察 30 余人，缴获日式步枪 20 多支，短枪 2 支，五支队四大队无一伤亡。

1942 年，中共浙东区委成立，由于宁波余姚地区的伪军策反工作和情报工作，对整个浙东的斗争具有重要意义，党组织决定派一部分有斗争经验的党员隐蔽在敌人内部，把伪军改造为抗日武装，积极配合党的抗日武装开展游击战争。此时，王三川受浙东区党委敌工委指示，已打入伪镇海警察大队。

在余姚城内也存在着一支番号为余姚县保安团（简称姚保）的伪军，伪军团长张妙根和王三川既是同乡也是同学，党组织就决定安排王三川打入姚保内部。王三川到余姚后，逐步取得了张妙根的信任，担任了姚保团副一职。王三川通过各种机会，向张妙根进行抗日爱国教育，启发他的民族意识和抗日热情，使他有了弃暗投明的思想。1943 年冬，浙东区党委敌工委书记朱人俊作为我党代表，与张妙根进行了会谈，取得了积极成果。

1945 年初，我地下党在这支伪军内部秘密建立了姚保工委，王三川任书记，何午初、方琼两位同志任委员。工委的主要任务是侦察敌伪动态，搜集情报，营救我方同志，筹运物资，以配合根据地的斗争。就这样，在王三川的努力下，伪军里面有了我党的组织。

牺牲在抗战胜利前夕

王三川在"姚保"的斗争工作成果突出，他与妻子王友菊在余姚的家成了我党的联络点，地下党的同志经常在他家中接头、住宿。在王三川的安排下，我党一位同志担任了日伪军翻译，另一位同志甚至打入日本特务机关联络部成了一名"密探"。

有一次，新四军浙东纵队余上自卫大队遭到日寇袭击，战斗惨烈，大队长蔡葵因重伤被俘，被日本宪兵关押。在如此严峻的情况下，王三川先设法与蔡葵取得联系，劝说他安心治疗，后又将其营救出去。至于日伪军的各种动态，大多被王三川所掌握，第一时间将情报源源不断地送到根据地。战时紧缺的食品、药品、弹药补给，王三川利用团副身份作为掩护，进行搜集或购买，并通通运送给我党抗日武装。

时间一长，王三川的真实身份有所暴露。不远处，一双阴鸷的眼睛早已盯上了他，就是阴险而又顽固的铁杆汉奸——日伪余姚县县长劳乃心，他对王三川恨之入骨。当时余姚地区流传着一首《清乡谣》：劳乃心，当县长，海地抢笆打，一定要清乡；三五支队到，三五支队到，肩背小钢炮……民谣唱出了余姚人民对汉奸县长的痛恨，以及对三五支队抗日的认可。

为了除掉铁杆汉奸劳乃心，王三川详细调查了劳的起居规律，把手榴弹挂在劳乃心家的大门上，一拉门就能把这个汉奸头子送上天。可那天早上劳乃心外出散步时，没有走这一道门，爆炸未成。但劳乃心已发现手榴弹挂在门上，惊恐之余，他认定是王三川所为。

1945 年，法西斯的败亡指日可待，可有些汉奸还要顽抗到

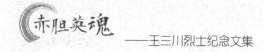

底。同年 5 月 1 日，受劳乃心指派，一队伪军便衣队埋伏在太平桥,假意要求王三川与警卫员谢海忠停船检查。趁两人上前交涉时，他们突施杀手，将王三川与谢海忠残忍杀害。王三川牺牲时年仅34 岁，离日本帝国主义投降仅差 3 个月，他倒在了抗战胜利的前夕。

当王三川牺牲的消息传到四明山抗日根据地三北游击司令部时，政委谭启龙和司令员何克希悲痛不已，司令部的全体同志起立脱帽，为王三川同志默哀。

烈士后人成了宁波人

这次采访，是在锦江年华王海波的家中进行的，王海波代替身体不适的父亲王希明，讲述了他所了解的爷爷的革命事迹。"爷爷牺牲的时候，伪军还抄了他们在余姚的家，并且把我爷爷的弟弟一家老小全部赶走，坏事做绝。我父亲出生在余姚的宜春堂，他再次回来时已是 1967 年。那一年父亲 23 岁，他回到余姚烈士陵园，回到父亲王三川长眠的地方……"据王海波的讲述，因工作需要，父亲王希明是从上海调动到宁波工作，退休后也一直生活在宁波；而王海波则出生在宁波，目前经营着一家文化工作室。烈士的后人在宁波工作、生活，已经成了宁波人。

王海波向记者表示，爷爷王三川与宁波缘分匪浅，他和宁波籍的烈士殷夫既是同学又是革命战友，而且先后在象山、镇海战斗，最终在余姚牺牲。如今，爷爷长眠于余姚胜归山烈士陵园。这片他曾经为之奋战的热土，永远地接纳了他。

采访中，王海波拿出一本《殷夫选集》，其中一首《寂寞的人》是殷夫 1929 年 8 月 5 日写的，与王三川有关。那一天，殷夫与王三川散步于上海一个公园，两位青年一面走着，一面说起新友故交的事情，感怀之余，殷夫提笔写下这首略带伤感的现代诗。"那时候，我爷爷和殷夫都已经入党了，8月明明是夏天，诗歌中却充满了冷峻和惆怅，可以感觉出两位共产党人当时面临着严峻的革命形势。如今，山河无恙，国家富强，革命先烈在天之灵也可获得安慰了。"

（记者朱立奇撰写。原载《宁波晚报·甬上网络版》2021年6月14日）

三林余庆堂的荣光

——烈士王三川和他的革命家庭

他是个卓有才华的文学青年，也是一名抗敌救国的光荣烈士！他从上海浦东三林的余庆堂走向了更广阔的战场。

余庆，其意是先贤为后代遗留下的福泽。《易经·坤卦》云："积善之家，必有余庆。积不善之家，必有余殃。"堂，指高大的房子，群居之所。在清代（1776 年前后），浦东三林西林街诞生了余庆堂——先贤以智慧和勤劳打造的高大群居建筑。

那天，我随余庆堂一后人——77 岁的王石明老人，寻其先祖居住的地方——三林镇西林街 207 弄。清代建筑的遗迹，仅存被现代屋宇包围的约两平方米的高门楼、褐灰的砖瓦雕刻。在其中间位置，镌有先祖家训"惟善为宝"四字。王石明长久伫立，泪湿眼眶："此处是我家祖居地，又早已不是我们的居住地。"

家已非家，舍中几无王姓人。然而，曾有一段先烈奋斗史在此发生。故人故事，令人感怀。

腥风血雨后的坚忍

王石明的父亲是 1913 年出生的王联芳，母亲是 1915 年出生的陈金娟。他们年幼时，一个住三林塘西林街，一个住三林塘中林街。两街相连，仅隔一里。王联芳成年后，家族按旧式招媳，指一同乡女子与之成婚。婚前几日，王联芳逃婚，并大声说出自己所爱："我喜欢陈金娟，她也喜欢我。"青梅竹马，遂成姻缘。

三哥王三川只比王联芳大两岁。小时候，兄弟俩一张大饼各分一半吃。王三川喜欢这个弟弟，也看重弟媳。王三川从三林中学毕业后入同济，学技术，学德语，求真理。他是个"年轻的革命家"，1926 年加入中国共产党[47]。与同学兼挚友殷夫等在校组成潮声社，出版《潮声》刊物[48]。并以他犀利之笔，为刊物写下发刊词。殷夫 1929 年 8 月 5 日所写的《寂寞的人》这首诗，就是源自他与王三川散步于上海一个公园时；两位青年一面走着，一面说起新友故交的事情，感怀之余，殷夫提笔抒发而成。1931 年，卓有才华的青年诗人殷夫在上海牺牲。王三川痛悼友人，继续前行，他自己也两次遭国民党逮捕。在 1934 年，他再次以"危害民国罪"被捕入狱。西安事变后，他经组织营救出狱，同年赴延安学习，后回浦东开展抗日工作。

1938 年，一日，王三川回三林余庆堂，请弟弟"出三林，投身伟大的抗日运动"。王联芳对三哥"一向唯命是听"，兄弟同心，其利断金。为方便浦东游击队在上海采购枪支弹药、运送抗战物资，须设一个重要联络点。这个点，最终设在上海市区西爱咸斯路 282 号（现永嘉路 282 号）的"飞达车行"，车行老板即王联芳。这里成为许多抗日领导人来往的交通站，被后人誉为"浦东李向阳"的朱亚民，1941 年在"飞达车行"驻留三个月，与王联芳、陈金娟"生活在一个屋檐下"。

---

(47) 1926 年下半年，王三川在广州加入中国共产党。

(48) 1928 年底，王三川与共产党员殷夫、陈元达创办进步刊物《漢花》。潮声社及《潮声》刊物由王三川与其他同学创办。

1942年，经组织决定，王联芳随哥哥由浦东往浙东，打入余姚县保安团，从事地下工作，并负责供给抗战根据地军需物资。王三川为根据地购买了许多禁运物资，如布匹、药品、纸张等。日伪余姚县县长劳乃心对王三川的活动渐生疑忌。就在抗战胜利前的至暗时刻，即1945年5月1日，王三川自余姚县城乘船往临山途中，被劳乃心派人秘密杀害于太平桥。

王三川壮烈牺牲，年仅34岁。痛闻噩耗时，王联芳亦被敌伪软禁控制，残忍的敌人问："谁送王三川最后一程？"

"我去。"挺身而出的是王三川弟媳陈金娟，其时她正身怀六甲。他们都在王三川的领导下，积极工作，完成任务。

陈金娟见到的王三川浑身是血，双眼睁大，死不瞑目。陈金娟向当地百姓要了温水，将其身上血迹拭净，并含泪附在他耳边说："阿哥，你的仇一定会给你报；我和联芳也一定会把你的儿女当作自己的亲生儿女，好好抚养长大。你放心吧。"陈金娟一遍遍讲，一下下撸他眼皮。终于，王三川舒眉瞑目。

王三川牺牲的消息传至四明山抗日根据地，三北游击司令部政委谭启龙、司令员何克希闻讯，当场顿足痛哭——英才骤逝，是我党地下工作一大损失。

上海解放前夕，两名杀害王三川的凶手被镇压；新中国成立后，另四名凶手，由浙江省人民政府主席谭震林亲笔批准，被执行枪决——告慰了王三川烈士的英魂。

劫难过后再潜伏

1945年9月，一个月黑风高的日子，王联芳带两家八口人（其中有他自己的两个儿子，哥哥的遗孀及三个儿女）回到三林余庆堂祖居地。四个月前他的哥哥牺牲，一个月前他的父亲王槐生抑郁病亡。6月30日，王家迎来一个新生命：王石明在极度危难之际，向着险恶的生存环境大哭降生。

后来，母亲陈金娟对王石明说："这以后，你是日日晚上止不住的哭声啊。"后来，组织派人将他们全家接到安全地陆家坞，他依然做噩梦般地哭闹（母亲说他是和牺牲的三伯父"心灵感应"）。直至9月，部队北撤，从浙江到金山，到松江，一叶小舟颠簸于江海。一路行，幸有一个经验丰富的船老大，"扼浪而船不倾"。他们的目的地是苏北根据地。至松江，部队领导对王联芳说："你们有五个小孩，一个还刚出生，后面的路程更艰难。"

"再苦我们也要北上。"

"风险太大了，你们就留在上海吧。"

"我们不怕危险。"

"这是命令。留下，养育好烈士子女。同时，在老家潜伏下来，建立交通联络点，也是组织需要。"

这一"命令"，改变了全家人命运。部队"从牙缝里挤出50石米"，留给他们做生活上的保障。于是，他们回到浦东，随着几声狗吠，潜入三林老家。

孰料，到三林后未几日，又有人报信：追杀你们的敌人正在路上，从速转移。王联芳明白，祖屋难居，老家难寝。牺牲的三哥早就对他讲过，如以革命为信仰，"你会一直奔波在险路上"。

父亲的守灵日未满，三哥的家祭日很短，他们却必须离开，一家人隐蔽到了上海市区的石门一路。及至1946年3月，虹口的日本侨民大批回国，吴淞路一带空出一些街面房。王联芳向人借了钱，租下吴淞路 316 号，在此开设"金玉童鞋店"，以经商名义，为我党人员往来苏北与上海，以及筹措战略物资和活动经费，展开了艰辛的地下工作。

对于王石明的"夜哭"，据母亲陈金娟回忆："到了吴淞路，像狂浪变静水，终于消停了。"

艰困中的引航人

1949 年 8 月 8 日，由当时的宁波市市长亲笔签字、浙江省宁波市人民政府的一封公函，发到上海市民政局，证明王三川烈士的身份，并告知，烈士的妻子王友菊"家境贫寒，生活艰难"，特请上海市政府"以优待烈属条例予以救济，并希帮助王友菊参加工作为荷"。

1949 年，是中国天翻地覆慨而慷的日子。王联芳和陈金娟接此函时，困境中的王友菊已到外地工作，并在此前安排了一件"撕心裂肺的事"：将家中老三——第二个儿子王雪明，过继给了上海江阴路的张家。王友菊回复的短信充满苦涩："在申（上海）时，本想看望你们，同时告知雪明已让我（这个）狠心的母亲，给张家做了继子。我也没有办法，硬着心肠做了此事。请你们谅解。"

那时两家都很艰困，陈金娟甚至"厚着脸"向自己曾经的用人一次次借钱，以养育英烈的后人。

在艰辛度日的时光，王联芳从不向组织伸手。两家并一家，生活负担压力山大。在哥哥王三川牺牲前两个多月，他的小儿子呱呱坠地时竟顶着一头似雪的毛发，"雪明"称谓即出。而就在上海即将解放的日子，雪明却从王家入了张家做继子。

1968 年 1 月 29 日，王联芳意外收到一封陌生人李潮声的来信。信上言："前一时间，去看望了一位在杭州的领导，共同深情忆起一个人——王联芳。在 21 年前（1947 年），就是您，将我这个小青年送到解放区参加了革命。由于我的疏忽，把您这样一位引航人日久淡忘了。在解放区时，您还赠我小博士笔一支。笔虽然不见了，脑子里的笔还在。依靠这支笔，我度过了一年的学习期，各方面得到很大提高。到解放区后，我从电台工作始，至司令部的参谋。1963 年转业后，到青浦练塘镇任镇党委书记……"

王石明说，当年，是他拿着这封信一字字读给父亲听的。父亲眼眶含有泪，却摇着头说："这个人，不记得了；送笔的事，也想不起来。送过的人，太多了。"黎明尚未到达的时刻，王联芳频繁往来上海与解放区，一次次地冒险，一次次地付出，那支小博士笔，是他付出的"一滴水"。

最幸福的是大家在一起。

1973 年元旦，是王石明的结婚日。婚后回老家，是极为重要的事。那天，父亲带着新婚的儿子、儿媳，在三林镇上一路走，直至走到人民路桥上（现为长清路桥），他用手指向西面，说："前面就是余庆堂，我们的老家。"话说完，扭头起脚离开了。余庆堂，这对新婚夫妇就这样"遥望了一回"。

父亲近乡情怯心酸，想起种种往事。

后来知晓，王石明的曾祖父叫王福元，曾在三林塘街上开了一家杂货店，给后代挣下余庆堂这一座三间带两厢的房屋。而这几间房，在新中国成立前后，王联芳将其转卖出手，一部分用于抚养烈士后代，熬过生活难关，一部分充作革命活动经费。其中：卖出的一间瓦房 32 平方米，出价 580 元；另外一间，600 元卖出。

母亲陈金娟生前有份欠债单，几十笔，欠谁还谁，写得清清楚楚。还了钱就划去，打叉。数额小的 5 元，大的几十元，写满五大张纸，前后欠钱总数 1448.66 元。这笔钱，曾经像山一样压迫着王家。不卖祖屋，何以还清？不卖祖屋，何以抚养这两大家子的人？

王石明小时候喜欢画画，羡慕有画板的孩子，可家里却买不起画板。有一次，他鞋坏了，母亲给他 3 元钱，他从家里出来后，步行很长一段路，走到武进路河南路口，再乘上 14 路电车到南京路第一百货公司，为的就是节省 3 分车钱。后买了一双最便宜的黑面胶鞋 2.8 元，剩下的几分钱都要交还母亲。重压下的父亲寡言少语，对自己的孩子一贯严厉，看到他们贪玩不学习，或是在外打弹子玩脏手，二话不说，操起板子重罚；但对王三川的儿女，一律手下留情，善目慈眉。所以，王石明的堂姐王忆川总说："爷叔对我最好，家里有肉第一个给我吃。我不要离开他。"堂哥王希明上学的书包里，陈金娟总偷偷塞进好吃的面包，而王希明将其取出后，掰开来和王石明一起分享。

有件事，令王石明刻骨铭心。

上海解放初期，家中突然不见父亲的身影。柴米油盐醋告罄，家里没有一点经济收入，母亲陈金娟守着这些孩子难以为继。

三个月后，父亲终于回家，他手里还高举一只竹篮：一整筐酸酸甜甜的杨梅啊！后得知，王联芳的"干部政治审查"圆满通过，结论："对党忠诚，为革命做出了很大贡献！"

那天，全家人一起吃杨梅，放松欢笑，"那一刻，我们是世界上最幸福的人。"

全家都是党的人

王石明脑海里始终有个清晰的画面。上海刚解放时的一个白天，5 岁的王石明和家里的孩子都看到一辆吉普车停在他们吴淞路的家门口，惊动四邻。一位高大神气的解放军军官从车里利索跳下，后面跟着两个警卫员。很少看到父母亲这么高兴，他们和解放军军官握手、拍肩，互相激动地擦眼泪。白开水，就喝了两口；开心的话，说了好久。

父母亲后来说，"这个解放军军官，就是当年打得小鬼子闻风丧胆的朱亚民叔叔啊！"

全家上下高兴了好几天，孩子们自豪了许多天。

岁月如流，王三川的两个儿女一直跟随王联芳、陈金娟，直到成人。后来，王希明于 1960 年考入重庆解放军军校。临行时，他的旅行袋里，装满了他最爱吃的松软面包——陈金娟怕他到部队会挨饿。

王联芳和陈金娟婚后颠簸清贫，但始终相濡以沫。他们所养育的五个儿女都光荣入党，成为公安、部队、教育、企业中的领导和中坚——"全家都是党的人"。王三川的小儿子王雪明（也叫张顺明），虽自幼送人，但与他们依然骨肉情深。

王联芳 1978 年去世，享年 66 岁。陈金娟病故于 1967 年，年仅 53 岁。陈金娟病重时，在部队的王希明经向上级请示，终获特批，回家见了"亲爱的好婶婶"最后一面。

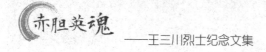

今日，在三林祖居地余庆堂，王石明抬头仰望清代遗留下的大门，读门匾上"惟善为宝"四字。他说："我们的父辈，是真正遵循了祖先的遗训——舍小家，为大家。"

这个大家，是国家。

（记者郑宪撰写。原载《解放日报》2022 年 9 月 1 日第 14 版）

戎马岁月　流芳千古

——忆王三川烈士的革命事迹

　　1937 年 8 月，上海抗战全面爆发。其间，王三川同志毅然加入新四军队伍。他从早期参加学生运动、工人运动至参加抗战，转战广东、浦东、浙东等地，为中华民族的解放事业献出了年轻的生命，牺牲时年仅 34 岁。王三川，一个英烈的名字，他是浦东人民的骄傲，他是三林人民的骄傲！

　　王三川，1911 年 2 月 24 日出生于上海县王家库村（今上海市静安区北京西路石门路），1919 年随父母回祖籍，现浦东新区三林镇西林村（余庆堂），幼年时，好学上进。小学毕业后，得到叔父的资助，于 1925 年进入同济大学附中读书。1926 年，因誓约书事件，与离校同学一起去广州，进广州电讯学校，从事学生运动。当年秋，王三川加入中国共产党。四一二反革命政变后，党组织安排他从广州返回上海。1927 年 9 月，就读同济大学德文补习班，从此与殷夫、陈元达等成为志同道合的战友，并创办了《潮声》半月刊。因参加学生运动，被反动当局逮捕，后由杜月笙担保释放。殷夫被捕释放后，党组织指示他们转移到浙江活动。

　　在象山，王三川化名王涅夫，和殷夫、陈元达一起以小学教员身份作为掩护，领导当地码头工人同反动当局斗争。他们的活动引起了特务机关注意，为此，王三川、陈元达先后又返回上海。

不久，王三川再次被捕，受到严刑拷打，后由党组织营救出狱。1930年，王三川转入上海英商公共汽车公司当售票员，在党的领导下，组织员工同英方资本家斗争。1931年，好友殷夫、柔石、陈元达先后牺牲，党组织被破坏，但王三川意志更加坚定，继续进行战斗。1934年6月，因叛徒出卖，他又一次被捕入狱，被关押在南京军人监狱达三年之久，直至1937年抗战全面爆发才得以释放。

八一三淞沪抗战爆发不久，党组织派在上海难民所工作的20多名骨干去浦东，加强抗日力量。王三川被分配到奉贤自卫团政训处，动员组织抗日武装，接着成立了抗日救国宣传团，在三墩、大团、鲁家汇、泰日桥、青村港等地，广泛宣传抗日救国思想。1938年初冬，王三川与张培元、张大鹏等十多人再次组织业余抗日宣传团，在四团仓等地宣传进步思想。1939年3月，王三川重新加入中国共产党⁽⁴⁹⁾，后历任"保卫四中"和"抗卫二大"政训员、特派员、大队长。

时隔不久，"保卫四中"根据四团仓一带群众要求，转回叶家祠堂附近，突遭忠救军胡镇海部三面围攻。王三川立即指挥部队奋勇还击，致胡镇海部败退撤走。事后获悉，胡镇海是利用当地一姓李的地痞监视四中的行动，以寻机挑衅。

1941年4月5日，五支队四大队在林有璋、王三川率领下深夜突袭，一举攻入驻川沙县青墩伪警察第七大队七中队一分队驻地，俘获30多人，缴获日式步枪27支、短枪2支，五支四大无一伤亡。之后，五支队以常备三中队扩建为三大队，王三川任大

---

(49) 1938年恢复党籍。

队长；随之，朱亚民回浦东时把浦西工作移交给了王三川。

1942 年，中共浙东区委成立，根据党中央"隐蔽精干、长期埋伏、积蓄力量、以待时机"的方针，把伪军改造为抗日武装，积极开展游击战争。当时王三川已打入伪镇海警察大队任大队副，做策反工作。党组织根据王三川与伪余姚县保安团（简称姚保）团长张妙根同乡、同学的关系，调王三川打入余姚敌人内部，任团副；负责我党的情报搜集、组织策反、营救我方人员、运送紧缺物资等重要工作，取得了积极成果。

1945 年初，地下党秘密建立了姚保工委，王三川任书记，主要任务是灰色隐蔽、配合根据地斗争。其间，王三川根据党的指示，安插浙东党组织 10 余人进入日本特务机关任职，向四明山新四军根据地提供情报，报告日伪军动向，为我军反扫荡和根据地建设做了大量工作，发挥了重要作用。

1945 年上半年，随着姚保工作的深入开展，王三川的身份有所暴露。铁杆汉奸劳乃心依仗日寇势力，屡次破坏我方组织，危害革命同志，无恶不作。他对王三川更是处心积虑，布置密探，设下埋伏，欲置王三川于死地而后快。4 月底，劳乃心打电话给王三川，要他自临山回余姚，谎称有事商量。王三川没有充分估计到劳乃心的阴谋。5 月 1 日上午，王三川船刚到太平桥，就被劳乃心所派便衣队拦住。王三川一上岸，即被枪杀，时年 34 周岁；警卫员谢海忠同时被害。新中国成立后，王三川烈士灵柩自宁波四明公所移葬于余姚胜归山烈士墓。

（丁文龙撰写　上海市浦东新区新四军历史研究会）

敬忆先烈和亲人

我是原余姚保安团八中队队长（任期1943至1944年）童承明（可能有其他化名）的儿子。当年，在极复杂危险的隐蔽战线上，我父亲在王培良的领导下进行对日斗争，他们的生死情谊非常人可理解，有我父亲的法院判决书为凭。我父亲在全面抗战开始后，先后任盐务警察队长、食盐"抢运站"站长等职，为抗战出力。随着日寇进犯，上述机关解散。王培良看到我父亲为人正派，又有军事能力，就动员我父亲参加了余姚保安团，并任八中队队长，驻防马渚、陡门、湖堤等处。他在王培良的指示下，多次帮助四明山抗日根据地。后因事情暴露，劳乃心要对我父亲下毒手时，由王培良和张妙根安排离开保安团，并发安家费若干银圆。我父亲离队后以经商为生，直至新中国成立。据我父亲讲，他离职后王培良去兼任八中队队长，后遭毒手。对王培良的牺牲，我父亲始终怀有巨大的沉痛感，认为自己的命是王培良的命换来的。我父亲对王培良的感恩之情是一般人难以体会的。

（童雄星撰写于2024年12月）

关于父母抚养王三川遗孤的回忆

我父亲王联芳，是王三川的弟弟。王三川任余姚县保安团副团长时，父亲是余姚县保安团军需主任。母亲陈金娟凭余姚县保安团团长张妙根母亲干女儿的身份，介绍王三川参加余姚县保安团。王三川牺牲后，父母把其女儿和两个儿子如同自己的亲生孩子般，十分辛苦地进行抚养，将除小儿子外的两人抚养成人。对此，我历历在目，记忆犹新，始终在脑海里挥之不去。

1945年5月1日，由于敌人采用阴谋诡计及我党有关人员的失误，王三川惨遭以日伪余姚县县长劳乃心为首的汉奸杀害，使我党损失了一名在大革命时期入党的久经考验的优秀党员。王三川牺牲不久，父亲即被押至日伪余姚警备队软禁。劳乃心派出警备队队员抄了我们住在余姚县保安团团部的家。幸亏我母亲机智灵活，乘敌人不备之机，当机立断将王三川临走时交由保管的一串钥匙塞进沙发靠背和坐垫之间的缝隙。敌人即使搜遍全家，也无法找到这串钥匙，只得草草收场。待敌人走后的当天深夜，母亲叫做家务的马彩贞到外面兜几圈，察看情形。在确保安全的情况下，母亲把保险箱和铁皮箱里王三川留下的纸张全部销毁。第二天清晨，母亲不顾已身怀六甲，冒着风险带上马彩贞去王三川牺牲地——太平桥收尸。当时，王三川遗体已被当地好心农民用衣服盖着。母亲看到王三川遗体满身鲜血，数了数枪眼共有7孔。

王三川双眼睁得很大，死不瞑目。母亲即向当地老农要了一些温水，将其身上的血迹小心翼翼地擦得干干净净，然后用双手轻轻地揉着他的眼皮，并附在他耳边一次又一次地说："阿哥，侬的仇我们一定会报，我和联芳也一定会把侬的女儿和两个儿子当作亲生孩子抚养成人……"就这样，经母亲翻来覆去摩挲，一遍遍地诉说，王三川终于舒眉瞑目。母亲又用自己的积蓄买了一副楠木棺材和一副普通棺材，旨在将王三川和他的警卫员谢海忠入殓。劳乃心得知后却暴跳如雷，强行用普通棺材代替楠木棺材安葬王三川。

是年9月的一个夜晚，月黑风高，经党组织安排，父母和王三川遗孀王友菊带5个孩子（其中3个孩子为王三川遗孤，另2个孩子为我和哥哥）随部队北撤。渡海时，正值风大浪急，我们8个人乘坐的小船不停地颠簸于汹涌波涛之中。大浪不时打来，小船差一点被打翻，幸亏船老大经验丰富，将船头顶住大浪行驶。苍天有眼，小船终于脱险，保住了我们8个人的生命。我们全家人打算继续跟随部队去苏北根据地，中共浙东四明工委委员吴建功对父亲说："经党组织决定，由于行动不太方便，你们不能继续随部队北撤。你的任务是把王三川的3个孩子和自己2个孩子抚养成人。同时，你潜伏在老家建立地下联络点，我们将随时派人与你联系。现在党组织拨给50石米，为暂时解决你们的生活困难之用。"这个决定又一次改变了我家的命运。于是，父母、王友菊携带5个孩子回到上海浦东三林塘余庆堂。此时，我的祖父刚病故，党组织又派人来对父亲说："国民党说你是汉奸，要前来抓捕，你们要迅速离开这里。"当晚，父母又带着一大家人隐蔽在母亲的老东家、位于石门一路321号的永泰时装公司，以及322号陆鸿昌商店和杨永记商店的亲戚处。

1946 年 3 月，根据党组织的要求，须找一处地方作为往来苏北根据地联络点。父母得知虹口有一批日本侨民撤离，当即向他人借了一笔钱，租下位于吴淞路 316 号街面屋开了爿金荣皮鞋店，店名是从父亲化名王炳荣取其"荣"和取母亲名的"金"字而来（后怕敌人怀疑又将店名改为金玉童鞋店）。他们以经商名义，将此店作为我党人员来住苏北与上海、筹措物资和经费，以及向苏北根据地输送有志青年的联络点。我们 8 个人常在这联络点生活。1947 年，我的弟弟出生，一家人变成了 9 口，对父母来说家庭生活困难所带来的压力可想而知。

新中国成立初期，家里经济条件仍然非常困难。父母亲迫切希望王友菊一起在上海抚养 3 个孩子。1950 年，父亲写信给浙江省委委员兼省财政委副主任顾德欢。顾德欢收到父亲的信后立即指示宁波市人民政府发公函给上海市人民政府："证明王三川烈士身份，并告知烈士妻子王友菊家境贫寒、生活艰难，特请上海市政府以优待烈士条例予以救济，并安排王友菊参加工作。"（见《烈士传》附件）当父母亲满怀兴奋、感激之时，王友菊却已离开上海去外地找工作，并留下将小儿子过继给他人的一封信。这个决定使我们一家人撕心裂肺，都十分伤心地流下眼泪，尤其是母亲号啕大哭，再三说她有愧于王三川。

当时，每逢过年过节，区委领导都会带上一批人敲锣打鼓地给我家送来一些年货和日用品，并在家门口挂上写有"光荣之家"字样的匾额。我们深知，这一荣誉是王三川用鲜血和生命换来的，应格外珍惜。更令父母欣慰的是：1951 年 5 月，经浙江省人民政府主席谭震林批准，对杀害王三川的凶手方噪、章志坚、洪师军、王国桢执行枪决，对凶手乔雪良判处死缓，首犯伪侦缉队队长赵祖英被捕后自杀，肖子健、钱菊英、陈金才在新中国成立前均已被我军镇压。唯独主犯劳乃心，在新中国成立前逃至台湾，后转去日本。这不仅是父母亲一生最大的遗憾，而且是余姚民众最大的遗憾。

在家庭经济拮据和生活困难的重压下，父亲总是沉默寡言，我在孩提时代几乎未见到他的笑脸。父亲对待自己的孩子往往十分严厉，动不动就用板子重罚。每天父亲下班回家时，我总是胆战心惊。父亲回家做的第一件事是先到亭子间向阿奶（奶奶）请安，然后便问我们今朝乖否。我和哥哥总是老实交代，在弄堂踢球把隔壁邻居的玻璃弄碎，或是踢翻人家的马桶等。接着，父亲叫我和哥哥把双手摊开，如果发现我和哥哥被打过弹子，就拿起戒尺狠狠地打在我们的手心，多则十几下，少则几下。有时，我们去偷偷捉蟋蟀，为尽可能瞒着父亲，总是将蟋蟀盆到处藏起来。可是蟋蟀要叫，父亲循声找到后将盆子一起摔掉，我和哥哥又免不了吃一顿"生活"。然而，父亲不仅对长辈很是孝顺，对我的堂姐和堂哥也是关爱有加。父亲从来没有打骂过我的堂姐和堂哥，最多只是批评几句而已。堂姐多次深情地对我说，她在我家从来没有吃过苦，穿的衣服和鞋子都是叔叔、婶婶买最好的，家里有肉总是她第一个先吃；堂哥也常对我说，叔叔、婶婶经常在他书包里放上面包，还教育他不忘烈士后代的本色，要做一个对社会有用之人。

新中国成立初期，为了一家人生活，父母总向亲戚借钱。我记得，小时候有几次在跟母亲借钱后回家的路上就失声痛哭，发誓早点去工作赚钱，以帮忙还清家里的债务，但遭到母亲的坚决反对。母亲从小就吃苦耐劳，加上随和亲善、严守信誉，亲戚、朋友和邻居对我们都十分慷慨大方，虽然知道我家的困难，但是从不要母亲写借条，也不向母亲催借款。而母亲总是把债写在本子上，有几十笔，前后欠钱 1448.66 元。家里因经济、生活困难而造成的精神压力是常人无法忍受的，但母亲却坚强地挺着，这是因为母亲承诺过"再苦再累也要把王三川和自己的孩子抚养成人"。为全家人的生计，母亲辞去瑞丰里弄等四个弄妇女总代表之职，去做季节工、临时工、保育员；为抚养王三川的遗孤，母亲经父亲同意变卖了值钱的手表、照相机、望远镜、樟木箱及自己的嫁妆，甚至将自己冬天防寒的"海虎绒"大衣都给变卖了。父母亲还出卖了曾祖父给后代挣下的两间余庆堂瓦房（32 平方米），一间售价 580 元，另一间售价 600 元。后来，在老同志和政府的关心下，母亲在上海一家汽配厂成为正式工人。

希明哥小时候挑食，如南瓜、胡萝卜、蕹菜（空心菜）都不吃，这些菜母亲从来不买，专挑他喜欢吃的买。希明哥睡觉时经常磨牙，阿奶讲有一秘方，即吃猪尾巴可治，母亲就在熟食店买了一根猪尾巴，交给阿奶。阿奶偷偷地对希明哥说："这根猪尾巴你躲在亭子间门后吃，不能告诉其他人，不然就不灵。"果然，他吃了猪尾巴后，晚上睡觉就不磨牙了。这是堂哥在退休后住我家时谈的趣事。有一次，我问希明哥："你猜猜现在马路上人们所戴的黑色口罩是谁发明的？"他想了一下，哈哈大笑，然后讲："是阿奶发明的，可惜她没有申请专利权。"那时冬天上学，为御寒，阿奶给我们兄弟四个每人做了一只由新黑布制成的口罩，出门时还逼着我们戴上。当时，我们从来未见有人戴黑口罩，生怕别人笑话，一出弄堂口就马上摘掉口罩放入口袋去学校。后来母亲知道了，就去药店买了消毒纱布，借邻居的缝纫机为我们每人做了一只白色的口罩。母亲要求我们从小就养成帮助他人的习惯，如见拉车上桥的要帮人家推一把。因此，我们只要过桥时，不管人家拉黄包车、黄鱼车、板车什么的，都要上去帮忙推一把。母亲是伟大的，她的大爱精神深深地感染着我们，激励着我们不断前行。

我还记得，自己在小时候与堂姐、堂哥最开心的是亲戚从三林塘乡下来看望母亲。这些亲戚随身带来用麻袋装的珍珠玉米、甜露粟、西瓜、蚕豆、洋山芋、番茄等农产品，加上我们从河里捉到的大闸蟹、鱼、虾，我、哥哥、堂姐、堂哥总算可以敞开肚皮饱餐一顿。

岁月如流水，我们伴随着父母亲的艰辛劳作慢慢长大成人。堂哥、我哥及弟弟分别在 1961 年、1962 年参军，开始一起帮父母亲还债。生活逐渐有了好转，我家的苦日子总算熬到头，父母亲的脸上终于呈现出一丝丝的笑容。然而，母亲为了让我们吃得好，自己一直都节衣缩食，患的胃病严重发作，身体越来越差。她总是牵挂着堂哥，还写信给堂哥要求他努力工作、努力学习。堂哥为报答母亲的养育之恩，在母亲病危前经特批回老家见了她最后一面。母亲病故于 1967 年，年仅 53 岁。父亲也积劳成疾，病故于 1978 年，年仅 66 岁。

在父亲病危期间，袁啸吟同志曾两次前来看望，并特意关照我父亲，"如今后有什么困难或是什么事情需要帮忙，叫孩子们尽管来找我，我一定将你和三川同志的子女当作自己的孩子看待。"

父亲病故时，组织上和方晓、林雪、方琼、钟虹、袁啸吟、董静之、林有用、朱亚民、洪舒江等同志，都发来了慰问电、慰问信。特别使我感动的是，洪舒江同志代表老同志对《王联芳、王三川同志的一些情况》做了评价：

王三川同志早在抗战前就参加革命，长期在上海、广州、浙江等地搞地下工作。抗战时，王三川同志出狱后到浦东打过游击，在此期间，联芳同志一直帮助其兄三川同志，不仅在工作上掩护，在经济上也予以很大的支持。

1942年，组织派王三川同志埋伏在伪余姚保安团工作，王联芳同志也根据组织的指示打入该部队任军需主任，从而正式参加革命工作。在此期间，联芳同志和三川同志一道为党的事业做出了贡献。

1945年，三川同志因工作暴露被敌人杀害，联芳同志根据组织指示，带上5个孩子（其中3个是三川的子女）到上海。后组织上拨给50石大米让他经商，他在吴淞路开设皮鞋商店，以维持一家八口的生活。王联芳夫妇此间变卖了家中财产，熬过了生活难关。在此期间，联芳同志又掩护我和顾敏同志的工作，他还不畏艰难地护送军需物资到苏北解放区。新中国成立后，他也为党做了大量工作，直到1978年患癌症逝世。

联芳同志对党忠诚，对革命做了很大贡献，对同志极为热诚，确实是我们党的好同志，同时对抚养革命后代也做了应有的努力。凡是我和接触过他的老同志，对联芳同志都是很崇敬的。至于联芳同志的后代，在生活上如有困难，建议组织上予以优先照顾和及时解决。[50]（见《烈士传》附件）

---

(50) 摘自洪舒江的信函，并盖有组织的公章（见《烈士传》附件）。

以上是洪舒江、袁啸吟等同志对我父母为革命工作所做贡献和培养王三川遗孤所做的努力给予的最好评价，也体现了老同志对我们下一代的关怀之情，实在令人敬佩。借此文对他们表示衷心的感谢。亲爱的父母，你们在九泉之下安息吧！

（王石明撰写于 2024 年 3 月）

从书中认识爷爷王三川

对于爷爷,在我记忆里是模糊的。小时候只知道他是一位烈士,因为有一张烈属证装在镜框里,一直挂在家里的墙上。儿时的记忆中,在暑假里,会有一大群人敲锣打鼓地来家中,记得有一年是三轮车上满满的一车西瓜。过年时有送来桂圆、红枣等,后来记得有送可乐、雪碧了。长大后才知道这是民政局对于烈属一年两次的慰问,形式也渐渐地改变了,听父亲说八一有几百元的慰问金及过年的油米之类。在前两年父亲过世后,这个慰问也就结束了。

对于爷爷的一点点了解还是从我上海一位叔叔那里得到的,他来宁波我家里时,常会谈起关于爷爷的故事。那时也就仅仅是听说,对爷爷总的印象还是一片模糊。

到小学三四年级时,家里有了一本四明英烈谱,有写王三川烈士。那个时候才稍微有点了解,虽然四明英烈谱上的介绍只有短短的两页,但也算是初步认识了爷爷。记得上学的时候,我还把书带去了学校,给同学们看,让他们也知道我爷爷是位大英雄。

到20世纪90年代后,我才看到《无形的战线》《上海英烈传第九卷》。这两本书上写得详细了很多,说爷爷当时在同济大学读书,与殷夫、陈元达是同班同学。殷夫多么熟悉,左联五烈士呀,竟然是爷爷的同学。这时我早已从学校毕业,否则在老师讲殷夫的课时又可以炫耀了，说他是我爷爷的好友、同学。

父母第一次带我去余姚胜归山烈士陵园扫墓时，我还没上学，有一点点记忆在，从宁波坐火车到余姚。后来多次去胜归山烈士陵园，也到梁弄革命纪念碑，在这些地方都能看到关于爷爷的介绍。

2012年11月1日，在我父亲和上海叔叔的带领下，我们回到了上海浦东三林塘故居。第一次走进我的祖上老屋——上海三林镇（余庆堂），老屋已无完整地保存，只剩凌乱破落的点滴，也已不再是我们的家了，只有那半堵老墙似乎还显示着我们王氏家族当时的辉煌。

当天，我们又去了三林烈士陵园，那里也有关于爷爷的介绍，还看到了一座他的雕像。这是雕塑家娄家骐创作的作品，手拿榔头的工人领袖沈干成烈士和手持手枪的王三川烈士在一起的雕塑。

对于爷爷更多的关注，是从2015年开始的。2015年3月31日，我与父亲、叔叔来到余姚党史办公室。当时，党史办的工作人员和一位94岁的新四军老战士陪同我们去了爷爷居住和工作过的地方——位于余姚凤山街道工人路上的宜春堂。位于凤山街道合宝弄的蒋氏洋楼，曾为侵姚日军司令部机关所在地。后来，我们又到太平桥爷爷牺牲的地方。桥边上住着一户人家，交谈中才知道他们70年前就住这里。70年前爷爷牺牲的时候，就是他父亲拿了衣服盖在爷爷身上，他父亲前一年也过世了。2018年，我又一次来到太平桥拍些照片，在桥上碰到一位村民聊了会儿，他也知道王三川事件。他说，上学时他们学校都组织去烈士陵园扫墓的，还说村里的老人都知道王三川。

2015年4月1日，我们来到象山党史办，吕国民主任接待了我们。象山是殷夫的故乡，也曾是爷爷工作过的地方，当时他与殷夫、陈元达一起在女子小学教书。吕主任带我们去了西寺，他们曾居住过的地方，还参观了殷夫故居，这都是爷爷曾经到过的地方。

同年5月，由中共上海市浦东新区委员会党史办公室（地方志办公室）、同济大学档案馆（校史馆）联合举办的纪念王三川烈士牺牲70周年座谈会召开。

会上听了很多关于爷爷的事迹，我自己手上资料并不多，只有四五本书。为了进一步挖掘有关爷爷的历史资料，从而比较完整地记录他革命的一生，我开始搜集所有关于爷爷的资料。从网上查，有爷爷相关信息的书都买，如《上海县志》《上海青年志》《同济大学志》等书中都有他的介绍。同时，也寻找他战友的回忆录，如方琼同志纪念文集中的方琼回忆录，朱亚民写的《我与浦东抗日游击队》等；还在殷夫选集里发现一段，殷夫写到与爷爷在公园散步，回去后即写下《寂寞的人》一诗。至今，我已搜集了200多本相关资料，其中提到爷爷的有七八十本。

在搜集资料的同时，对爷爷的认知也渐渐清晰起来。

爷爷在1925年考入国立同济大学中学部机师科艺徒班，1926年参加了同济学生运动——反誓约书，后与同学离开学校去了广州，并加入党组织，继续参加革命。想想我们在十五六岁的年纪还在上初中，也没有成熟的思想，而爷爷那个时候已在负责团组织的活动，宣传反帝反封建的革命思想。

1927年，爷爷受党组织派遣，返回上海。同年，他又考入同济大学德文补习班，与殷夫、陈元达成为同学。在短短一年多学习时间里，殷夫、陈元达都有德文诗的译作发表，可以想象他们当时学习是多么地刻苦，因为他们同时还要参加革命工作，组织学生运动。在学校里，殷夫创办了油印文艺刊物《漠花》，爷爷创办了油印刊物《潮声》半月刊，并用犀利的文笔为刊物写了发刊词。可惜我一直没有找到有关爷爷写过的文字，查询了殷夫、陈元达曾发表过作品的《开拓者》《太阳月刊》等一些当时的刊物，也未查到有效信息。殷夫、陈元达都与鲁迅有过交集，我也读了鲁迅日记，在日记里有出现殷夫、陈元达，但无爷爷的踪迹。也许爷爷在当时有另外的笔名、化名，只是已无从考证，非常遗憾。

1928年，因安全问题，按党组织要求爷爷与殷夫、陈元达一起转移到象山。他在象山县立女子学校教算术，并发动学生排演进步话剧。1932年，根据党的指示，他先后到闸北、虹口、淞南等地的夜校担任国文和音乐课教师；夜校放学后，他还组织学生散发革命传单，张贴革命标语。1938年，他受党组织派遣到浦东抗日救国宣传团，除参加一些宣传活动外，还为团员讲《矛盾论》《论新阶段》《论列宁主义基础》等理论知识。同年底，浦东抗日救国宣传团解散后，爷爷又来到浦东泰日桥小学教书。可以看出，爷爷才华横溢，在学校里能够教授各门课程。

爷爷按党组织指示，先后到过新宇宙书店、英商上海公共汽车公司、京沪区铁路局（铁路工会党团书记）从事革命工作。他组织英商汽车公司工人大罢工，并以工人代表参加全总在上海召开的第五次全国劳动大会。这体现出爷爷有相当强的组织和领导能力。

抗日战争爆发后，爷爷受党组织派遣到浦东参加抗日活动。

我看到书上有写爷爷做过"保卫四中"政训员、"抗卫二大"一中队政训员、"淞沪五支队"四大队特派员、"淞沪五支队"三大队大队长等职务。原先一直不明白"保卫二中""保卫四中"是什么，后来在《抗战中的浦东史料》《上海郊县抗日武装斗争》等书中找到，原来是南汇县保卫团第二中队、南汇县保安团第四中队番号的简称。

淞沪五支队南渡浙东后，爷爷就打入敌人内部工作。他先在镇海水上警察大队任大队副；后又打入到余姚保安团，任副团长；最终在抗战胜利前夕牺牲在余姚。

爷爷的一生充满了奋斗与牺牲精神。前期，他身先士卒，领导学生运动，点燃青春的火焰，唤醒了无数热血青年的爱国情怀。他站在时代的前沿，引领着工人运动，为工人阶级的解放事业奉献着自己的青春与热血。抗日烽火燃起，他义无反顾地投身到这场伟大的民族解放战争中。他深知，为了人民，为了国家的未来，必须挺身而出，用生命和鲜血捍卫民族的尊严与独立。他的牺牲，是为了人民的幸福与安宁，是为了国家的繁荣与富强。他的精神，将永远激励着我们前行，成为我们心中永不磨灭的丰碑。让我们铭记革命先驱的英勇事迹，传承他的革命精神，为实现中华民族的伟大复兴而努力奋斗！

我有个愿望，就是重走爷爷走过的路，去寻找爷爷的足迹。我已走过一些地方，如"保卫四中"的遗址位于南汇县祝桥镇新如村，当时找到村委问来大约的位置，一路寻找。后在一片农田的角落看到一块由铁栏杆围着的石碑，上面写着：南汇县保卫团第四中队队部遗址。我还去了红色泥城主题馆，很不巧，去的当天闭馆，不接待。与门卫聊了会儿，他知道我是烈士的后代，非常热情地请我进保安室坐。他是当地人，对这段历史比较熟悉，告别时还送了我一本《泥城人民革命斗争史》。在导航上能看到泰日学校，找到学校后得知又分中学部和小学部，问了很多人都不知道泰日小学原址在哪里。后来学校有位老师说知道，就在附近，按他指的位置寻找到大昌路。询问一位推着自行车路过的老人，他给我指了具体位置，并说他以前就是在泰日小学读书的，也知道那些故事。可惜没与他聊太多，否则可以挖掘些当年的情况。一眼望去，泰日小学还剩有小半间的残砖败瓦；这是前几年的事，现在应该已荡然无存了。

我也寻找了火烧桥、三王庙（现为碧云净院），这两地都是爷爷战斗过的地方，如今都已修缮一新，没有了历史的痕迹。

在余姚，我还去了爷爷居住过的宜春堂，临山——当时保安团驻地，太平桥——爷爷的牺牲地。

我将继续去寻找爷爷曾经到过的地方，以此方式来怀念爷爷。

（王海波撰写于 2024 年 3 月）

论王三川的革命精神

王三川短暂的一生是革命的一生、战斗的一生、光辉的一生、伟大的一生。他为反对帝国主义、封建主义和官僚资本主义在中国的统治，为中华民族和中国人民的解放事业呕心沥血，忘我战斗，最后壮烈牺牲在抗日战争胜利的前夜。他作为中华民族和中国人民两千万烈士的一分子，给人们留下的革命精神十分丰富，是一笔珍贵的财富，与日月同辉、与山河同在，永载史册。

表现

王三川的革命精神是他精神境界、道德情操最为集中的体现，也是他的世界观、人生观和价值观最为集中的体现。主要表现在：

（一）勤奋好学

1920 年 9 岁时，王三川就读于上海市浦东三林贞固蒙私立学堂。在课堂上，他认真仔细地听老师讲课，按时保质完成老师布置的作业；在家里，他不仅夜里经常自觉挑灯读书，而且白天经常利用课余之暇自觉读书。他在私立学堂的两年时间里，学习成绩始终优秀，尤其第二学年被选为班长后更是名列全班第一。1922 年 8 月，他就读于三林高等小学。在高等小学期间，他继续保持私立学堂学习的好习惯，不仅勤学，而且善思善问、虚心求教。他对课文中的疑难问题经常善于思考，对不懂的问题往往求教于老师，有时他还向同学请教，从而使学习成绩突飞猛进。由于勤学、善思、善问，他仅用三年时间就读完高等小学的全部课程，而且学习成绩一直名列学校前茅。他深感小学毕业的文化水平不足道，难以作为改造社会、改造家庭、改造自己的资本，于是决定继续深造。在高等小学毕业那年，即1925年的夏天，在家人和亲戚帮助下，他考取上海市国立同济大学中学部机师科艺徒班。虽然这个班属于半工半读性质，但是他求知欲望十分强烈，如饥似渴地学习文化课知识。那时正值五卅运动，他加入同济大学学生举行的反誓约书斗争的行列，不久与被开除和退学的同学一同转到广州黄埔军校。他因年纪轻被分到属于黄埔军校的电讯学校，负责共青团工作。他不辜负组织重托，积极做好共青团工作；同时也刻苦学习电讯业务知识，不断提高电讯业务水平。1927年8月，他以十分优异的成绩考入同济大学德文补习科。在校期间，他作为上年参加共产党的人，以共产党员标准严格要求自己，不仅勤奋学习学校规定的各门学科，而且善于总结参加革命活动的经验，向社会学，向实践学，向他人学，不断地提升自己的政治思想觉悟，丰富自己的社会实践和文化业务知识。1937年7月，他在中共上海八路军办事处的安排下赴延安鲁迅艺术学院学习。虽然学习时间不长，只有两个多月，但是他十分勤奋系统地学习了毛泽东《中国共产党在抗日时期的任务》《为争取千百万群众进入抗日民族统一战而斗争》《实践论》《矛盾论》等一系列著作，个人的理论、文化等方面水平得到了极大的提升，使个人的世界观、人生观和价值观得到了进一步改造。

（二）顽强反抗

为推翻帝国主义、封建主义和官僚资本主义在中国的统治，王三川无论在革命高潮时期还是在革命低潮时期，都坚贞不屈，进行顽强斗争。1926 年，三一八血案发生后，他和同济大学同学参加上海市民 3 万余人追悼北京遇难烈士的大会，严厉声讨帝国主义和北洋军阀的罪行。同时，他义无反顾地和同学们参加反"誓约书"的斗争。反"誓约书"斗争是第一次国共合作时期，统一战线与中外反动派生死搏斗的一大表现，有力地推动教育界反帝反军阀爱国运动的深入开展。1927 年，四一二反革命政变及七一五事件发生，由国共两党合作发动的大革命宣告失败。在革命低潮时，他虽然有过彷徨，但斗争意志仍然十分坚定：毅然决然地解除与充当蒋介石帮凶的顾嘉棠女儿的婚约。后考入同济大学德文补习科，与共产党人陈元达、殷夫结成挚友，勇于参加革命活动。他在参加革命活动中，发动中国公学等师生张贴标语、散发传单、创办壁报，顽强地向帝国主义和国民党反动派开展坚决的斗争。同时，他组建党小组。根据党组织安排，1928 年 9 月，他与陈元达、殷夫隐蔽到象山开展革命活动。1929 至 1930 年，他发动英商上海公共汽车工人建立赤色工会、武装纠察队和后援会等组织，并组织工人进行大罢工。1932 年春，根据党组织指示，他利用在闸北、虹口、江湾等地兼任夜校教师的身份，向广大师生与群众教唱抗日救亡歌曲，散发传单，张贴标语，揭露日本帝国主义和蒋介石国民党反动派的罪行。1933 年，他发动铁路工人和沿线农民积极投入抗日救亡运动。1934 年春，他任铁路工会党团书记，深入上海、苏州、无锡、镇江、南京、松江、嘉兴、杭州等地建立党团支部，发展党团员，组织开展抗日救亡运动。

1938 年 1 月，王三川参加浦东抗日救国宣传团。其间，他利用自己年龄大、党龄长的特点，向团员积极宣传毛泽东《实践论》《矛盾论》《论新阶段》《论列宁主义基础》等著作的思想，并向群众宣传抗日救亡的意义，不断增强团员的理论觉悟和群众夺取抗战胜利的信念。是年 8 月，他任南汇县保卫团第四中队（以下简称"保卫四中"）政训员，为提高这支部队的战斗力、抗击日伪军和国民党顽军做出了重大贡献。1939 年 6 月，"保卫四中"被改为"抗卫二大"，下设两个中队，他任一中队政训员，同时兼任中共浦东工委委员。11 月，他率领一个班在长沟乡火烧桥设伏，与百余伪军开展激烈的战斗。1940 年 11 月，他任第五支队第四大队特派员。翌年 4 月 8 日，在他率领下，第五支队第四大队沉重打击了川沙青墩伪警察所，缴获日式步枪 27 支、短枪 2 支。6 月，他任第五支队第三大队队长，在是月 26 日夜率部袭击三王庙伪警察分队，毙伪军分队长和一等警士 2 人，俘虏 13 人，缴获一批步枪。同时，他还率部打入虎穴，被编为镇海水上警察大队，任副大队长。从此，敌人的海上严密封锁线被捅开一道缺口，党领导的第五支队人员和运输畅通无阻地进行往来。1942 年末，根据党组织指示，他打入日伪内部，任伪余姚县保安团副团长。其间，他利用自己合法身份，在为党组织提供通行证、日伪军情报，营救因负伤而被捕的第五支队大队长蔡葵，以及把西药、钢铁等一批紧缺物资送到浙东抗日根据地和苏北抗日根据地等方面，做出了重大贡献。

（三）严守纪律

纪律指人在集体学习、生活、工作或革命中，遵守秩序、执行命令或履行职责的一种行为规则。这既对自身行为起到约束的作用，又通过外力达到纠正自身行为的作用。王三川作为学生，是严守学校优良规章制度的典范；作为革命者，尤其参加共产党成为自觉的革命者后，更是把严守纪律作为自己的行为准则。1926年，他作为学校优良规章制度的模范执行者，深深懂得参加校内外革命活动应以严守纪律为要义。他也是同济大学校长制定的所谓学校纪律即誓约书的坚决反对者。他和多数同学认为："誓约书"是卖身契，完全剥夺了学生爱国的权利和集体爱国言论的自由，不应成为学校压制学生言论和行动的纪律。在从事革命活动中，他总是严守纪律，不仅保护了自己，而且保护了组织，保护了他人。当个人利益（意见）与组织利益（意见）或上级决定发生矛盾时，他总是把组织利益（意见）、上级决定放在第一位，把个人利益（意见）放在第二位。民主集中制原则在他身上始终得以淋漓尽致地体现。

1927年12月，王三川在办进步刊物《潮声》第4期时被敌人逮捕。在敌人的监狱里，尽管他遭受残酷拷打，但是严守纪律，坚贞不屈，始终不向敌人吐露半点有关党组织、自身和他人的实情。一个月后敌人不得不让他保释出狱。1929年2月，因人告密，他第二次被敌人逮捕。在敌人的审讯中，他同样遭到严刑拷打，仍然始终不向敌人吐露半点实情，只说自己是普通店员。敌人只得将他关押一段时间后，让他保释出狱。1934年6月，他在上海铁路南站执行任务时，因放在行李包的革命文件和宣传品被敌人查获而第三次被捕，被拘禁在国民党南京军人监狱。他被捕后受到敌人审讯，伪称自己是车站脚夫，行李是一名乘客交给他的。敌人对他进行严刑逼供，他被打得皮开肉绽，他依然坚贞不屈。敌人见硬的不行，就以同乡名义多次对他劝降，都以失败而告终。最后，被敌人判处七年半徒刑。三次被捕期间，他始终表现了共产党人的铮铮铁骨。在隐蔽战线下，他严守纪律，坚决执行党组织指示，先后任镇海县水上警察大队副队长、余姚县保安团副团长，暗中不仅要跟国内敌人进行斗争，还要跟日军进行斗争。这些斗争不光要有勇有谋，而且要严守纪律。他完全具备这些条件，因而出色地完成了党组织交给的各项光荣而艰巨的任务。

（四）勇于牺牲

"苟利国家生死以，岂因祸福避趋之。"这是中华民族闪烁勇于牺牲光芒的传统经典诗句。勇于牺牲的内涵集中表现在两个方面：一是在言行上，二是在捐躯上。王三川勇于牺牲的精神贯穿他自参加革命后的全过程，是勇于牺牲的典范。尽管他没有留下只言片语，但从他的行动中可以全面深刻窥见这一精神。他在同济大学读书时就参加革命，树立起勇于牺牲的革命精神。尤其是他参加共产党后，更是把这种精神变成自己终身恪守的座右铭。他不仅在言语上体现这种精神，而且在行动上也是，他愿把自己的生命献给共产主义事业，献给中华民族和中国人民翻身解放的事业。事实上，在新民主主义革命时期，在强大的国内外敌人面前，如果没有勇于牺牲的精神，"为实现共产主义的远大理想、中华民族和中国人民翻身解放而奋斗"，则是一句脱离实际的空话。"抛头颅，洒热血"，就是那个时代的真实写照。王三川组织并参加一系列反抗帝国主义、封建主义和官僚资本主义的革命运动，在革命低潮、高潮时三次不幸被敌人逮捕；他按照党组织指示任党内外职务、接受任务并开展各项革命工作，尤其是到镇海、余姚深入虎穴，打进日伪顽内部，无不体现他勇于牺牲的大无畏革命精神。为实现共产主义远大理想、中华民族和中国人民翻身解放，他不仅勇于牺牲个人利益，而且勇于牺牲家庭利益，甚至勇于牺牲亲人利益。参加革命时，父母和亲人总是整日为他提心吊胆；为支持他在隐蔽战线下进行的革命事业，弟弟和弟媳拿出多年很不容易积蓄的钱物；他深入虎穴时，老婆年轻，小孩还小。可为了完成党的任务，为了亿万民众这个大家庭，他全然不顾这些，不仅舍弃小家，而且随时准备牺牲自己的生命。1945 年 5 月 1 日，他被伪余姚县县长劳乃心派的特务枪杀在余姚县丰北乡太平桥，流尽最后一滴血，最终实现曾经许下的壮丽诺言。

王三川的这些革命精神是完整的统一体，相辅相成，密不可分。勤奋好学是基础，顽强反抗是根本，严守纪律是保证，勇于牺牲是灵魂，进而构成了王三川的革命精神。

根源

王三川革命精神的形成，有主观和客观因素，有历史和现实因素，有内部和外部因素。除主观因素和内部因素外，主要由客观外部因素及历史现实因素所致。表现在：

（一）家风影响

习近平总书记曾指出："我们每一个人都有自己的家庭。健康的家庭生活，可以滋养身心，激励领导干部专心致志工作。[51]""家风好，就能家道兴盛、和顺美满；家风差，难免殃及子孙、贻害社会。正所谓'积善之家，必有余庆；积不善之家，必有余殃'[52]。"王三川的革命精神源于良好家风。"余庆堂"匾一直悬挂在他从小生长的祖屋正中大厅，高大宽敞。其堂匾有跋："西林王氏，仁厚传家。易曰：积善之家，必有余庆；厥后克昌，洵修德之必获报也……予即以'余庆'二字颜之。"这一祖训夯实以积善为中心的家风，进而成为他的革命精神重要基础。他的革命精神形成还来自父母及其亲人影响。他父亲先在上海滩一外籍家庭做仆人，后成为铁路工人，为人一直和善质朴、勤劳节俭、豪爽耿直，十分同情劳苦大众，憎恶帝国主义、封建主义和官僚资本主义在中国的统治。母亲精通绣花织布，下田种地，跟他的父亲一样心地善良，勤劳节俭。父母经常教育他牢记家风，做一个有益于社会、有益于民众的人。兄弟妹四人对他的革命精神形成也产生积极作用。弟弟王联芳与他志同道合，一起深入虎穴，打入余姚县保安团，任团军需主任。这无疑对他在隐蔽条件下开展革命斗争起到巨大的作用。弟媳陈金娟同样继承以积善为家风的祖训，不仅与王联芳拿出多年好不容易积累的钱物用于他的革命事业，还利用自己张妙根母亲干女儿的身份为他打入余姚县保安团穿针引线。

---

(51) 摘自《在中央政治局"三严三实"专题民主生活会上的讲话》（2015年12月28日、29日），习近平关于注重家庭家教家风建设论述摘编，中央文献出版社2021年版，P52。

(52) 摘自2016年12月12日习近平《在会见第一届全国文明家庭代表时的讲话》，《论党的宣传思想工作》，中央文献出版社2020版，P283。

（二）传统影响

传统指世代相传且具有显明特点的思想、文化、道德、风俗、艺术、制度及行为方式等。中华民族的优良传统历经五千年发展，经萌芽、盛行、鼎盛、转型等时期，逐渐形成悠远浩博等特点。积极的传统对人的行为有着无形影响和控制作用，被广大民众承载。王三川在三林高等小学读书时，常把家里珍藏的《说岳全传》《文天祥》《三国演义》《水浒》等旧体小说作为宝贵的精神食粮，加以熟读。岳飞，南宋时期，民族英雄、军事家、战略家、文人，1142 年英勇就义，享年 40 岁。文天祥，南宋末年，民族英雄、政治家、文学家，1283 年英勇就义，享年 48 岁。《三国演义》是中国文学史上第一部长篇小说，写于明末元初，以描写战争题材为主，诉说东汉末年群雄割据混战和魏、蜀、吴三国之间的故事。《水浒》是一部中国长篇小说，写于明朝，描写北宋社会动荡时期及在这个时期产生的 108 位梁山英雄好汉的故事。他通过熟读这些旧体小说，十分崇拜民族英雄岳飞、文天祥及 108 位英雄好汉，了解到中华民族的一些传统文化。随着年龄的增长，他猎及中华民族的传统文化更为丰富、更为全面、更为具体，崇尚中华民族的优良传统就成为他人生的一大要义，其中之一即做中华民族的英雄，这成为他的重要理想和坐标。

（三）师生影响

王三川革命精神的形成离不开师生影响。1925 年夏，他考入同济大学中学部机师科艺徒班，就多次聆听曾任上海大学教授的《中国青年》主编、上海五卅运动总指挥恽代英及《中国青年》编辑萧楚女等在校图书馆的演讲。他们都是著名共产党人，在演讲中用深入浅出的道理揭露帝国主义、封建主义和官僚资本主义的罪恶，号召亿万民众参加国民革命。王三川把他们作为自己人生的导师。在他们的指引下，他如饥似渴地熟读《向导》《先驱》《新青年》等进步刊物，世界观、人生观和价值观得以不断升华，不久加入中国共产主义青年团。1925年，在五卅运动中牺牲的尹景伊，是同济大学机师科应届毕业生及学生会执委。王三川十分敬仰尹景伊，决心以他为榜样，踏着烈士的血迹奋勇前进。他考入同济大学德文补习班时，共产党人陈元达与他从校友成为同班同学，不久共产党人殷夫也成为同班同学。由于共同的理想和追求，住在同一宿舍，一起学习文化知识，参加革命活动，他们逐渐成为挚友。1931年，殷夫、陈元达先后壮烈牺牲，他们的壮举每时每刻都在激励他前行，去完成他俩未竟的事业。

（四）组织影响

这里的组织指党的组织。党组织影响对王三川革命精神的形成具有决定性作用。这主要表现在以下几个方面：

第一，在党组织教育培养下，1926年下半年他参加中国共产党，表明他的世界观、人生观、价值观发生质的飞跃，完全接受马列主义，树立起共产主义远大理想，为埋葬帝国主义、封建主义和官僚资本主义在中国的统治而努力奋斗，甚至随时把自己的生命献给共产主义事业、中华民族和中国人民的翻身解放事业。第二，在党组织的关心帮助下，他在鲁迅艺术学院系统地学习毛泽东《实践论》《矛盾论》等系列著作。从此，他开始走上一条拿起枪杆子进行革命的正确道路；反之，如果没有党组织的关心帮助，他就不可能走上这条正确道路。第三，在党组织指示下，他先后任上海文化界救亡协会教育科长、"保卫四中"政训员、"抗卫二大"一中队政训员、中共浦东工委委员、第五支队第四大队特派员、第五支队第三大队大队长、镇海县水上警察大队副队长、余姚县保安团副团长及余姚县保安团工委书记等职。同时，他组织发动广大民众进行各种革命活动，率领武装组织成员向敌人发起战斗，在隐蔽战线上办理"通行证"、搜集敌人情报、营救被捕伤员、抢购紧缺物资、筹集资金，发挥了十分独特的作用。

（五）民众影响

民众对王三川革命精神的形成起着重要作用。一方面，他在参加革命活动中逐渐深刻认识到，中华民族亿万民众的生活正处在饥寒交迫之中，他们在生活上吃不饱、穿不暖、住不好，在政治上根本没有自由民主可言。在农村，农民几乎没有自己的田地，要缴纳高额田租和苛捐杂税，生活十分艰难。在自然灾害和人祸影响下，广大农民无法维持生计，有的甚至靠借高利贷或外出讨饭为生。在城市，职工没有生产资料，失业现象逐渐增加，劳动条件不断恶化，劳动强度不断加大，劳动收入在不断减少。加上社会不治，连年战乱，农民和工人往往流离失所。另一方面，他自参加中国共产党后就不忘初心，将"把亿万民众从饥寒交迫之中拯救出来"作为自己言行的根本宗旨，全心全意为民众服务。此外，他通过马列主义学习和革命实践锻炼，逐渐认识到民众是历史创造者，是中华民族的主人，是新民主主义革命的生力军。在大革命和土地革命时期，他动员广大民众参加如火如荼的革命运动；在全面抗日战争时期，他开展隐蔽战线下的革命斗争，注重发挥民众力量，紧紧依靠团结张妙根等一大批爱国官兵，并充分发挥他们的作用。

（六）敌人影响

中国自鸦片战争以来逐渐沦为半殖民地半封建社会。自 1919 年五四运动开始，中国社会进入新民主主义革命时期，反对帝国主义、封建主义、官僚资本主义就成为这一时期的根本任务。王三川所处的时代是国内连年混战、国外敌人不断侵入，内外敌人交织在一起的时代。早在 20 世纪 20 年代初，共产党和国民党开始合作，来对付以吴佩孚、孙传芳为代表的直系军阀，以张作霖为代表的奉系军阀。大革命失败后，蒋介石、汪精卫反动派，侵入中国的帝国主义势力，以及一些残余军阀，则成为共产党和广大民众的主要敌人。尤其是 1931 年九一八事变发生，日本军国主义悍然侵入东北三省，中国进入抗日战争时期；1937 年七七事变发生，中国又进入全面抗日战争时期。那时，内敌混战、外敌侵扰，大片国土沦为日本等帝国主义的殖民地，主权沦丧，国将不国。王三川目睹这一切，义愤填膺，把打败国内外敌人，尤其是把日本等帝国主义赶出中国作为己任，赴汤蹈火，在所不辞。他的革命精神因此油然而生。

意义

王三川是民族英雄。在他短暂的一生中形成的革命精神，是中华民族精神与中国共产党精神的有机组成部分，无论过去、现在、将来都是人们不断前行不可或缺的力量源泉。

（一）历史意义

顾名思义，历史简称"史"，这里指过去的事实。王三川革命精神的历史意义就是指从他牺牲到现在 80 年来所产生的效应。

一是抢救保护他的史料，为弘扬他的革命精神夯实了基础。1950 年 8 月，他被认定为烈士后，尤其从上世纪 80 年代开始，浦东、浙东地区有关部门和民众开始为保护他的史料，弘扬他的革命精神做出重大贡献。他的纪念文章先后在《同济大学校史资料文集》《上海郊县抗日武装斗争史料》《浦东新区英烈传》《浦东文史》《南汇人民斗争史》《三林风情》《大江南北》《杨浦时报》《同济报》《解放日报》《临山专辑》《战斗在沪杭甬》《无形的战线——浙东敌伪军工作纪事》《丹山赤水——余姚革命故事选》《余姚史志》《四明颂——余姚红色故事集》《余姚革命英烈》《四明英烈谱》《四明丰碑》《百名英烈》《今日象山》等 60 多处报刊、书籍发表，累计 10 多万字。同时，他的墓碑被修缮一新，他的英名录在四明山烈士纪念馆、浦东烈士纪念馆等地展出，他的塑像在三林烈士陵园建造。2015 年 4 月，有关部门还专门召开王三川牺牲 70 周年座谈会。

二是王联芳和陈金娟以王三川革命精神为力量，不遗余力地把他的孩子抚养成人。他牺牲时，大女儿只有 3 岁，大儿子只有 2 岁，小儿子只有 3 个月。王联芳和陈金娟把他的孩子当作自己的亲生孩子加以抚养，加上自己的两个儿子，共有 5 个孩子。1947 年他俩又生了一个儿子，一下子包括王三川遗孀在内一家达到 9 人。为糊口，他们不得不更加含辛茹苦。1949 年，虽然上海、余姚等地获得解放，党组织在一定程度上开始予以关心，1950 年 8 月他的孩子享受烈属待遇，但家庭生活还是十分困难。新中国成立初期，他的遗孀坚决把小儿子过继给他人。为抚养他的另外两个孩子，王联芳和陈金娟继续承受家庭经济困难所带来的重压，千方百计采用艰苦劳作、变买家产、举债等方式让两个孩子吃得好些，穿得好些，睡得好些；同时，教育他的两个孩子读好书，成为对社会、对民众有用之人。到 20 世纪 60 年代初，在王联芳和陈金娟倾其所有的付出下，王三川的两个孩子终于长大成人。这是王联芳和陈金娟继承他的遗志、弘扬他的革命精神的必然结果。

三是浦东、浙东民众以王三川革命精神为力量，为浦东、浙东地区的新民主主义革命和社会主义建设事业做出应有的贡献。当王三川牺牲的消息传到四明山抗日根据地时，司令员何克希、政委谭启龙当场顿足痛哭，全体指战员不约而同起立并脱下军帽默默志哀。他们为永远失去大革命时期入党，并在隐蔽战线上做出重大贡献的同志而感到痛惜。他们深切表示，要化悲痛为力量，以他的革命精神为力量，坚决把日本帝国主义赶出中国，并解放全中国。浦东地区将士也一样，经过 4 个月浴血奋战，浦东、浙东地区终于与全国其他地区一样取得了抗日战争的彻底胜利。尔后，经过 3 年艰苦战争终于获得解放，人民当家做主人，实现了他未竟的美好愿望。新中国成立后，浦东、浙东民众继续以王三川的革命精神为力量，发愤图强，艰苦创业，顽强拼搏，勇于奉献，取得社会主义事业的伟大胜利，进入到建设有中国特色的社会主义新时代。

（二）现实意义

顾名思义，现实指客观存在的事实，与过去、将来相对而言。现实意义指对当前客观存在的事实有使用价值、利用价值、指引价值，对象是对在历史纵轴上的当前人类产生积极而不是消极的影响。因此，王三川革命精神的现实意义也不难解读。本文主要从公开出版的《赤胆英魂——王三川烈士纪念文集》一书，解读他的革命精神的现实意义。

一是用近两万五千字对王三川作传。这是有史以来对他作的史实最为完备、最为翔实、最为准确的传记。此传翔实记载了他在革命斗争，尤其是在隐蔽斗争中所建立的不朽功勋，准确纠正他参加中国共产党时间等错误的记载，明确指出党组织的失误和敌人的阴谋诡计是他牺牲的根本原因，具体记述他革命活动中一些鲜为人知的故事。此书还安排有关于他的纪念照片和"烈士年表"。这样，能使读者更为全面、翔实、客观、准确地了解他烈士的特质。

二是把万余字的《论王三川的革命精神》，作为纪念王三川的文章收录在此书。此文全面概括了他四方面的革命精神，深入分析他革命精神产生的六方面根源，具体指明他革命精神滋长的三方面意义，使读者更加全面地、深入地、客观地了解他的革命精神内涵及其产生根源；从而切实增强弘扬他革命精神的自觉性、主动性和创造性，为建设中国特色社会主义现代化增光添彩。

三是此书把有关部门和民众发表在报刊、书籍等有关他的纪念文章有重点地进行汇总，并增加了《关于王联芳和陈金娟抚养王三川遗孤的回忆》《我认识的爷爷王三川》等回忆文章。读者从这些纪念文章中深刻地了解到他的丰功伟绩，全面地领略到他的革命精神，从而为弘扬他的革命精神而努力奋斗。

总之，广大民众以出版此书为契机，从王三川的革命精神中得到深刻启示，不仅进一步崇敬他，而且要不懈地以他的革命精神为力量，担当起国家和民族重任；不断提高自身素质，坚定建设有中国特色社会主义的共同理想，增强爱国情怀，勤奋好学，遵纪守法，艰苦奋斗，开拓创新，勇于奉献，持续把建设中国特色社会主义事业推向新的进程。

（三）将来意义

顾名思义，将来即未来，指现在以后的时间。王三川革命精神的将来意义，是相对于建设有中国特色社会主义这一任务及其时间段而言。最早提出建设有中国特色社会主义是 1982 年 9 月党中央召开的十二大会议，虽然完成建设有中国特色的社会主义的任务尚有几十年时间，但任务仍然相当繁重，迫切需要他的革命精神领引。

一是建设有中国特色社会主义将继续需要建设者，即全国亿万民众具备高素质。亿万民众不仅要具备崇高思想道德情操，而且更要具备现代化专业知识和技能。因此，亿万民众要像王三川那样意志坚定、勤奋好学，不仅要系统地学习科学理论，用科学理论武装头脑，自觉改造主观世界，还要努力学习现代化专业知识和技能，用现代化专业知识和技能进行创造性劳动；不仅在书本上学，还要在实践中学，做到学和行、知和行、思和行的辩证统一，在学知思中行，在行中学知思。

二是建设有中国特色社会主义将继续面临许多新课题、新问题、新情况。在国际上，西方资本主义亡我之心不死，世界并不太平；在国内，党的建设有待进一步加强，改革开放有待进一步深化，台湾回归祖国大业还未完成，等等。因此，亿万民众要像王三川那样，顽强奋斗，知难而进，不断解决建设有中国特色社会主义出现的新课题、新问题、新情况，迎着惊涛骇浪、艰难险阻，迎接各种挑战和考验，继续奋勇前进。

三是建设有中国特色社会主义将继续需要规章制度予以保证。这些规章制度包括自我革命的创新机制、严肃分明的保障机制、透明公开的司法机制、公平公正的激励机制等。因此，亿万民众要像王三川那样，坚决执行严肃的规章制度，争做严守法纪的模范，真正把科学机制落到实处，从而不断推动中国特色社会主义从一个胜利走向另一个胜利。

四是走建设有中国特色社会主义道路虽然历时 40 余年，但在将来仍然需要摸着石子过河，不断加以探索创新，打破旧的东西，创立新的东西；同时，也可能还会出现天灾人祸及新的不公平现象。因此，亿万民众要像王三川那样，乐于奉献、善于奉献、勇于奉献，甚至在一定条件下把自己的生命奉献给建设有中国特色社会主义的事业。

（吕国民撰写于 2024 年 3 月）

烈士年表

烈士年表

1911 年

2 月 24 日（阴历正月二十六），王三川出生于上海县王家厍村（今上海市北京西路石门二路交会处）。原名王顺芳，曾化名王征夫（征夫、正夫）、汪涅夫（涅夫）、赵新民、陈一新、王田、王玉田、王培良等。

1919 年

王三川随父母到浦东三林塘祖屋余庆堂老家（现三林镇西林街 207 弄）居住。

1920 年

8 月，王三川就读于三林塘贞固蒙私立学堂。他因学习成绩优异、表现良好，从第二学年起被选为班长，学习成绩名列全班第一。

1922 年

是年底，王三川就读于三林高等小学至 1925 年。3 年读书期间，他勤学善思，学习成绩一直名列前茅。他熟读《说岳全传》《文天祥》《三国演义》《水浒传》等旧体小说，幼小的心灵受到爱国主义等传统思想的熏陶。

1925 年

夏，在叔父王桂生帮助下，王三川考入上海同济大学中学部机师科艺徒班，半工半读。在校期间，他多次聆听共产党人恽代英、萧楚女在校园图书馆的反帝国主义和封建主义，进行国民革命的演讲，并熟读《向导》《先驱》《新青年》等进步刊物。不久，他加入中国共产主义青年团。

1926 年

3 月，三一八惨案发生后，王三川和同学一起参加上海市各界市民 3 万余人的追悼大会，沉痛悼念遇难烈士，高呼"打倒段祺瑞""取消辛丑条约""取消一切不平等条约"等口号，严厉声讨帝国主义和北洋军阀的罪行。

4 月 25 日，上海《申报》刊登了王三川和同学签名反对《誓约书》的消息。3 月 30 日，同济大学校长阮尚介在校内张贴布告，恶毒攻击五四运动以来历次爱国主义运动，说什么五四运动得不偿失，是学生的重大损失，对英国庚子赔款有优先权，学生应以学业为主，与罢课大相违背。阮尚介要求全体学生在学校印发的《誓约书》签名盖章，否则责令退学。这份誓约书规定："非得学校之命令不得停课或全体请假。学生大会须于 3 日前呈校长许可，且不许用学生会名义邀请校外之人演讲。"大多数同学收到《誓约书》后，顿时义愤填膺。学生会召开全校学生代表会议。会上大多数代表认为，《誓约书》无疑是卖身契，完全剥夺学生的爱国权利和集体言论的自由。王三川义无反顾地在反《誓约书》上签名。

五六月，王三川等 70 余名同济大学同学从上海乘货轮分三批到达广州，并受到国民党著名左派人士詹大悲、共产党人邓颖超的亲切接见。王三川一到广州，就被安排在隶属黄埔军校的电讯学校，一面负责共青团组织工作，一面学习电讯业务知识。每逢星期日，他经常与两三个同学一起，相约游览黄花岗 72 名烈士陵园等革命胜迹，借此宣传反帝反封建革命思想，培养和发展共青团对象。

下半年，王三川在广州加入中国共产党。从此，他把实现共产主义作为自己的终身理想。

1927 年

夏，王三川与陈元达等在党组织安排下从广州返回上海。

8 月 10 日，王三川以优异成绩考入同济大学德文补习科，与共产党员、校友陈元达成为同班同学。不久，他与共产党员殷夫也成为同班同学。在学校，他和陈元达、殷夫等同学经常开展诗歌比赛。他们创办油印文艺刊物《漠花》，向上海市学校各学生会散发，传递追求进步之心，交流革命思想。同时，他和 10 多名同学发起成立进步团体潮声社，创办油印半月刊《潮声》。王三川曾用犀利的文笔，为刊物撰写"发刊词"。在"发刊词"中，他着重指出"反帝反封建的斗争是当前青年的历史任务"。

12 月，王三川在办《潮声》刊物第 4 期时，从位于吴淞的中国公学返回同济大学途中，被国民党反动派当局逮捕。其间，他面对酷刑，严守纪律，坚贞不屈，始终不招供党组织、自身和他人的实情，一个月后被保释出狱。不久，他与党组织进行了联系，很快恢复党的组织关系，被派往校内外继续从事革命活动。

1928 年

春，经过革命理论学习和革命行动实践，王三川对顾嘉棠的看法发生根本变化，并开始认识到党的期望和顾嘉棠的要求之间存在不可调和的矛盾。特别是，他了解到顾嘉棠在四一二反革命政变期间曾率领杜月笙打手充作蒋介石的帮凶，参加收缴工人纠察队枪支和弹药，并杀害上海总工会主席汪寿华的罪恶事实，感到很悲愤，就请了律师朱方作为代理人，坚决解除他与顾嘉棠女儿的婚约。

夏，党的六大召开后，中共江苏省委决定成立文化党支部，潘汉年任书记。王三川、陈元达等也组成党小组，由王三川任党小组长，隶属中共闸北区第三街道党支部，后改为党的文化支部。

9 月，根据党组织安排，王三川转移到浙江省象山县，与先期到达的殷夫、陈元达一起在象山县立女子小学任教。王三川以汪涅夫为名教算术，陈元达教国文、历史、地理，殷夫教自然。他们住在西寺，一日三餐在学校。他们在教书的同时，发动学生排演进步话剧《柏林之围》《逼债》《小小画家》等，并进行公演，进行爱国主义教育，观者人山人海，情绪高涨。在星期天，他们经常赴白墩、珠山、爵溪等地做社会调查，访贫问苦，体验农民的苦难生活，写革命诗歌和文章。其间，他们十分关注时局发展，时常一起分析时局，商讨对策。

1929 年

1 月，王三川和陈元达先后返回上海。王三川回到上海后，立即被党组织派往虹口新宇宙书店工作。新宇宙书店是党组织传递革命信息的联络点之一，王三川任党的秘密联络员。其间，他就以公开的店员身份从事党的秘密工作。

2 月 7 日，新宇宙书店突遭国民党军警查封。因有人告密，王三川在敌人搜查时被怀疑为共产党员而被捕。在国民党军警审讯中，他一口咬定自己是普通职员，只是卖书和送书而已。因国民党军警没有抓住他任何证据，只能将他关押在狱中。后党组织通过他的父亲王槐生出面，以 300 块大洋将他保释出狱。出狱后，正值五卅运动 4 周年之际，党组织要求他继续发扬五卅革命精神。他奉命去上海英商公共汽车公司组织开展工人运动，以售票员公开身份为掩护，在工人中开展工作，秘密建立赤色工会、工人武装纠察队和后援会等组织。同时，他废寝忘食地奔波在吴淞和市区之间，出现在司机、售票员们的茶棚和陋屋之中，受到工人们的衷心爱戴。

11 月 7 日至 11 日，王三川作为上海英商公共汽车公司工人代表，参加全国总工会在上海爱文义路 690 号至 696 号卡德路口召开的第五次劳动大会。

1930 年

4 月 19 日，为落实全国总工会召开的第五次劳动大会精神，王三川开始带领上海英商公共汽车公司职工，在南京东路和大世

界一带进行以游行示威和散发传单为主要内容的罢工斗争。这次
罢工斗争持续 25 天，700 余名司机、售票员全部参加，终于迫使
公司做出让步，答应工人提出的增加工资、废除行车苛规等要求。
其间，战友殷夫署名莎菲，作《暴风雨的前夜——公共汽车电车
大罢工》《五一歌》等诗歌，还署名徐白作《冲破资产阶级的欺骗
与压迫》一文，支持这次王三川带领工人进行的罢工斗争。为此，
英商资本家要求巡捕逮捕王三川。党组织获悉后，及时安排他安
全转移。

1931 年

是年，2 月 7 日殷夫、8 月 5 日陈元达遭到敌人杀害，王三川
十分悲愤。他决心以他俩为榜样，以中华民族的生存和劳苦大众
的解放为己任，努力为党的事业抛头颅、洒热血，不惜献出自己
宝贵的生命。

1932 年

春，上海党组织为宣传对抗日战争的主张，启发和教育民众，
在各地开办各类夜校，并建立抗日统一战线。王三川根据党的指示，
先后在上海闸北、虹口、江湾、吴淞等地夜校任国文和音乐教师，
为师生教唱抗日救亡歌曲。夜校放学后，他组织学生散发传单、
张贴标语，揭露日本帝国主义和蒋介石国民党反动派的罪行。同时，
他在店员、黄包车夫等民众中宣传抗日救亡道理，颇有影响。

1933 年

是年，根据党的指示，王三川打入沪宁、沪杭甬两路管理局，以帮助乘客搬运行李的脚夫身份为掩护，继续进行革命活动。

1934 年

春，王三川接任沪杭甬铁路工会党团书记职务，冒着危险，频繁往返于上海、苏州、无锡、镇江、南京、松江、嘉兴、杭州等地，深入站场等铁路基层单位，建立党团支部，发展党团员。

6 月，王三川在上海铁路南站头戴红帽子，身穿短衫，脚蹬草鞋，手提行李，挤在乘客中间执行任务。当他正要跨上车厢门梯时，突遭国民党特务的搜查。他一时躲避不及，放在行李包中的革命文件和宣传品当即被敌人截获，成了罪证，受到敌上海警察局特务室第三科的审讯。王三川伪称是车站脚夫，所拿行李是乘客交给他的。敌人仍然对他进行严刑拷打。他虽然被打得皮开肉绽，但是始终坚贞不屈。敌人见硬的不行，就以同乡名义多次劝降他，但是未果。3 天后，他被转押于国民党南京卫戍司令部。党组织虽然设法营救他，但都没有结果。

1935 年

1 月，王三川被敌人以危害民国罪判处 7 年半徒刑，解送到国民党南京中央陆军监狱关押。由于党组织受到严重破坏，王三川在狱中只能独立进行斗争。

1937 年

4 月，在国共两党第二次合作下，王三川被保释出狱。他出狱后立即找到中共上海八路军驻沪办事处。

6 月下旬，中共上海八路军办事处决定令王三川赴延安学习。

7 月 8 日，王三川到达西安。

7 月 19 日，王三川到达延安，进入正在筹备中的鲁迅艺术学院学习。在后来的 2 个多月里，他学习了毛泽东《中国共产党在抗日时期的任务》《为争取千万群众进入抗日民族统一战线而斗争》等文章。从此，他走上了拿起枪杆子进行革命的道路。

10 月底，根据党的指示，王三川返回上海开展武装斗争，在上海八路军办事处的文化界救亡协会任教育科科长。

年底，为掩护工作，王三川领着小侄女王玉贤去曹家渡、大自鸣钟、北京路等难民收容所，体会到因日本帝国主义侵略，难民过着极其困苦的生活。其间，他在难民收容所负责联络收容、发放食品和衣物、进行抗日救亡宣传教育、教唱抗日歌曲等工作。

1938 年

1 月，因工作需要再次改名为王三川，寓意为百川归大海。为加强领导，组织上派共产党员王三川赴蔡辉负责的浦东抗日救国宣传团。参加宣传团后，他凭着年龄大、党龄长、念书多等特点，在奉贤青村港解读毛泽东《实践论》《矛盾论》《论新阶段》《论列宁主义基础》等著作，使团员们听了深受教育。同时，他还到民众中宣传抗日救亡的重大意义及党在抗日战争时期的方针政策，并广泛教唱抗日救亡歌曲，使广大民众增强了夺取抗战胜利的信心和决心。

5月，浦东抗日救国团被解散后，王三川到泰日桥小学任教。他以学校为阵地，在民众中开展抗日救亡活动。

8月，党组织派王三川到南汇县以爱国进步人士连柏生为首的部队"保卫四中"任政训员，与王义生（共产党员）一起负责统战，并帮助整训部队，不断加强部队政治思想和军事教育，从而提高了部队的素质和战斗力。其间，王三川分别在叶家祠堂、叶桥小学召开叶氏族人的会议，全体师生和民众大会，揭露日本帝国主义侵略中国的罪行，宣传党的抗日救亡主张，号召大家有钱出钱、有力出力，同心协力把日本侵略者赶出中国。

1939 年

1月，南汇县保卫团第四中队（以下简称"保卫四中"）驻扎在盐仓镇西姚家楼房，遭日伪军突然袭击。正在镇上查岗的特务长林有璋（又名林达）见形势紧急，马上开枪报警，因而中弹负伤，王三川非常机灵地带领部队转移到安全地区。

3月4日晚（农历正月十四日），"保卫四中"中队长连柏生，在县城北门外盐仓附近的一家祠堂召集骨干开会，王三川等都参加。会上，财务人员要周毛纪结账，但周毛纪做贼心虚，交不了账。大家还是心平气和地向周毛纪宣传抗日救亡的道理，希望他从速结清账目，不要影响部队给养。但是，周毛纪不但不接受大家帮助，还谩骂财务人员，而且借故寻衅，要求连柏生外出有话要讲。当走到祠堂外走廊时，他竟一边揪住连柏生衣领，一边拔出手枪，扣动扳机。此时在连柏生身后的王义生奋不顾身地猛扑过去，抓住周毛纪的右腕。不料，周毛纪已扳响手枪，击中王义生下巴，子弹从左面额进去右面额出来。王三川迅速拔出手枪，将周毛纪当场击毙。事后，为防备不测，王三川等立即率领"保卫四中"冒雨撤离四团仓，连夜转移到靠海边的长沟乡整休。从此，"保卫四中"的领导权就完全掌握在共产党的手中。

4月，根据群众要求，"保卫四中"回到四仓团一带活动。与周毛纪关系密切的胡镇海率忠义救国军第三大队80余人，从三灶分3路合击"保卫四中"，叫嚣替周毛纪报仇。"保卫四中"指战员在王三川指挥下奋起反击。王三川迅速登上孙渭生家更楼，用机枪居高临下扫射敌人。胡镇海部队人多势众、武器精良，曾多次发起冲锋，但都被打退。战斗从午前开始，一直打到傍晚，持续5个多小时。胡镇海占不到便宜，就趁夜幕降临之际，下令退出战场。这次战斗，创造浦东地区游击史上以少胜多的战例。不久，王三川又率领"保卫四中"乘胜前进，以迅雷不及掩耳之势，一举歼灭国民党反动派顾小汀所控制的两个区队武装，缴获50余支枪。

6月，中共浦东工委将"保卫四中"扩编为南汇县抗日自卫总团第二大队（以下简称"抗卫二大"），下设两个中队，王三川任一中队政训员和中共浦东工委委员。

11月，驻扎南汇长沟乡的"抗卫二大"获悉，伪军企图前来偷袭。政训员王三川派张大鹏带领一个班在长沟乡火烧桥设下埋伏，与100多名伪军展开战斗。战斗打响后，陈静带领二中队赶到火烧桥参加战斗。因得知日伪军前来增援，"抗卫二大"就主动撤出战斗，无一伤亡。

1940 年

11 月，中共浦东工委和五支四大队进行整顿和精简。中共浦东工委派刚从"江抗"教导队学习回浦东的林有璋任五支队四大队副队长，金榴声任指导员，王荣桂为军事教官，王三川为特派员。

1941 年

4 月 24 日，汪伪特务组织利用"大民会"浦东支部派康姓翻译假装进步样子，企图参加抗日五支队，还介绍黄姓翻译加入。不久，两个"大民会"会员混入五支队并成为候补党员，被发现后由王三川和林有璋进行审查，后这两人被镇压。

6 月 26 日，五支队三大队大队长王三川带领部队，冒雨袭击驻三王庙伪警察分队据点，击毙伪军分队队长和一等警士 2 人，俘虏 23 人，缴获步枪 21 支、刺刀 18 把、子弹 900 余发。五支队三大队指战员无一伤亡。

8 月，王三川被调离三大队去浦西接替朱亚民的工作，朱亚民接替王三川在浦东的工作。

10 月，根据党的指示，王三川返回浦东南汇新场，与张于道、顾敏组成党支部。张于道任书记，王三川、顾敏任委员。

1942 年

2 月，张于道、王三川、顾敏、徐凯等乘海防大队安排的船只前往镇海。伪镇海水上警察大队大队长为沈汲，副大队长为王三川（化名赵新民），军需主任为徐凯。就这样，我党巧妙地控制这个海上门户，从而给敌人的严密封锁线捅开一个缺口，使我党地下运输和人员往来畅通无阻。

10月，浙东区党委敌工委书记金子明安排王三川弟弟王联芳在宁波会面。第二天，金子明与王联芳约定到镇海白均房处与张于道会面。金子明要求王联芳将张于道介绍给余姚县保安团团长张妙根，去余姚开展工作。随后，王联芳对张妙根做说服工作，张妙根认为不熟悉张于道，难以安排张于道在余姚的工作。不久，金子明对王联芳指出，王三川在镇海工作开展得不够理想，国民党顽固派已将一部分部队拉走，并要求王联芳通过陈金娟以干亲为由说服张妙根母亲，将王三川介绍到余姚张妙根处工作。

年末，经张妙根向日本特务机关长稻垣孝推荐并得到同意，王三川、王联芳分别从镇海和上海到达余姚县参加保安团。不久，张妙根任命王三川（化名王培良，代号SX）为副团长，并负责特务大队，王联芳（代号SW）任军需主任。同时，张妙根将王三川妻子王友菊、王联芳妻子陈金娟安排与他母亲和妻子同住在团部驻地宜春堂。

1943 年

年初，王三川深知泗门、临山、庵东断头湾是浙东抗日根据地的交通命脉，是极为重要的战略要地，马上与张妙根商量，由张妙根亲自带队，抢先占领泗门、临山、庵东断头湾出海口，从而保障了浙东抗日根据地海上交通的畅通。但引起了日伪县长劳乃心极度不满，他立即向日本宪兵队队长告状，指控张妙根率团逃跑。日本宪兵队队长带队到泗门，责问张妙根为何将部队拉到泗门、临山、庵东。张妙根以部队住在县城要打架肇事，部队去那里旨在保护收粮、收棉等为由回答，使日本宪兵队队长深信不疑，但劳乃心一直怀疑。其间，由于浙东区党委干部因工作需要经常出入日伪占领区，王三川利用部队驻扎在泗门、临山、庵东的特权开出不少日伪通行证。这样，不仅使干部自由出入日伪占领区，还保证干部的安全和工作任务的完成。

一二月，王三川一直积极争取浙东区党委的领导，将余姚县日军机构和伪军部署汇报给党组织。他派王联芳找到鲍季良，要求尽快与上级党组织取得联系。

六七月，王三川第二次派王联芳去肖路头油厂，通过张根祥找到敌工委书记金子明。王联芳向金子明汇报了余姚县保安团的详细情况和工作进展，并要求党组织派人加强和改造这支部队。由于工作调动，金子明将王联芳介绍给刚接替他工作的朱人俊。在王联芳的建议下，朱人俊等人先派姚子刚，后因故改派吴友岳。吴友岳因年龄大且又不识字，只能在团部从事勤务工作。

10月，王三川第三次派王联芳找敌工委朱人俊，要求派人加强领导。王三川始终认为日伪县长劳乃心是罪大恶极的汉奸，于是与张妙根商量决定清除他。王三川将一颗烈性手榴弹安装在劳乃心汽车的拉手内侧，但未成功。这件事不仅进一步引起劳乃心对王三川的疑心，还遭受到上级党组织的严厉批评。

冬，在王三川安排下，洪舒江陪同张妙根在余姚县陆家埠附近，与浙东区党委敌工委书记朱人俊和三北敌工站站长方晓会面。双方商定：余姚县保安团在军事行动上固守据点，尽量少外出；随日军行动时，要尽量避免与抗日游击队正面冲突；张妙根积极搜集并

提供敌伪军事情报；为加强对部队的控制和改造，敌工委和三北敌工站同意派人去余姚县保安团工作。

1944 年

年初，敌工委派陈湃到余姚县保安团任参谋。不久，陈湃患重病由何午初代任参谋，杨金标为日本特务机关联络部密探，倪兆雷（又名葛兴）为日本特务机关联络部翻译官。其间，王三川和王联芳、陈金娟等一起，做好张妙根思想工作，对敌工委派任政治交通员的袁啸吟、洪舒江、顾敏、林雪、张应谦、肖东、陆修明、茅鸣涛、李学民、严政、张志杰、陆浦生、叶大栋、方琼等都予以掩护，从而保证他们安全和工作方便：一是搜集情报方面，倪兆雷（代号 XO）表现得相当老实，经常邀请日本特务在家搓麻将打牌，把日伪军扫荡计划、武器装备及人员鉴定表等及时送到浙东抗日根据地；二是在王三川、张妙根努力下，营救了被日伪军拘捕的余上自卫大队大队长蔡葵；三是王三川、张妙根以余姚县保安团名义，把从各地收购的西药、锡块、黄豆、棉花、布匹、白报纸等军需物资送到浙东抗日根据地，还把搞到的沪杭甬铁路余姚段铁轨及时运到浙东抗日根据地和苏北抗日根据地。

6 月 12 日，三北地委作《关于三北地区敌伪军工作报告》，认为敌伪余姚县县长劳乃心等仍然是争取对象，而不是镇压对象。这成为王三川、张妙根清除劳乃心的重大障碍。

8 月，成立了中共姚保工委，由王三川任书记，何午初、方琼任委员。

11 月 12 日，五支队一大队第二中队和余上自卫大队一举攻克姚北泗门敌伪据点，俘伪军 33 人，缴获重机械 1 挺、手提式机轮 1 挺和步枪 30 支，战士牺牲 1 人。战斗结束后，第三中队带了俘虏到姚南梁弄参加大练兵。王三川在这个据点，也被俘虏。中共三北地委敌工部部长、余上县敌工委书记袁啸吟立即通知新四军浙东纵队有关领导，将王三川释放。

12 月 5 日，根据王三川、张妙根部下提供的准确情报，余上县自卫大队在郁忠带领下一举攻克姚西北马渚伪军据点，俘敌 30 余人，缴获步枪 36 支和短枪 2 支，受到纵队司令部嘉奖。

1945 年

春节前，王三川召开"姚保"工委会议，何午初、方琼等参加。会议研究商讨面对当前的局势如何贯彻华中局关于浙东革命的指示精神。会议还研究部队起义的部署，认为至少二分之一的部队起义后能带去四明山根据地。会后，王三川做了张妙根思想工作。张妙根表示服从共产党、新四军的领导，听从王三川的安排。王三川将"姚保"工委的决议向上级党组织做了汇报。但是，上级党组织意见是部队应积极配合根据地军事斗争，而不是起义后去四明山根据地，并要求王三川、张妙根巩固余姚县保安团的成果，继续整编部队。

3 月，为使张妙根放心及说服上级党组织有关领导，王三川陪同张妙根去临山五车堰附近，与浙东敌工委有关领导会面。会面时，张妙根谈了泗门根据地被新四军袭击造成人员和枪支弹药损失等情况及劳乃心的罪行，希望能及时清除劳乃心。王三川也陈述了劳乃心的罪行，并提出部队起义后去四明山革命根据地等要求。但敌工委领导认为，"姚保"工委积极机智地完成了党组织交给的各项任务，不仅得到敌工委充分肯定，而且得到浙东区党委领导好评，部队不宜立即起义。为解决张妙根的后顾之忧，敌工委领导要求他们继续整编保安团，同意张妙根亲自将母亲和妻儿送回浦东三林老家。王三川只得带领"姚保"工委按照党组织"下级服从上级"的原则整编队伍。

3月底，张妙根、王三川决定所有驻城外的余姚县保安团集中到临山，予以整编，劳乃心亲信即原驻马渚的赵祖英嫡系宋德华中队与驻泗门的乔雪良中队均在改编之内。他们将原任多数中队长予以撤换，把共产党派出的何午初升任中队长，把周益民升为中队长，把张同根升为独立中队中队长。这样，被削权的劳乃心心腹赵祖英、肖子健、洪师军、乔雪良等人心怀不满，劳乃心与张妙根、王三川的矛盾进一步加剧。

4月29日，王三川为确保张妙根的安全，派由特务中队两个分队40多人组成的手枪队随行进行保护。张妙根在视察庵东、临山部队后，王三川和大部分中队长到码头送行，临山区区长方嗥也在现场送行。张妙根在上船时宣布王三川代理团长职务。王三川送走张妙根，后立即接到劳乃心要他从临山回余姚县城商量要事的电话。王三川对当时的斗争有所警惕，在回余姚县城之前特向城工委书记袁啸吟做了汇报，但没有充分估计到劳乃心的阴谋诡计。他俩商定，第二天王三川、袁啸吟、方琼（"姚保"工委委员）、顾敏等，在临山研究巩固部队整编成果和张妙根回余姚前的工作安排。随后，王三川带领警卫员谢海忠，雇了一条小船匆匆赶回余姚县城。

4月30日，王三川回到余姚，在劳乃心家与劳乃心、杨天绶、方噑一起谈话。谈话中，劳乃心询问关于张妙根与三五支队的关系等问题，王三川回答称并无这些事。接着，为了监视，劳乃心要求方噑与王三川一起去临山。待王三川、方噑一走，劳乃心就马上叫杨天绶秘密通知赵祖英，派侦缉队对王三川进行秘密跟踪监视。

5月1日，上午9时，王三川从余姚西乘小船经武胜门去临山，沿途多次遭劳乃心通过赵祖英派遣的便衣侦缉队喝问，均由方噑出面回答。行至太平桥时，岸上便衣侦缉队命令小船靠岸。方噑先出小船。随后，王三川、谢海忠出小船，两人立即被钱菊英、陈金木等十多名便衣侦缉队队员团团围住。他俩不仅被缴了枪支，而且五花大绑，最后在丰北乡被枪杀。王三川时年34岁。当王三川等牺牲的消息传到四明山抗日根据地司令部时，政委谭启龙和司令何克希当场顿足痛哭，全体指战员不约而同脱下军帽默默志哀。

（柴志光、王石明、吕国民整理于2024年4月）

后 记

2025 年 5 月 1 日，是王三川牺牲 80 周年纪念日，9 月 3 日又是中国抗日战争胜利 80 周年纪念日，编辑出版《赤胆英魂——王三川烈士纪念文集》是为纪念和缅怀先辈们抛头颅洒热血，为中国革命前赴后继，使后人们牢记并做永久纪念。

能出版《赤胆英魂——王三川烈士纪念文集》首先要感谢党和政府的关怀，感谢上海市松江区委统战部部长朱大章，同济大学档案馆馆长邹晓磊、校史馆馆长章华明和同济大学档案馆副馆长王晶晶等老师，是他们为我提供了王三川早年与陈元达、殷夫（烈士）校友兼战友的革命友情，以及他们早年参加革命活动的史料。

我特别感谢上海浦东新区党史办原主任柴志光和张建明，史无前例地和同济大学举办"纪念王三川烈士牺牲 70 周年座谈会"，并以浦东新区历史研究中心冠名《王三川烈士生平事迹》一书。这次出版《赤胆英魂——王三川烈士纪念文集》得到浦东新区党史办主任裴玉义的鼎力相助，也得到陈长华部长给予的热情指导和帮助。

在编写过程中，我还得到中共上海市委党史研究室许言、曹典，上海市新四军研究会廖方民，浦东新四军研究会林家春、丁文龙、夏新萍及余姚市党史办罗捷、楼莉波的帮助、支持和鼓励；特别是得到中共象山县委党史研究室原主任、象山县新四军研究会副会长、副研究员吕国民的鼎力相助。在编写过程中，还得到烈士王三川——我三伯父的亲属王希明及好友王忠贤、徐根娣、王玉朋、李企观、李知观、王晶、王海波、王莉萍、曹巧巧、张全国、赵忠孝、郑宪、曹琪能、丁惠中、张剑容、唐丽君、徐晓蔚、赵美华、陈炜峰、董佳放、顾良辉、顾琳彬等的支持和鼓励。

最后，我要感谢王三川烈士在抗日战争结识的战友、我们尊敬的前辈洪舒江、顾敏、蔡辉、顾德欢、林有用、袁啸吟、方琼、倪兆雷以及我的父亲王联芳、我的母亲陈金娟等老同志。他们以书信和书写回忆录等各种形式缅怀战友王三川，回顾王三川的革命英雄事迹，以使后人们永世不忘烈士的丰功伟绩。

在此，我向书写王三川烈士纪念文章的作者表示最崇高的敬意！你们所写的王三川烈士英雄事迹文章为后代留下了永不磨灭的记忆，也为我编写《烈士传》《烈士年表》提供了宝贵和丰富的资料。为留存先辈革命历程，激励后人砥砺前进，我们把多年搜集整理的王三川及其亲属的珍贵史料副本捐献给浦东新区档案馆，其中包括烈士照片一张、烈士林达的胞弟林有用提供的王三川在浦东进行革命活动史料一份、王三川烈士惨遭杀害的调查报告一份、同济大学附送的王三川情况一份、我父亲王联芳与革命老同志来往亲笔信件二十五份、登载王三川事迹的报纸、家属亲友纪念文章和《王三川烈士生平事迹》一书，特别是我父母为抚养子女和烈士遗孤变卖祖传房产和欠款账单，这是一份革命传统教育的最好教材。

　　一些历史资料由于不对个人开放，因此给查证方面带来一定的困难，加之编辑水平有限，难免有不周及失误之处，敬请专家学者与读者批评指正。

王石明

2025 年 3 月